中国电机工程学会电力信息化专业委员会
中国能源研究会信息通信专业委员会　　组编

Digitization
of China's power industry

中国电力产业数字化

吴张建　主编

中国电力出版社
CHINA ELECTRIC POWER PRESS

内 容 提 要

在数字技术与传统电力科学融合发展的背景下，本书面向"双碳"目标，以数字化技术推动电力转型为切入点，阐述了对数字化转型的认识，分析了数字技术在电力行业的多种应用场景，提出了未来电力系统可能的发展方向和架构模式。

本书兼顾科普性、通用性以及专业性，满足不同读者的信息获取需求，可作为能源系统、电力系统、电力新基建等行业相关研究人员的参考书。

图书在版编目（CIP）数据

中国电力产业数字化 / 中国电机工程学会电力信息化专业委员会，中国能源研究会信息通信专业委员会组编；吴张建主编 . —北京：中国电力出版社，2021.12（2022.8 重印）
ISBN 978-7-5198-6237-4

Ⅰ. ①中…　Ⅱ. ①中…②中…③吴…　Ⅲ. ①电力工业–数字化–研究–中国　Ⅳ. ①F426.61

中国版本图书馆 CIP 数据核字（2021）第 243372 号

出版发行：中国电力出版社
地　　址：北京市东城区北京站西街 19 号（邮政编码 100005）
网　　址：http://www.cepp.sgcc.com.cn
责任编辑：雍志娟
责任校对：黄　蓓　李　楠
装帧设计：郝晓燕
责任印制：石　雷

印　　刷：三河市万龙印装有限公司
版　　次：2021 年 12 月第一版
印　　次：2022 年 8 月北京第三次印刷
开　　本：710 毫米×1000 毫米　16 开本
印　　张：22.25
字　　数：268 千字
印　　数：2001—2500 册
定　　价：198.00 元

当今时代，我国面临着干载难逢的世界科技革命和产业变革带来的历史机遇，同时还面对着原有增长模式不可持续的严峻挑战。丰富数字技术应用场景，发展数字经济是把握历史机遇迎接挑战的战略选择。面对日益严峻的气候危机，习近平总书记宣布我国在 2030 年前碳达峰、2060 年碳中和的目标。电力系统碳减排是能源行业碳减排的主力军，"构建以新能源为主体的新型电力系统"是实现"双碳"目标的重要路径。通过数字化技术加快能源电力转型已成为行业共识。

在数字技术与传统电力科学融合发展的背景下，本书在编写过程中，面向"双碳"目标，以数字化技术推动电力转型为切入点，主要对电力行业数字化转型的认识、发电侧数字化、受电侧数字化、电网侧数字化、产业链数字化、电力数字产业化实践、电力数字化发展趋势与展望等方面进行了阐述，希望读者对我国电力产业数字化转型有一个整体的认识。

本书具有以下特色：

理论与实例相结合。本书对电力行业数字化转型进行了全面的讲解，在此基础上，列举了数字技术在电力行业场景中的广泛应用案例，将数字技术与电力行业实践相结合，便于读者更好地消化吸收。

内容丰富，知识面广。展望面向碳中和的新型电力系统是本书呈现的特色，

"数字化+可再生能源时代"对传统的发电侧、受电侧、电网侧带来了新的挑战,笔者结合多年来在电力行业的实践经验,尝试提出电力系统的新型架构,希望可以引发读者思考借鉴。

扫码看更多内容。本书在相关案例位置提供了二维码,通过扫描二维码,读者可拓展阅读相关知识,查看书中案例范文的详细资料。

《中国电力产业数字化》从 2020 年 3 月起笔,于 2021 年 10 月成稿,从大纲的反复推敲到每一个案例的确认,包含了行业从业者对中国电力产业数字化转型的迫切和对电力行业数字化的切身感悟。本书希望云集院士教授领军人物多方观点,为电力企业数字化转型提供多种视角。姚强总深入浅出地指明了能源电力转型的紧迫形势与关键问题并提出创新性的方法路径;丁烈云院士、李建成院士、李立浧院士、邬贺铨院士、邬江兴院士、曾鸣教授、房方教授立足电力行业数字化转型发展趋势,探讨如何通过数字化技术重塑传统电力行业;孙正运总、李向荣总、余建国总、王聪生总、王志英总、杜永胜总、王刚军总均是在电力信息化、数字化领域深耕多年的专家,他们聚焦电力企业转型发展的诉求,鞭辟入里地分析了转型中的痛点、难点,并给出了系统性的解决方案。本书在编写的过程中,得到了姚强、宗敦峰、周建平、李东风、李向荣、余建国、朱卫列、金和平、王聪生、吴杏平、王志英、杨振新、汪峰、杜永胜、王刚军、孙斌、姚文峰等领导、专家的关心和指导。电力行业专家学者对本书提出了宝贵意见,行业人士为本书写作提供了素材、案例和资源,中国电力出版社雍志娟编辑付出了辛勤劳动,本书的设计得到了北京华科软科技有限公司王青华的协助支持。在此对上述各位表示衷心感谢。

我国电力产业数字化蓬勃发展,内容丰富。数字时代的来临,打破了传统固有边界,电力产业的数字化进程也必将突破原有边界,走向更大范围、更深层的融通、共生。我们相信，数字技术与电力产业要素充分连接，所引发的"联动效应"，所创造的价值空间今非昔比。我们希望在本书中提供尽可能多的视角阐述数字技术加持下的能源电力，由于认识水平有限，在本书的完整性、系统性、全面性上有所欠缺，对书中的纰漏和不成熟之处，恳请专家、读者批评指正。

中国电建信息化管理部主任

2021 年 11 月

写 在 前 面

今天早上,给李冶总的微信圈点了一个哭笑不得的赞。他引用了美国能源信息署的数据,美国 2021 年的煤炭发电量将比 2020 年增长 22%。

近几个月,全球煤炭、石油、天然气价格和供应几近失控,面对北半球逼近的冬天,局面似乎已难以控制。大宗材料正在第 N 轮涨价。

一年多以来,全球资金链、产业链、供应链、物流仓储体系出了大问题。码头货物堆积如山,卖场货架空空如也,已不再是价格问题。

似乎所有的理论、规律都失效了,可除了疫情和碳中和也没什么新鲜事啊?

11 月 1 日,将在苏格兰格拉斯哥召开 COP26,结合 8 月 9 日 IPCC 发布的评估报告,本次大会肯定会把淘汰煤炭能源作为首要目标。

2020 年,我国 22 亿千瓦发电装机中,煤电装机约占 56%,发电量约占 68%,碳排放 40 多亿吨。化石能源消耗所排放的二氧化碳大概占总排放的 88%。

要实现 2060 碳中和的目标,必须大幅度降低对以煤炭为主的化石能源的依赖,首当其冲的是燃煤发电。在供应侧,以可再生能源为主体的新能源替代化石能源；在消费侧，以电能替代其他能源。即所谓的"两个替代"。

要实现"两个替代"，电力产业数字化是基础，甚至是要以先进的数字技术，颠覆性的打造出全新的电力系统，才能做到"两个替代"，实现几乎是不可能完成的碳中和目标。可以说，电力产业数字化转型是破釜沉舟、背水一战。

电力工业、电力行业、电力产业，对应于"数字产业化，产业数字化"，这本书用了电力产业，实际应是电力工业的范畴。根深蒂固是电力行业，核心层是调、发、输、变、配、用，辅助以规划、设计、建设。主机、主变、主控设备制造一直属于机械行业。今天谈电力产业数字化，所有的一二次设备和电力电子设备都是核心层面的，是智慧能源、智能电网的基础。不仅在设备层面，而且在系统层面；不仅在硬件层面，而且在软件层面；不仅在物理层面，而且在数据层面；不仅在操作层面，而且在调度层面；不仅在技术层面，而且在控制层面；不仅在生产层面，而且在交易层面。

既然是产业数字化，那必然是从规划、设计、制造、建设、运营全生命周期的数字化。20多年来，我们从数字化规划、数字化设计、数字化制造、数字化建设、数字化运行都做出了突出的成绩；我们的智慧电厂（站）、智能电网、智能用电、智慧园区（社区）建设均处于世界先进水平。从电气化指标的国际对比也充分说明了这一点。

未来，电力产业数字化的挑战来自习总书记提出的"构建以新能源为主体的新型电力系统"，目标还是要实现"两个替代"。无论是蒸汽时代还是电气时代，都是基于化石能源构建的，现在我们要面对的是"数字+可再生能源"时代。

我在 2020 年 11 月电机工程学会年会上提出了"NET+GRID+NET"的新型电力系统理念，这是自 2013 年以来学习思考的结果。在今年 3 月中电联组织的研讨会上做了较为全面的阐述。总的来说就是现有电网的两端应最大限度的 NET 化，形成无数个平行、叠加的"网源荷储，多能协同"的智慧能源网络，基于数字孪生、智能物联、开源操作系统、区块链、云边端协同计算，实现智能控制、智能交易，最大限度分担传统电网独立承担的可接入性、灵活性、安全性、可靠性、可及性等责任。

　　构建新型电力系统的基础是数字技术，碳中和是算出来的。

　　电力产业数字化任重道远。

中国电建原副总经理、中电联专家委员会首席专家

2021 年 10 月 21 日

数字化赋能新电力

当前，新一轮科技革命和产业变革向纵深推进，数字技术与实体经济融合日益加深，数据价值化加速显现，以数字化的信息作为关键生产要素、以现代信息网络作为重要载体、以智能化的知识为效率提升驱动力的数字经济已经成为我国乃至全球经济新的增长方式。2020年，中国数字经济规模达到 39.2 万亿元人民币，占 GDP 比重达 38.6%，保持 9.7%的强劲增长势头，成为稳定经济增长的重要动力。习近平总书记强调，要"构建以数据为关键要素的数字经济，在创新、协调、绿色、开放、共享的新发展理念指引下，推进数字产业化、产业数字化，引导数字经济与实体经济深度融合"。国家"十四五"规划与 2035 年远景目标纲要提出"打造数字经济新优势"，各行业陆续出台相关实施方案和行动计划，充分发挥海量数据和丰富应用场景优势，赋能传统产业转型升级，催生新产业、新业态、新模式。

电力行业在国家的能源发展中占据重要战略地位，是国民经济稳定发展与民生社会长治久安的重要基础。随着能源转型的深入推进，终端用能进一步清洁化和绿色化，电能替代具有巨大潜力，现有电力系统面临升级扩能的挑战。同时，电力行业二氧化碳排放量占我国能源消费排放总量的 42.5%，直接影响"双碳"目标实现的进程。因此，构建以新能源为主体的新型电力系统不仅是电力行业发展数字经济的重要任务，也是达成"双碳"目标、实现高质量发展的根本保证。在新型电力系统中，电源、电网、负荷、储能相互耦合，各环节协同的复杂程度大大增加。电力行业要借助数字技术，发挥以数据为核心的生产要素优势，推进电能、风能、太阳能等多种能量流与由数据构成的信息流深度融合，打通源－网－储荷各环节，满足高质量发展要求，为数字经济发展提供充沛的"动能"。

电力行业实现"产业数字化"转型目标，应把握好以下三个方面。

准确识变，充分认识电力行业数字化转型新趋势。数字化是适应能源革命和数字革命相融并进趋势的必然选择。随着人工智能、物联网、云计算等信息技术与电力行业深度融合，电力行业转型的数字化、智能化特征日益显著。无论是适应新能源大规模、高比例并网和消纳要求，还是支撑分布式能源、储能、电动汽车等交互式、移动式设施广泛接入，都需要以数字技术为电力系统赋能，促进源－网－储荷协调互动，持续提高能源供给清洁化、终端消费电气化、系统运转高效化水平。全球能源互联网发展合作组织发布的《中国"十四五"电力发展规划研究》指出，随着信息化、智能化电力系统的建设，扩展用电大数据采集范围，整合数据资源，集成先进的传感、信息、控制、储能等技术，可以实现发电侧和用户侧资源协调优化，有效降低尖峰需求，降低峰谷差，提高用电效率。2020 年 8 月，国资委印发了《关于加快推进国有企业数字化转型工作的通知》，提出"打造能源类企业数字化转型示范"，明确加快建设推广智慧电网、智能电站，为电力行业数字化转型提出了要求。

科学应变，精准把握电力行业数字化转型新机遇。中国发电量居世界第一，电力消耗量占全球消耗总量的28%，并且在2020年仍旧保持2%的增长。中国还拥有全球电压等级最高、能源资源配置能力最强、并网新能源规模最大的电网。这些都为电力行业数字化转型提供了广阔的发展空间，也对电力行业全产业链提出了新的挑战。如在发电侧，如何通过深度调峰、节能减排、安全生产、竞价上网发电等实现全网调度、纵向贯通；在受电侧，如何结合能源数字化技术，做到需求精准管理，进行负荷整形，移峰填谷，并且打通电和其他能源的协同；在电网侧，如何利用边缘计算、云计算、人工智能等新一代数字技术研发更加有效的数据采集、处理和融合技术，为新型电力系统中的不同场景、不同领域、不同业务提供更加有力的支撑。准确把握电力行业数字化转型的机遇，将显著提升电力行业整体服务能力和水平，也将为电力企业带来持续的竞争优势。

主动求变，全面开拓电力行业数字化转型新局面。面对数字化转型的发展趋势，电力行业应当主动作为，加强顶层设计、坚持战略引领、协同推进，做好数字化转型资源保障，努力打造电力行业数字化优势。一是要夯实数字化发展基础，大力推进网络、平台等软硬件基础设施和数据标准、网络安全、组织建设等支撑环境，提高数据准确采集、高效传输和安全可靠利用的能力；二是要推进业务数字化转型，利用数字技术对发电侧、受电侧、电网侧业务进行改造升级，促进生产、经营、服务能力提升；三是拓展数字产业化，利用电力大数据积极发展平台业务、数据产品业务。

电力行业具有丰富的应用场景和海量的数据，为数字化转型提供了良好的基础和广阔的空间。面对新一轮科技革命引发的数字经济浪潮，电力行业应把握好数字经济带来的新机遇，立足新发展阶段、贯彻新发展理念、构建新发展格局、实现高质量发展。

中国工程院院士

2021 年 11 月

人类全面进入智能化时代。人类社会的发展总是伴随着生产力的提升而进入新的阶段。当今世界，科学技术已是第一生产力。回顾科技发展史，四次技术革命起到了关键性作用，其中计算机的发明标志着人类进入数字化时代，而数字孪生、人工智能、深度学习、区块链等数字化技术日趋成熟的应用，则标志着人类进入智能化时代。因为数字化仍是智能化的关键基础之一，而数字化主要是指信息的数字化，所以更确切地说应是信息的数智化时代。在"十四五"规划和2035年远景目标纲要中，加快数字化发展和建设数字中国也已成为主要内容。

数字化全速驱动能源革命。作为第二次工业革命时期的新兴行业，电力行业已历经150余年的发展，涉及人类生活、国民经济的各个方面。电力作为一种基础性能源，也支撑着各个行业的运行。当前，构建清洁低碳、安全高效的现代能源体系已是重要的国家战略，互联网技术、数字技术与能源产业深度融合，为推动能源革命注入了新动力，也驱动了电力系统的转型。从发电端到消费端，电力行业涉及海量信息，这些信息的数字化将是构建新型电力系统的基石。

数字化全效赋能电力系统。新型电力系统的构建需要广泛应用大数据、数字孪生、区块链、云计算、物联网、人工智能等数字化技术，目前已有许多成功应用的案例。作为一种数字化映射技术，数字孪生技术以物理实体的历史与实时数据等为基础来虚拟实体，3D数字化动态建模、卫星定位与遥感等技术都可以归类为数字孪生技术。卫星定位技术在三峡水电工程建设和安全运维等重要项目发挥了重要作用，智能巡检机器人则是卫星定位及人工智能技术在电力行业的典型联合应用；电厂和变电站的 3D 数字化动态模型实现了发电端和输电端的可视化，大大提升了运营与管理效能。此外，作为一种数字化的信息存储技术，区块链相当于一个共享数据库，存储于其中的数据或信息所具有的不可伪造、全程留痕和可以追溯等特征使其非常适合用于电力行业的消费端，可保障用电企业和家庭的信息安全，也有利于对用电数据进行精细分析，做到智能配电。

数字化全力引领新能源发展。在碳达峰、碳中和的"双碳"背景下，如何更有效地应用太阳能、生物质能、风能、地热能、洋流能和潮汐能等新能源，对电力行业提出了新挑战；如何构建以新能源为主体的新型电力系统，也将是电力行业面临的重要任务。与此同时，电力行业还面临不同能源之间存在壁垒、企业研发能力不足、综合能源服务生态不完善等挑战，亟需多领域、多学科的交叉融合。为此，高校、研究所等科教机构应充分发挥科研优势与创新能力，积极探索多学科交叉融合的有效途径，形成科研机构与企业的联合体，用先进的数字化技术引领以新能源为基础的新型电力系统的发展。

全球新一轮的科技和产业变革，迫切需要我们抓住能源革命和数字革命相融并进的历史机遇，以互联网思维和数字技术为传统电力系统赋能，充分释放数字化发展的放大、叠加、倍增效应，最终建成更加清洁低碳、安全高效的智能电力系统，早日实现"双碳"目标。

中国工程院院士

李建成

2021 年 11 月

打造"透明电网" 支持新型电力系统建设

实现"双碳"目标，意味着未来我国的能源建设要以可再生能源为主，形成综合能源系统。气、电、冷、热、蓄、新能源等协调互济、梯级应用的综合能源系统，其复杂性远高于常规能源系统。

助推建立以新能源为主体的新型电力系统，建议以"透明电网"为核心，推动能源低碳转型，构建安全高效的现代能源体系。

电力系统应加速数字化、信息化、智能化建设，在绿色发展的大前提下，2060 年以新能源为主体的新型电力系统会是什么状态？

2060 年电力消费占比将升至 70%，如果考虑泛电气化的影响，有可能到 90%。

该如何理解泛电气化？"泛电气化就是除了以电能作为直接能源外，目前尚未使用或者大规模使用电力的工业等领域将广泛使用电能。例如，电解水制氢，氢可用来制甲醇等；铁路电气化水平提高；电动汽车普及，并作为灵活储能系统；电炉炼钢等等。所以到那个时候电能可能要占到 90%。"达成这一目标的关键是要实现数字化、透明化。

我们的电力系统，特别是电网系统，信息化、数字化的步伐迈得没有其他行业步伐大。因为面临保障供电可靠性及安全性的问题。所以要把我们电网企业的数字化、信息化、智能化水平快速提升，建设"透明电网"。

透明电网应该是基于信息化的计算科学，未来走到透明阶段主要是依靠计算科学，要靠数字、数据来进行科学计算，通过科学计算发现规律。"透明电网可让电力系统的稳定性大大提升，并提高电力系统的运行效率。

"透明电网"是智能电网发展的极致体现，各方可广泛参与电力系统各环"透明电网"的构想，来自智能交通系统和以色列农业的启示。

交通系统的路况、车况可以清晰透明地展现在网络上，及时判断交通拥堵状态、车辆健康状况，规划行车路线，完成自动驾驶等等，是一个基本透明的交通系统。那么电力系统的状态为什么不能随时展现？

以色列农业运用了大量的信息技术、数据通信技术、传感器技术、人工智能等提高农业信息化智能化水平。以色列是科学家在种田，而中国是农民在种田。现在电网管理水平是怎样的呢？未来电网要体现科学家来管理，也应运用到上述一系列技术。

基于这两个领域的观察与思考，智能电网发展到极致，将实现电网全面可见、可知、可控，电网形态将发展成为"透明电网"。实现"透明电网"的方式即把现代信息通信技术与电网相结合，在电网上安装小微智能传感器，让电力系统的各个环节展示出来，包括电源信息透明、网络信息透明、市场信息透明、设备状态透明、运行状态透明、交易状态透明等等，最终实现自由数据采集、自由数据存储、自由数据获取、自由智能分析。

它可以让社会各方广泛深入参与电力生产、传输、消费等各环节，协同促进能源电力的清洁低碳、安全高效发展。

数据采集为关键，小微智能传感器研发获进展，如何建成透明电力系统？这需要弄清楚"透明电网"的要素是什么。

打造"透明电网"的关键是数据，是透明电网的基础。那么怎样获取数据？首先是传感技术的应用。目前电网中使用的传感器存在尺寸大、安装不便、校准困难、价格高等问题，难以满足电网信息化、智能化、透明化的发展需求。

"透明电网"数据采集是依靠"火柴盒"大小甚至"硬币"大小的小微智能传感器。它不仅个头小、安装维护便利，还具有自组网功能，收集到的电网数据更充分、更可靠，是"透明电网"的基础。

小微智能传感器有三层涵义：

一是小微传感器，通过采用芯片、微机械电子等技术，实现传感器小型化、微型化；

二是智能传感器，携带微处理器，兼有信息检测、处理、记忆与逻辑判断功能；

三是无线传感器网络，即有强大通信功能，由大量传感器以自组织和多跳的方式构成，协作采集、处理和传输网络覆盖地域内感知对象的监测信息，三者协同合作，缺一不可。

目前，粘贴型微型智能电流传感器研发取得突破进展，已有卡扣式和抱箍式两种型号投入工业生产。

透明是新型电力系统的主要特征。透明电网的理念的实现，为构建新型电力系统开拓了一条路。新型电力系统将是柔性可控、大电网+主动配电网+微电网、配电网与分布式电源协同；可以"无条件"接受新能源，系统有"无限大"的功率、"无限多"的能量；系统的安全稳定依靠功率的动态平衡、能量的动态平衡，犹如现在的配电网系统。

中国工程院院士

中国南方电网公司专家委员会名誉主任委员

2021 年 11 月

电力行业一个显著特点是电能不存储，生产即消费，产供销动态平衡且同时完成。考虑到电力作为二次能源依赖一次能源的供给，一次能源具有多样性，而且电力的用户覆盖万企亿户，包括发电、输电、变电、配电和用电等环节在内的产业生态链很长，构成一个复杂大系统。需要综合运用数字化技术，将电力发输配用各环节从传统的烟囱式独立管理架构演进到源网荷储协同体系，实现全产业链的统筹协调和优化。

其次，碳达峰和碳中和目标将加速推动电力行业数字化转型，在"双碳"行动中能源是主战场，电力是主力军。2020 年我国电力在终端能源的占比已超过 80%，电力行业碳排放量占到整个能源行业的 40% 以上，随着全社会电气化水平提升，更多碳排放从终端用能行业转移到电力行业，电力行业碳减排压力持续加大。考虑到中国能源以煤为主的状况，我国电力行业减碳任务更为艰巨，期待数字化手段能做出更大的贡献。另外，除了电力行业自身需要进一步节能减排和提升运行效率外，电力供应的布局也要支撑各行业实现双碳目标的需要，例如适应以新型数字化基础设施为代表的新基建发展，优化对"东数西算"算力网络支撑的格局。

再者，绿电是电力行业发展的方向，根据预测，我国光伏发电占比将由 2020 年的 3% 增长到 2050 年的 24%，成为最主要的发电能源，同时也对电力行业数字化提出更高要求。光伏和风电等新能源发电的间歇性、波动性、随机性特征明显，大规模高比例接入将使电力系统不确定性增加，需要电网系统在数字化、网络化、智能化方面同时跟进，预判新能源波动、统筹源网荷储资源、保持电力瞬态稳定、预控电网输变电设备的潜在风险，实现电能高质量可靠供应与电网安全稳定运行。而且光伏和风电等新能源分布式的特点，改变了传统电网的架构，不仅带来技术挑战，也引发供电模式的变革。新的电力供销体制呼唤能源互联网的支撑。

当前5G、物联网、大数据、云计算、区块链、人工智能等新一代信息技术加速发展，而且相互促进并与传统行业的生产运行技术协同融合，打通了数据从采集、传输、交换、处理、分析、决策的全过程，增强了数据作为生产要素的作用，为各行各业数字化转型提供强有力的支撑，数字产业化的发展也降低了产业数字化的成本。

电力系统在生产、传输和消费的各环节产生了大量的数据，这是电力产业数字化的重要资产，现在关键是结合先进信息技术激活沉睡资源并通过时空聚合产生应有的效益。另一方面，电力行业系统完备，自动化程度高，信息化基础好，数字化转型已有很多成功案例，积累了丰富经验，为更大范围和更深层次的数字化转型奠定了基础。例如，面对供电模式与电力消费的多样性，利用人工智能技术对电力资源配置进行预测与优化，保证电力能源平稳运行，达到节约能源和均衡负载的目的。综合采用5G、无人机、远程监控、物联网、人工智能和虚拟现实等先进技术，实现智慧电力能源工程远程监控和现场管理，通过对设备、电力能源实时或准实时的态势感知，提高输电线路智能运维水平，快速准确地判断出系统安全状态。采用工业互联网智能诊断，在对百兆瓦级别光伏电站的日常巡检中，可远程一键全量扫描的健康检查，实现光伏电站无人运维。基于 5G 与人工智能技术的数字孪生提升电力场景复杂问题的处理能力，有效提高电力企业运营效率。

中国拥有全球规模最大的电网，也是全球电压等级最高和安全运行水平最高的电网，在数字化转型方面勇于探索做了具有国际水平的引领性工作，今后在实现双碳目标的新征程中持续创新，还将为其他行业的数字化转型提供示范。在高质量发展的新征程的关键时期，《中国电力产业数字化》一书的出版适逢其时，本书从发电、受电、电网和工程运维等方面论述数字化转型的技术及应用，内容全面且系统性，技术多样兼先进性，案例丰富并实用性，这既是对电力行业数字化多年工作的经验总结，也展望了电力产业进一步数字化转型的前景。电力行业的产业链很长，这既是产业数字化的难点，也是产业数字化效益的潜力所在，相信电力行业数字化的广度与深度还将有更大的开拓和更有成效的贡献。

中国工程院院士

邬贺铨

2021 年 11 月

专家观点六

　　置身人机物多元互联时代的文明重塑浪潮之中，网络化完成了一场自上而下的模式变革，人们的生活方式和消费习惯正经历着深度改造，人类社会迅速集聚了科技创新所带来的改天造物的新势能，从而赋予了数字化征程新动能。这种征程自下而上，漫长而又近望在即。数字化的渗透，使得原有的价值链被解体、重组，环境发生巨变，构成传统价值链的核心资产甚至可能变成新竞争范式下之负资产；数字化的改造，使得一切价值有可能被重新定义，成本价值、体验价值、平台价值乃至相关经济理论等都可能在变革大潮中被颠覆；数字化的赋能，正在瓦解旧有生态，构建新的生产与商业范式，在这种昭昭天命所催生的新生态和新业态中，产业所要做的就是尽快找到自己的新定位，并根据新目标、新路径付诸正确而有效的行动。

　　数字赋能时代，其贸易核心从工业时代的物理传输体系走向了数据流动下的信息化调度，连接逻辑取代了配给逻辑，全新的供需方式逐渐打破了对有形空间的占有和使用效率，取而代之注重的是信息和价值节点的分布，共享或分享才是大势所趋。从需求侧的流量赋能到生产侧的数字赋能转型，我们既是数据制造者、数据交换者，也是数据消费者。数据成为新的生产要素，数字经济正在成为驱动我国经济发展的重要力量。在"数字中国"战略中如何平稳、有效、快速地推进数字化，促进数字化的可持续发展，成为一个需要在实践中解决的重大问题。习总书记深刻地指出：要推动产业数字化，利用互联网新技术新应用对传统产业进行全方位、全角度、全链条的改造，提高全要素生产率，释放数字对经济发展的放大、叠加、倍增作用。要推动互联网、大数据、人工智能和实体经济深度融合，加快制造业、农业、服务业数字化、网络化、智能化。

深入发展电网数字化将有力推进新型电力系统的建设，推进多种能源能量流和系统信息流的深度融合，打通"风光水火核储""源网荷储""发输配用""三链一平台"和"功能安全和网络安全"一体化的功能与应用诸环节，实现多能源网的协同互动，从而更加安全、准确、统一和全面地实现电网可观、可测、可控的广义功能安全等重要建设与运维目标，为"新基建"筑好安全可信、绿色智慧的能源供应基础。本书面向"双碳"目标，以数字化技术推动电力转型为切入点，从系统而非孤立的思维去看待数字化，阐述了对数字化转型的认识，基于殷实案例分析了数字技术在电力行业的多种应用场景，提出了未来电力系统可能的发展方向和架构模式。应该说是，本书兼顾科普性、通识性以及专业性，既有方法指导，又有实践路径，能满足不同读者的信息获取需求，可作为能源系统、电力系统、电力新基建等行业相关研究人员的参考书。

中国工程院院士

国家数字交换系统工程技术研究中心主任

2021 年 11 月

专家观点七

在新一轮产业革命与技术革命的推动下，我国已经迈入互联网数字经济时代。2019 年 10 月，十九届四中全会上明确提出"数据可作为生产要素按贡献参与分配"，标志着数据将在我国社会的生产生活、公共服务及公共管理等方面发挥举足轻重的作用。经过十余年的信息化建设，我国能源电力系统已初步实现了对发、输、配、用各环节多种业务的信息化全覆盖，能源电力系统中积累了海量的数据信息。"事适于时者其功大顺势而为"，随着能源互联网技术的发展及数字革命与能源革命交互的深化，推动我国能源电力工业数字化转型将成为建设以新能源为主体的新型电力系统、实现"30·60"双碳目标的重要抓手之一。

能源电力工业数字化转型不是简单的信息技术的堆砌，不是数字基建的扩张，更不是照搬电力系统信息化建设的套路，而应重点突出核心功能，以实用实效、解决问题和应用场景为导向，切实注重解决能源电力工业"卡脖子"问题，有效带动能源电力相关产业链发展，更好地服务于民生福祉和社会发展。如何有效实现数字信息技术体系与能源电力技术体系的有机融合，进一步发挥数字革命对能源革命的驱动作用？如何从顶层设计的维度撬动、破除"横向电热气多种异质能，纵向源网荷储多环节"间的数据信息壁垒，彻底改变能源电力工业条块分割的数字信息管理模式？如何将数字化技术应用到能源电力工业发、输、配、用各环节的规划、勘测、建设、运营、管理等业务中，统筹协调好安全、经济、环保的"能源大三角"，实现用能效率提高、供能可靠性提高、用能成本降低、碳排放降低和其他污染物排放降低的"两高三低"目标？如何分析数字化转型对能源电力工业技术突破、业态创新及管理模式等方面的影响，研判我国能源电力工业发展转型方向？诸如此类的问题，都要学术界和实务界不断探索和研究，依托理论与实践的不断迭代优化给出答案。

针对上述问题，本书深入剖析"数字化转型"的价值内涵，在提出数字化转型基本技术架构的基础上，在电力数字化转型的基本方法，电力数字化在发电侧、电网侧、售电侧及电力产业链中的应用模式，电力数字化案例实证及电力数字化未来发展趋势等方面开展了深入研究，分析了能源电力行业数字化转型过程中的关键问题及应对策略，为业内专家、学者及技术人员阐释了相应的理论体系，为加速我国能源电力工业数字化转型及新型电力系统的建设落地提供了重要参考。

"不积跬步，无以至千里"，能源电力工业的数字化转型并非一日之功，在数字革命与能源革命的浪潮中，此次出版的《中国电力产业数字化》一书定将为我国能源电力工业的数字化转型升级注入不竭动力。

华北电力大学能源互联网研究中心主任

2021 年 10 月

专家观点八

　　数字化浪潮正在全球各行业掀起一场变革。数字化转型的核心特征是现代数字技术的广泛应用，但数字化技术却往往是变革过程中最容易实现的部分。成功的数字化转型离不开对发展战略、现有及未来运营模式、政策及市场机制的清晰把握，其成败标准是转型后的适应性和效能。习近平总书记在 2020 年 11 月 21 日出席二十国集团领导人第十五次峰会时强调，要主动应变、化危为机，以科技创新和数字化变革催生新的发展动能。数字化转型是育新机、开新局、培育新增长点的强大引擎，加快数字化转型、发展数字经济已成为我国大型企业促进新旧动能转换、培育竞争新优势的普遍选择。

　　党的十八大以来，我国的能源转型发展与数字化转型相伴而行，安全高效-清洁低碳-灵活智能已成为能源电力领域发展的主线。随着碳达峰、碳中和工作的推进，电源侧规模化新能源和分布式碎片化电源日益增多；负荷侧从单一用能向多能互补、发用一体转变；作为供需枢纽的电网也面临高比例可再生能源、高比例电力电子设备的"双高"挑战。在此背景下，应用云计算、大数据、物联网、移动互联网、人工智能、区块链等新一代数字技术对传统电力系统进行数字化改造，发挥数据的生产要素作用，以数据流引领和优化能量流、业务流，增强灵活性、开放性、交互性、经济性、共享性是必然趋势。

电力行业全面数字化转型的核心任务包括：

夯实数字化转型基础。针对电力数据采集规模大、专业覆盖广、数据类型多等特点，建立跨部门、跨专业、跨领域的一体化数据资源体系；建设核心业务数据统一接入、汇集、存储的能源大数据中心及数据服务平台；通过接入各类边缘设备、感知设备，构建分布广泛、快速响应的电力物联网。

释放数字化发展动能。强化电力规划、建设、调度、运行、检修等全环节数字化管控；以人财物等核心资源优化配置为重点，利用数字技术提升企业管理水平；打造聚合上下游资源的物资供应产业链，形成优质高效、精准对接的供需服务平台；推进客户服务数字化、便捷化，利用数字技术促进生产提质、经营提效、服务提升。

提升数字化保障能力。构建针对数字化转型的数据安全、网络安全法规和政策框架，强化安全意识、完善管理制度、同步安全规划、重视安全技术、提升安全能力；通过自主创新、联合攻关，推进核心技术与产品的国产化替代，把数字安全的主动权掌握在自己手中；积极采取激励措施吸引和培养数字化人才，以人才增活力、以人才促发展。

推动创新型文化建设。塑造人人参与、创新合作、开放包容的企业数字化建设氛围，面向新时代能源电力发展目标，继承发展优秀企业精神，加强内外部协作，积极、客观、全方位建设全员、全过程、全方位数字化新生态。

电力行业数字化转型的大趋势不可逆转，但其发展不会一蹴而就，需要经历由初级形态向高级形态、由局部应用到系统应用的历程；需要在基础理论、关键技术与工程应用方面取得突破；需要体制、机制创新；需要通过"产学研用"合作加速推进。

华北电力大学控制与计算机工程学院院长

2021 年 11 月

去年9月，习近平总书记提出实现碳达峰、碳中和的目标，这是中国对世界作出的庄严承诺。双碳目标的根本之策是转变能源发展方式，加快推进清洁替代和电能替代。今年3月，中央财经委员会第九次会议提出构建以新能源为主体的新型电力系统的要求。新型电力系统将推动电源侧清洁化、电网侧智能化、用户侧电气化，加快以电力为中心的清洁低碳高效、数字智能互动的能源体系建设。在双碳目标和新型电力系统背景下，数字化转型成为助力电力企业创新发展的有效途径。

数字化转型为能源电力转型升级提供新引擎。随着"大云物移智链"等现代信息技术和能源技术深度融合、广泛应用，能源转型的数字化、智能化特征进一步凸显。无论是适应新能源大规模高比例并网和消纳要求，还是支撑分布式能源、储能、电动汽车等交互式、移动式设施广泛接入，都需要以数字技术为电网赋能，促进源网荷储协调互动，推动电网向更加智慧、更加泛在、更加友好的能源互联网升级，持续提高能源供给清洁化、终端消费电气化、系统运转高效化水平，在引领能源生产和消费革命中发挥更大作用。

数字化转型为电力企业管理提升注入新动能。我国电网运营着全球电压等级最高、能源资源配置能力最强、并网新能源规模最大的特大型电网，迫切需要以数字化、现代化手段推进管理变革，实现经营管理全过程实时感知、可视可控、精益高效，促进发展质量、效率和效益全面提升。面对日益多元化、个性化和互动化的客户需求，也需要以数字化提高电力精准服务、便捷服务、智能服务水平，提升客户获得感和满意度。

数字化转型为能源数字经济发展培育新业态。随着电力体制改革深入推进，传统靠电量增长实现电力企业增长的模式不可持续。加快数字化转型、发展能源数字经济已成为电力企业培育竞争新优势的普遍选择。近年来，电力企业在网络、平台、用户、数据等方面积累了丰富资源，形成了能源大数据中心、能源工业云网等共享开放的能源数字经济平台。深挖资源价值和潜力，以数字化改造提升传统业务、促进产业升级，开拓能源数字经济这一巨大蓝海市场，是我们科学发展、培育新动能、开辟新空间的必由之路。

数字化转型实践，坚持战略引领，坚持顶层设计和基层创新相结合，坚持需求牵引、价值导向，坚持数据开发与保护并重。 数字化转型涉及各层级、各领域、各业务，既是一项极具创新性的复杂系统工程，也是一个长期不断发现问题和不断解决问题的完善迭代过程，必须要以创新的思维运用好数字化技术赋能能源电力，贯彻落实双碳目标，助力构建新型电力系统。

国家电网公司原总信息师

2021 年 11 月

电力数字化转型方兴未艾

随着全球新一轮科技革命和产业变革发展，数字技术和数字经济正在重塑世界竞争格局。面对世界经济的复杂局面，数字经济展现出顽强的生命力，据研究显示，全球数字化进程整体提前 7 年，数字经济增速达到 GDP 增速的 2 倍以上，已有 170 多个国家发布数字国家相关战略。2020 年我国数字经济规模近 5.4 万亿美元，居全球第二位，同比增长 9.6%。据麦肯锡全球研究院预测，到 2025 年，数字化突破性技术的应用每年将带来高达 1.2 万亿-3.7 万亿美元的经济影响价值。数字经济已成为引领全球经济社会变革、推动我国经济高质量发展的重要引擎。

十三届全国人大四次会议表决通过《关于国民经济和社会发展第十四个五年规划和 2035 年远景目标纲要》，数字化转型作为重点内容，延展至经济社会各个领域，数字技术史无前例地作为独立篇章，被写入国家级规划，纲要提出要构建现代能源体系。国资委印发《关于加快推进国有企业数字化转型工作的通知》，明确国有企业数字化转型的基础、方向、重点和举措，全面部署国有企业数字化转型工作，提出要打造能源类、建筑类等四类企业数字化转型示范。随着国家产业政策加速出台，推动新一代信息技术在电力行业的探索与应用，为电力企业带来生产运营能力的提升，商业模式的创新以及巨大的发展机遇。

电力行业关系着国计民生，从十年前的智能电网到如今的电网数字化转型，电网的生产模式、组织模式、调度形式正发生着巨大变化，加快推进电力企业数字化转型升级，将助力传统产业新兴发展和升级演进。在构建以新能源为主体的新型电力系统过程中，数字化是提升新能源消纳、实现电网安全高效、助力负荷可控可调的战略性抓手；在实现"双碳"目标过程中，随着能源转型的不断深入和全球能源互联网的构建，电力行业将由传统生产消费模式向低碳化、数字化、智能化方向发展。电力数字化转型方兴未艾，加快实现电力数字化转型发展是时代所需、战略所指、生态所求。

新一轮信息技术革命蓬勃发展，全球数字经济发展未来可期。数字化转型是适应能源革命和数字革命相融并进趋势的必然选择，是大变局下的电力行业可持续发展新动能。《中国电力产业数字化》一书探讨了电力数字化转型的本质内涵，列举了丰富的实践案例，展望了未来的方向，其为深入了解电力行业数字化发展提供了有意义的参考，为推动电力数字化转型指明道路。希望广大读者能够从这本书中学习知识、汲取经验，积极抓住发展机遇期，锐意进取，为发展数字经济、建设数字中国贡献一份力量！

国家电网公司原副总工程师

李向荣

2021 年 10 月

数字电力是实现以新能源为主体的新型电力系统的最佳途径

当今世界,以新一代数字技术为代表的第四次工业革命正向经济社会各领域全面渗透,引领生产方式和经营管理模式快速变革。以习近平同志为核心的党中央高瞻远瞩、审时度势,从能源革命、数字经济等重要方面,对推动第四次工业革命作出了一系列重大决策部署。近几十年来,在已有的信息技术基础上,以大规模分布式计算能力和海量数据储存、处理技术等为代表,创新信息技术迅速崛起与传统业态深度融合发展,不断带来政治、经济、社会、文化等多重领域的变化,形成推动社会变革的重要力量。如何适应新时代发展要求,挖掘和利用数据资源,已成为各行各业的首要战略课题。谁能在数字化这场战争中抢占先机,赢得市场主动权,谁就能赢得未来,这已成为普遍共识。第四次工业革命的核心技术迅速崛起与融合,对传统行业带来冲击乃至颠覆,世界各国纷纷将发展数字经济作为推动实体经济提质增效、打造核心竞争力的重要举措,推动数字经济与实体经济紧密融合,力图抢占数字经济发展的创新高地。由此带来的,则是当前全球电力工业正面临指数级的技术爆炸、多元化的用户需求和可持续发展要求并存的机遇与挑战。对电力企业来说,如何推动企业实现数字化转型，降低能耗、减少浪费、实现能源可持续发展，提升自身盈利能力、运营效率和竞争力，已成为实现企业可持续发展的必然选择。

构建以新能源为主体的新型电力系统是实现"双碳"目标的必然选择。新型电力系统是适应大规模高比例新能源接入、源网荷储深度融合、电力市场高效配置、满足灵活智能用电需求的电力系统。新型电力系统波动增大，惯性降低，调度对象数量剧增，分布式特征更加明显，多元化需求差异增大，电力企业相关方利益格局更加复杂。应对这些挑战，必须借助数字技术，厘清核心任务和关键路径，建立具有科学性、前瞻性、系统性和可行性的发展思路。数字电力必须突出以新一代数字技术为核心驱动力。以数据为关键生产要素，以现代电力能源网络与新一代信息网络为技术，通过数字技术与能源企业业务、管理深度融合，不断提高数字化、网络化、智能化水平，形成新型能源生态系统。数字电力的发展将是先进数字技术与电力进行科学渐进融合的过程，数字技术的价值在电力系统中得以充分释放，并赋予电力系统与前沿数字科技协同发展的动力。

数字电力将依托强大的"电力+算力"，以数据作为核心生产要素，打通源网荷储各环节，在发电侧增强新能源"可观、可测、可控"能力，在需求侧有效聚合海量可调节资源，在电网侧搭建云边端融合的调度体系，使电网具备超前感知能力、智能决策能力和快速执行能力，提升驾驭复杂系统能力。支撑新型电力系统安全高效运行。数字电力为源网荷储互动提供技术保证，随着分布式电源、储能、电动汽车、智能家居等大量接入，节能服务、综合能源服务、车网协同等服务多元化发展，以及需求响应、虚拟电厂等技术大规模应用，现有的传统技术难以为继，必须采用先进的数字技术才能确保电力系统安全、高效、经济运行。数字电力以电能为纽带，以电力大数据为基础，以互联网技术为支撑，推动区域能源网络互联互通，促进能源大数据集成与共享，实现与能源用户的双向互动，通过电力调度运行和多种能源的协调配合，提供广域范围的基础能源保证，实现能源高效传输、资源优化互补。

作为电力企业而言，推进数字技术与电力业务的深度融合，进而推动企业生产、经营、管理、服务业态的深度变革，是电力企业落实党中央重大决策部署的具体行动，是推动企业变革发展的必要手段，也是建立世界一流企业的重要保证。

南方电网专家委员会副主任委员

2021 年 10 月

行到水穷处，坐看云起时

当今的世界处于人类历史上的特殊阶段，随着信息技术的快速发展、普及和应用，新技术层出不穷，劳动生产率大幅提升，生活模式，思维模式，行为模式都在改变，世界发生了前所未有的变化。2020年4月9日，《中共中央、国务院关于构建更加完善的要素市场化配置体制机制的意见》正式发布，数据作为一种新型生产要素，成为备受关注的内容。2020年8月21日，国务院国资委印发《关于加快推进国有企业数字化转型工作的通知》，推动数字经济和实体经济融合，推动新一代信息技术与产业的深度融合，打造数字经济新优势，促进国有企业数字化、网络化、智能化发展，数字化转型被摆在了更加重要的位置。

因势而谋、应势而动、顺势而为。中国电力建设集团有限公司结合自身业务特性和长期优势，不断研究探索数字化与建造方式、经营理念、市场形态和行业管理的深度融合，充分利用"云、大、物、移、智"等信息技术，围绕管理数字化与业务数字化，聚焦"水、能、城"，集成"投建营"，重点发展智慧水务、智慧能源、智慧城市，着力打造现代电建、数字电建、特色电建。

《中国电力产业数字化》既是他们结合企业实际，解构数字化技术、规划建设数字化平台和系统，推动数字化应用的过程和经历，也是他们数字化工作经验的总结，反映了数字化转型推动企业转型的重要作用。从"打通内部、融合外部、构建生态"三方面入手，以产业数字化为目标，推动建筑工程从物理资产到数字资产的转变，借助"电建云"推动传统工程企业步入数字时代，构建面向数字时代的新电建，不断提升企业的精益化生产、数字化建造、现代化管理和智能化决策能力。数字化的过程曲折、艰辛，既需要领导给予足够的重视，也需要信息部门持续不断的努力和各部门的大力支持、配合，期待看到他们更多、更好的成果。"行到水穷处，坐看云起时"，"数字电建"不见不散！

中国电力技术市场协会副会长

王聪生

2021 年 10 月

企业数字化转型的基本概念与内涵
——从信息化到数字化企业信息化发展进程

数字经济业已上升为我国现阶段的发展战略，这包括产业数字化和数字产业化。企业信息化隶属于产业数字化，是企业可持续发展，甚至于转型升级的必然选择。

信息化与数字化是两个相互包容而又相互独立的概念。最初我们把数字化定义为信息化的高级阶段，而现在又把信息化当作数字化的初级阶段。好在IT界向来不纠结这些术语，大家更感兴趣的是技术创新与解决方案。只要不影响叙事和交流，以上两种说法均可被接受。

企业信息化的发展一般认为有以下四个阶段：

——电算时代：从上世纪八十年代起，用计算机"程序"辅助完成某一业务模块的工作，如财务电算化、人事管理电算化等。

——管理信息化（MIS）时代：针对某一业务域开发相应的软件"系统"，如营销管理系统、人力资源管理系统。这一时期创新最活跃，企业投入大幅增加。各专业或部门各自开发系统，"烟囱"林立。由于种种原因，系统换代频繁。

——信息集成时代：主要是解决各系统之间的流程贯通和数据共享问题。大部分企业选择了被冠以"最佳管理实践"的 ERP 套装软件。

——数据应用时代：即数字化阶段，对信息系统中产生的大量数据加以分析，以优化管理、辅助决策，如商业智能（BI）等。随着云和大数据技术的出现，数据已成为企业生产的重要资源，从而引发出各种数字创新甚至数字化转型。这些新技术的效果和影响是如此之大，以至于在各种媒体和宣传上数字化逐渐取代了信息化。

总之，企业数字化是信息化的延续、发展和提升。如果说标准化是信息化的基础，那么信息化则是数字化的基础。

衡量企业信息化的三大特征

回顾企业信息化建设过程，能按计划上线并正常运行五年以上的项目少之又少。反观成功的信息化项目，无一不是同时具备以下条件（简称之 BTM 准则）：

——切合实际的业务（BUSINESS）。即对业务的深入分析包括业务标准建立、全面的工作分解结构（WBS），这是信息化项目开发的基础。

——先进适用的技术（TECHNOLOGY）。信息技术日新月异，选择合适而成熟的技术，不仅可降低开发费用，更是可持续运行的保证。

——高效创新的管理（MANAGEMENT）。管理信息化绝对不是对现业务的仿真，而应该是在信息技术加持下对业务的创新管理。一方面依赖于业务流程的创新与再造，另一方面依赖于业务和技术的深度融合。

这里必须提出一个重要概念，即企业级信息化。和由业务驱动的传统信息化相比较，企业级信息化由企业战略驱动，并在统一技术架构下开发。它从根本上解决了企业信息化的三大顽疾：业务集成、数据共享和可持续发展。

如果采用成熟度模型理论，则一个成熟的信息化企业具有以下三大特征：

——全业务接入。线下无业务是信息化管理的基本目标，即所有的业务和管理均可被记录和测量；同时还包括全业务集成，即消灭系统壁垒和信息孤岛。

——全信息对称。指作业层有工具、管理层有数据、决策层有依据。信息化不仅能支持班组所站的作业，而且作业结果可同时被整理分析。这需要建设跨业务的运营管控平台。全信息对称可以最大限度地实现"消灭报表"和"减少会议"。

——全数据集中。简言之，一个企业一个数据中心。这是指逻辑上企业数据必须集中，以实现数据"边际效益递增"。

ERP、EA+SOA、微服务

1. 企业资源规划（ERP）：客观地讲，央企信息化在很大程度上是在外部驱动下开展和推进的，也就是说不完全是企业内生需求。"完成任务"和"解决问题"这两者所导致的组织行为有很大差别。在这种背景下，国外 ERP 软件在咨询公司所谓"最佳管理实践"的加持下，几乎占领了所有企业。央企信息化大会完全是一个 ERP 实施经验交流会，蔚为大观。然而，即使不论 ERP 在技术上的局限性，采用 ERP 之后至少还有以下问题：

——大多数企业的主营业务系统需要另行开发，因此始终存在与 ERP 的集成问题。

——必须以 ERP 为核心，从而牺牲了企业的总体技术架构。局部优化不等于整体优化。

——ERP 要反向适应现行管理体系，很多企业实施后效率不升反降。

——ERP 是一套封闭软件，可持续性堪忧。

2. 企业架构+服务化应用（EA+SOA）：EA 作为一种管理方法论，从上世纪八十年代开始，即已在很多企业和国家得到应用。它包括业务架构、应用架构、数据架构、技术架构和架构管控几部分。EA 可以全面准确承接企业战略，并使之逐级实施落地。SOA 作为一种软件开发方法，由 SUN 公司最先提出，曾一度被认为是与 INTERNET 和 WEB2.0 等量齐观的技术革命。SOA 的主要思路是将软件服务化、模块化，通过总线装配完成功能开发。但 SOA 的实施高度依赖于具体业务分析，需要业务专家和 IT 专家密切协同，而专业服务又很难标准化、产品化，因此发展艰难。然而，EA 与 SOA 的结合几乎是天衣无缝，彻底解决了 IT 与业务融合、信息集成共享、敏捷开发诸问题。可以说是具有普适性和可持续性的信息化解决方案。

3. 微服务（MICROSERVICES）：这是一种基于容器技术的软件方法，继承了 SOA 的思路，采用了最新的技术。可以说微服务代表着软件技术的发展趋势。

电力企业数字化转型的发展趋势

首先，数字化(DIGITALIZATION) 不是数码化（DIGITIZATION），正像大数据不是数据大。因此，数字电网并不依赖于每个元件的数码化。数字化的核心是通过数据应用实现企业价值创新，包括产品/服务创新、效率/质量提升、安全风险降低以及客户体验改善等。如果说信息化是企业管理改进的必需品，那么数字化则是企业价值创造的发动机。换言之，数字化项目必须以价值创造为导向。

数字作为新的生产要素，对每个企业都有挖掘价值的空间，但并不意味着每个企业都有数字化转型的命题。企业转型意味着企业发展战略的重大改变或调整，数字化只是途径和手段。然而，在"双碳"目标下，电力企业无一不面临战略转型的抉择。这是因为：

——电源革命：预计到 2030 年底风光装机将超过煤电，且随着技术进步还将因其经济性而得以指数级增长。

——供电市场重构：电网公司将面临售电公司、微电网、直供电和产消同体者（既发电又用电）等供电主体的挑战。市场规则和运营模式必须重构。

——电网技术创新：为适应愈来愈多的分布式随机电源、多形态储能和电力电子器件，电网运行和控制技术必须创新。不仅输电会更多的选择直流技术，低压配电选择直流技术也是必然趋势。未来电网将成为一个信息物理社会系统（CPSS），而一个高度优化运行下的复杂巨系统将面临更多风险。

以上这些问题的解决都在很大程度上依赖于数字技术，加之，电力企业拥有的电力数据具有广泛覆盖和全时空特性，因此电力企业藉数字技术实现战略转型必然而可行。

过去二十年，电力企业通过通信与信息融合（CIT），重构了信息基础设施；通过业务与信息融合（BIT），建成了企业信息化体系；现在将通过自动化与信息融合（AIT），构建一个划时代的新型电力系统。

电力企业数字化转型是一个长期过程，需要在总结经验中不断创新。《中国电力产业数字化》整理和分析了大量的电力信息化与数字化案例，内容丰富详实，肯定对从业者有所裨益。

南方电网改革发展研究中心特聘研究员

2021 年 11 月

数字化转型已成为国家发展战略，是企业转型升级的必由之路。国家出台了一系列政策，包括两化融合、互联网+、2025 智能制造等，十九大提出建设"网络强国、数字中国、智能社会"战略目标，进一步推动了云技术、大数据、物联网、5G、北斗、区块链、人工智能同实体经济的深度融合。国资委发文《关于加快推进国有企业数字化转型工作的通知》，明确国有企业数字化转型的基础、方向、重点和举措，着力培育企业产品创新数字化、生产运营智能化、用户服务敏捷化、产业体系生态化，人才培养数字化赋能。当今数字化时代，企业各级领导对数字化转型认识逐渐深刻，业务部门、技术部门都有建设智能工厂、智慧企业的动力，纷纷启动数字化转型顶层设计、开展数字化装备改造、信息系统建设。

数字化转型定义较多，没有明确统一的定义，其核心要求是利用新一代信息技术同传统业务深度融合，优化业务流程、提升业务质量、提升工作效率，促进生产管理模式变革，实现企业价值创造。技术是工具，融合是方法，优化提升是要求，价值创造是核心。目前数字化转型各企业普遍开展，尤其是在疫情期间凸显效果，更加坚定企业转型的决心和信心。如何开展数字化转型，目前存在的主要问题有；技术部门、业务部门分工不明晰、造成步调不一致；企业层级需求不统一，不能实现统一管控；数据没有统一治理，形成信息孤岛，信息不能充分共享；项目缺乏系统性、集成性、扩展性，存在头痛医投脚痛医脚条块建设；技术应用方案不成熟，系统架构、技术不灵活，造成项目优化迭代周期长，持续发展困难；业务需求分析场景不充分，不能满足转型的需要。种种问题阻碍了信息技术的应用、阻碍了转型发展的进程，甚至无法实现业务创新、更难实现价值创造。

　　数字化转型是长期系统复杂的系统工程，涉及系统层面、数据层面、组织流程，管理模式以及创新文化等的搭建、重塑，甚至是颠覆。要想有效的开展转型，领导重视、资金保障部门协同是必要条件，同时必须尊重科学方法开展。加强政策研究，很多政策文件帮助用户指明了方向；加强国内外行业案例研究，借鉴成熟先进经验可以开拓视野，少走弯路；采用平台化、微服务、工业互联网架构精心架构设计；保障系统的灵活性、敏捷性、用户体验；开展有效的数据治理，建立数字文化，发挥数据驱动经济的动力；培养一批复合型人才队伍。

　　《中国电力产业数字化》是很好的资料。参考了电力行业基建、生产、经营、安全全产业、全过程的优秀案例，并对场景分析和采用的新技术及发展方向进行阐述，有助企业开展数字化转型借鉴。数字化转型因行业、领域、主体及其管理、规模、生产模式的不同而不同，路径多样，个性化程度高，需要企业结集合实际不断的探索、创新。

国家能源集团信息化管理部副主任

2021 年 10 月

电力系统正在发生深刻变化。国家从战略全局作出"四个革命、一个合作"能源安全新战略以及加快构建以新能源为主体的新型电力系统,实现"碳达峰、碳中和"目标,必将推动传统电力系统向高度数字化、清洁化、智慧化的方向演进。

电力企业数字化转型意义十分重大。利用"云大物移智链"等新一代数字技术同传统电力系统业务深度融合,激发数据要素创新驱动潜能,加速电力企业传统业务优化升级和电力企业战略、治理、组织、生产、运营等全方位创新转型,实现更大的价值创造,是电力企业高质量发展的必由之路。

电力企业数字化转型任务艰巨。数字化转型是一项长期系统性创新工程,不能一蹴而就。坚持系统观念,构建企业持续迭代的协同创新工作体系,引导和支持相关推进主体从全局、全价值链、全要素出发开展整体统筹和协同优化,特别是要聚焦企业发展痛点难点,加强企业数字化转型战略引领,将数字化转型全面融入企业发展战略,强化统筹规划、组织保障、治理体系、体制机制、产业发展、资金投入、人才队伍、协同创新等各方面工作部署十分必要。

本书是一本很好的参考资料。书中提供了电力行业发、输、变、配、用各环节，规划、设计、基建、生产、经营、安全等全产业链的优秀数字化案例，并对未来电力系统数字化、智慧化发展方向进行了阐述，有助于电力企业开展数字化转型参考借鉴。

中国华电科技信息部副主任

2021 年 10 月 18 日

目 录

前言

第一章 电力数字化概述

当今世界，数字化浪潮席卷而来，数字化技术作为推动社会进步和经济发展的关键性技术，正以其空前的影响力和渗透力，日益融入经济社会发展各领域全过程，数字经济发展速度之快、辐射范围之广、影响程度之深，快速改变着社会的经济结构、生产方式和生活方式，正在成为重组全球要素资源、重塑全球经济结构、改变全球竞争格局的一股重要力量。尤其是在新冠肺炎疫情席卷全球的形势下，在各国抗击和防控疫情的过程中，更是凸显了数字化技术的重要性和数字经济时代的来临。

根据中国信息通信研究院发布的《中国数字经济发展白皮书（2020）》显示：我国数字经济占 GDP 比重由 2002 年的 10.0%提升至 38.6%，规模达到 39.2 万亿元，已经是国民经济的核心增长极之一，2020 年我国数字产业化占数字经济比重为 19.1%，产业数字化占数字经济比重达 80.9%，数字经济在疫情中逆势腾飞，俨然成为当今世界最活跃的经济形式，是世界经济发展的重要方向。加快数字化发展，大力发展数字经济，推进产业数字化和数字产业化，打造具有国际竞争力的数字产业集群，是当前及今后一段时期内加快发展现代产业体系、推动经济体系优化升级的战略举措之一。

第一节　电力数字化转型是国家发展的需要

21 世纪以来，全球能源安全和气候变化问题日益突出，各国煤、电、油、气、运紧张局面频繁出现，生态环保形势日趋严峻。能源是国民经济稳定发展与民生社会长治久安的重要物质基础，能源安全事关国家安全大局。2014 年 6 月，习近平总书记在中央财经领导小组第六次会议上提出，要实施"四个革命，一个合作"能源安全新战略，努力推动能源高质量发展，着力构建"清洁低碳、安全高效"的能源体系，为国民经济社会发展和民生改善提供坚强的能源保障。国家发改委、能源局发布的《关于推进"互联网+"智慧能源发展的指导意见》（发改能源〔2016〕392 号）提出，"围绕构建绿色低碳、安全高效的现代能源体系，建设以智能电网为基础，多种类型网络互联互通，多种能源形态协同转化、集中式与分布式能源协调运行的综合能源网络。建设覆盖电网、气网、热网等智能网络的协同控制基础设施。逐步培育虚拟电厂、负荷集成商等新型市场主体，增加灵活性资源供应。发展分布式能源、储能和电动汽车应用、智慧用能和增值服务、绿色能源灵活交易、能源大数据服务应用等新模式和新业态，营造开放共享的能源互联网生态体系"。

随后，国家能源局发布《关于公布首批"互联网+"智慧能源（能源互联网）示范项目的通知》（国能发科技〔2017〕20 号），公布了首批"互联网+"智慧能源（能源互联网）示范项目共 55 个。其中城市能源互联网综合示范项目 12 个、园区能源互联网综合示范项目 12 个、其他及跨地区多能协同示范项目 5 个、基于电动汽车的能源互联网示范项目 6 个、基于灵活性资源的能源互联网示范项目 2 个、基于绿色能源灵活交易的能源互联网示范项目 3 个、基于行业融合的能源互联网示范项目 4 个、能源大数据与第三方服务示范项目 8 个、智能化能源基础设施示范项目 3 个。涉及云计算、大数据等多项重点工程，指引能源电力行业信息化、数字化、智能化发展。

2020 年 9 月 22 日，习近平主席在第七十五届联合国大会一般性辩论上发表重要讲话，指出"应对气候变化《巴黎协定》代表了全球绿色低碳转型的大方向，是保护地球家园需要采取的最低限度行动，各国必须迈出决定性步伐。中国将提高国家自主贡献力度，采取更加有力的政策和措施，二氧化碳排放力争于 2030 年前达到峰值，努力争取 2060 年前实现碳中和"。目前，我国能源活动产生的二氧化碳排放约占碳排放总量的 85%，电力碳排放在能源排放中约占 40%，且占比逐年增高，是实现碳中和的重点。十九届五中全会报告中指出，要推进能源革命，建设智慧能源系统。随后，在 2020 年 12 月 12 日气候雄心峰会上，习近平总书记进一步宣布，"到 2030 年，中国单位国内生产总值二氧化碳排放将比 2005 年下降 65% 以上，非化石能源占一次能源消费比重将达到 25% 左右，森林蓄积量将比 2005 年增加 60 亿 m^3，风电、太阳能发电总装机容量将达到 12 亿 kW 以上"。在 2021 年 3 月在中央财经委员会第九次会议上首次提出："要构建清洁低碳安全高效的能源体系，控制化石能源总量，着力提高利用效能，实施可再生能源替代行动，深化电力体制改革，构建以新能源为主体的新型电力系统"。新能源替代化石能源，电能替代将全面加速，风电、太阳能等新型能源建设将进一步提速。

全球能源互联网发展合作组织发布的《中国"十四五"电力发展规划研究》显示，未来几年，电力需求中心将从高载能产业转向战略性新兴产业和现代服务业。随着能源转型的深入推进，终端用能进一步清洁化和绿色化，电能替代具有巨大潜力，以电代煤、以电代油的领域日益广泛。随着信息化、智能化电力系统的建设，扩展用电大数据采集范围，整合数据资源，集成先进的传感、信息、控制、储能等技术，可以实现发电侧和用户侧资源协调优化，有效降低尖峰负责需求，降低负责峰谷差，提高用电效率。世界范围内，各国不断提高能源使用效率，在交通运输、城市发展等领域逐步实现电力对石油的替代，电气化程度将进一步提高，能源消费电气化趋势将更加明显。推动能源系统智能化升级，特别是智能电网及相关产业的发展，已经成为世界主要发达国家拉动经济发展的重要手段。

第二节　电力数字化转型是行业发展的需要

一、电力数字化背景

电力工业是将一次能源经发电动力装置转换成二次能源——电能，再通过输电、变电与配电系统供给用户的基础产业。电力工业在国家的能源发展中占据重要战略地位，是现代社会必不可少的公用事业，其根本任务是向用户提供充足、可靠、价格合理的电能。电力工业具有资金和技术密集等特征，是资产最多的行业之一，其资金密集程度为其他行业的两倍甚至若干倍，是典型的重资产行业。据统计，电力行业的固定资产占其总资产的 92%，而其他行业（包括化工、制造、冶金等）只占 45% 左右，因此，有的国家称电力工业为"装置性产业"（即设备型产业）。

电力数字化与电力行业的生产特性息息相关。电力行业生产具有如下特性：

实时性。电能的传输速度与光速相同，根据现有技术水平，电能尚不能被大规模储存，发电、供电和用电过程须同时进行，电力生产过程的连续性，要求发电机组发出的功率与用电设备消耗的功率始终保持平衡，并保证供电质量（包括频率、电压、波形和供电可靠性等）达到规定的标准。电力企业的生产和经营管理就是保证电力系统安全、稳定和经济运行。

整体性。电力系统为发电、输配电和用电不可分割的整体，且发电、供电、用电在瞬间实现，决定了电力生产是一个高度集中和统一的过程，必须是统一的指挥调度、统一的质量标准和统一的运行管理。

适用性。电能是一次能源转化而来的清洁、使用方便的二次能源，可以精确定时、定点、定量加以利用。电能可以方便地转换为光能、机械能、热能等其他形式的能源，易于精密控制。水能、风能、核能等一次能源只有转化为电能，才能大规模开发利用。电能使用方便、适用广泛，电力系统建成后则不受或很少受时间、环境等外界条件的限制。

先进性。电能作为二次能源，电力发展速度要始终大于一次能源发展速度，并与经济发展速度相适应。科学技术的进步，产业结构的升级，生活质量的提高，使电力需求以高于经济和一次能源增长的速度增长。随着各国积极发展能源战略，电力消费的比重也会越来越多，促使电力工业发展成为各国能源战略的重心。以电力代替其他能源，具有明显的节约能源和环境保护效果。能源领域的重大科技项目，都是围绕电力进行的。电力技术在经济社会、一次能源与环境的协调发展中起着重要的平衡作用，已成为实现可持续发展的桥梁。

由于电力工业在国民经济和社会生活中的重要地位，电力信息安全作为电力安全的重要组成，其电力二次系统的安全保护要求"不能有次侵害发生"。因此，电力工业的连续性特点以及电力信息安全的特殊性要求，在很大程度上决定了电力数字化的复杂性和重要性。

二、电力数字化现状

以"云大移物智链"为代表的数字化技术，与能源革命深度融合，有利于提升电力企业效率和服务水平，并培育出新业态、新模式，同时，有助于构筑更高效、更清洁、更经济、更安全的现代能源体系，并推动企业架构转型，进行业务重塑。当前，数字化已渗透至电力生产、输配、经营以及管理等各个环节，数字创新成为贯穿所有环节的重要驱动，数字化已渗透至电力生产、输配、经营以及管理等各个环节。随着产业的转型升级与新型基础设施的建设与完善，未来十年电力行业产生的海量数据将有效联动，进一步提高整个电力网络的运行效率、提升用户体验。对此，电力企业必须深入探索如何将数字化技术与电力行业在更大范围、更深层次的融合，开创新商业模式与新服务形式。

随着风电、光伏等产业的不断发展，可再生能源发电比例持续增加，世界各国正在运用新一代数字技术，围绕能源的流通环节进行电力供给与需求之间的有效平衡。总体而言，数字化技术与电力行业的发展相辅相成，电力行业的发展对数字化技术也提出了新的要求，新一代数字技术作为基础赋能新业务，也势必为电力行业的发展提供了更多的可能。

（一）大数据技术的应用

电力大数据主要来源于电力生产和电能使用的"发输配用"各个环节，可大致分为三类：① 电网运行和设备检测或监测数据；② 电力企业营销数据，如交易电价、售电量、用电客户等方面数据；③ 电力企业管理数据。通过使用智能终端设备可采集整个电力系统的运行数据，再对采集的电力大数据进行系统的处理和分析，从而实现对电网的实时监控。进一步结合大数据分析与电力系统模型对电网运行进行诊断、优化和预测，为电网实现安全、可靠、经济、高效地运行提供保障。对电力大数据的分析，有助于通过客户关系优化、主动营销，以及定制优惠和服务来改善客户体验，电力大数据价值的深度挖掘，可以面向行业内外提供大量高附加值的增值服务，对电力企业盈利与控制水平的提升有很高的价值。

随着现场总线、智能仪表、传感器、摄像头等新技术和智能设备大量应用于电厂，数据采集范围越来越广，数据采集频率越来越高，数据类型越来越多，数据产生速度越来越快，数据量越来越大，为电厂应用大数据技术、人工智能技术进行数据挖掘、处理、分析提供了坚实的数据基础，并能进一步创建包含生产运行数据、设备全生命周期数据、经营管理数据、人财物资产数据为主的企业"大数据"信息资源库，构建企业大数据资产。

大数据技术可以快速提取有效信息，以较快的响应速度和强大的数据处理分析能力，用于电能的分析、预测、管理及规划。通过大数据技术应用，电力行业从业者可以掌握更加丰富翔实的实时信息、历史信息，从而进行时间业务范围更广、跨度更大的综合分析，以辅助电力行业内的更优决策，最终提升经济、社会和环境效益。根据中国电力企业联合会发布的《中国电力行业信息化2020年度发展报告》显示，电力大数据的采集、管理、分析与服务行业将迎来前所未有的发展机遇。全球范围电力大数据分析方案的广泛使用能够带来每年3000亿美元的电费削减；针对电网而言，每当数据利用率调高10%，便可提高20%～49%的利润。

（二）物联网技术的应用

物联网技术的应用有力支撑了我国电力行业的发展。电力行业设备类型及数量繁多，传统的办法是通过人工记录设备信息，但人工操作往往错误率高，且时间周期长，费时费力。利用物联网技术管理电力设备可以实现对电力资产的管理，通过 RFID 技术，可以实现设备的自动识别记录管理，大大提升了准确率，节约了资源，更为重要的是可以与企业管理系统相连接，实现信息同步。具体方法是依据要求将设备的准确信息和管理信息录入系统，制作信息标签，然后将此标签再贴于设备表面。利用小型易携带读写器记录和修改的标签信息，随时记录更改内容实时更新，保证与账目一致。在检查结束后将读写器的数据接口与企业办公系统相连接，自动上传变更信息并形成报告，确保设备管理的循环完整性。

物联网应用于电力设备状态监测与智能巡检，为智能电网的实现提供了有效支撑。物联网能够对设备进行实时监测，从中获取相关的信息数据，通过系统对信息的分析，能够轻易发现信息当中存在的异常现象，进而起到监测的效果。利用物联网技术进行智能巡检能实时掌控关键设备的运行状态，在尽量少的人工干预下，及时发现、快速诊断和消除故障隐患，快速隔离故障，实现自我恢复，使电网具有自适应和自愈能力，提高设备的可靠性和利用率。

物联网应用于关键参数的在线监测和实时信息获取，为电力市场分析提供数据支撑。物联网技术在用电信息方面的应用主要集中在智能电表的用电采集及用电数据分析。远程抄表是物联网技术在电力行业应用的基础体现之一，它具有便捷性、准确性和高效性等优点，能够实现对电能表数据的远程实时统计。通过用电信息采集系统不仅能降低人工成本，同时由于信息系统的精确率，还可以有效避免人工抄表出现的失误，提高抄表准确性。基于所采集的用户侧信息，用电信息采集系统可以对用电信息进行深入分析、挖掘，获取有价值的信息，为用户提供多项服务。通过充分利用采集系统历史数据及信息化能力，开展电力市场分析预测，精准把握市场动向，为电力精准营销提供有力支撑。

物联网应用于配电网通信、应急通信以及智能电网等方面，为电网智能化提供必要的技术支持和保障。电力通信系统的稳定性取决于通信设备能否正常运行，结合物联网技术和电力通信系统的特征，将物联网技术应用于电力通信系统，不仅可以节省人力资源，而且还能及时获取特定区域变电所设备的运行状态。

当前，我国物联网技术在电力行业的应用研究正在加速进行，电力行业的经济发展和物联网技术的实际应用推广步伐也在不断加快。虽然物联网技术目前在电力行业已得到一定的应用，并在促进智能电网建设、推进新时代能源互联网建设等方面发挥了较大作用，但是物联网技术在我国电力行业的应用还处在发展阶段，在应用深度和广度上仍有待进一步提升，需要在以下几个方面加强攻关：① 电力企业接受和应用物联网的时间有待加速。虽然电力行业由于自身特点对物联网应用的需求很大，但是由于行业的封闭性，新技术的接受能力不高，加上新技术的应用意味着原有的设备等投入需要废弃或者中断改进，导致整体的应用和推动无法实现真正的高效和统一，在一定程度上阻碍了物联网在电力行业应用的进步，需要加快企业接受和应用新技术的响应速度。② 物联网技术与国外先进水平存在较大差距。我国物联网技术基础能力薄弱，自主研发能力不强，产业聚集度低；从专利数量角度来看，我国物联网传感器相关专利申请数量落后于国外企业，无法提供充分的基础技术支撑，电网安全也无法得到充分保障。③ 技术标准不统一，后期管理和提升存在障碍。由于采购主体不一，未实现统一的标准管理和标准要求，不同的采购来源导致了电力行业的物联网更多是分散的点状分布，无法实现统一的合力；同时，由于物联网技术在电力行业的应用较多且较为复杂，不同领域的需求不一致，电力行业现有的通信、信息等标准不能完全满足物联网大规模应用的需要，阻碍了物联网技术优势的发挥，对电力的生产运行提升作用不明显。④ 各部门之间缺乏协同作用，阻碍了应用程序的推广。由于电力行业的垂直管理，跨部门和行业的协调和协作非常困难；数据不一致，而且难以向服务提供商开放，直接导致应用程序实现停滞不前。

（三）区块链技术的应用

区块链技术已成为推动能源电力行业数字化发展的热点技术，区块链技术可以与人工智能、物联网等技术协同发力。据财经研究机构 Fortune Business Insights 发布的报告显示，随着绿色能源发展力度不断加大，预计到 2026 年底，全球能源公用事业的区块链市场规模将达到近 16 亿美元。

区块链技术是一种将密码学算法、分布式数据存储、点对点传输、共识机制、智能合约等新型计算机技术进行深度应用，从而实现去中心化、不可篡改、可追溯、公开透明等特性的数据库技术。电力行业业务流程长、参与主体多、分布范围广等特性，导致了数据共享难、协同效率低、多方信任障碍等问题。区块链技术的特性恰好可以克服电力行业信息化应用的不足，是促进电力行业数据共享、优化业务流程、降低运营成本、提升协同效率等的关键性支撑技术。

区块链技术在我国电力行业的应用场景主要分为三类：① 电力交易类，主要包括分布式电力交易、新能源云、综合能源服务等；② 存证溯源类，主要包括物资采购、线上办电、智慧财务、安全生产和金融科技等；③ 安全防护类，主要包括数据共享、身份认证和网络安全运维等。

1. 基于区块链的电力交易

区块链技术作为建立信任的关键技术，为电力交易提供了可靠的平台基础。一方面满足了大量主体参与的需求，另一方面也提升了交易过程的透明度。区块链技术应用于电力交易过程，可以减少登记机构的反复审查和确认，从而简化产权登记和交易流程，并能够有效防止交易欺诈行为。利用区块链技术特点可以实现交易安全性、公开透明性和数据可靠性，有助于可再生能源供能服务商出售电能的利益最大化和用户购买电能的成本最小化。融合区块链共识机制、智能合约和非对称加密算法等先进技术，将关键数据上链存证，可实现对用户身份的核验，交易合同经买卖双方、电网企业三方签名后生效，智能合约交易执行费用自动结算，从而提升执行效率，降低执行成本。

2. 基于区块链的存证溯源

基于区块链的数据存证溯源是一种全新的分布式基础架构与计算范式，针对电力产业链产品、用户、企业的多链条、多主体现象，融合块链式数据结构、密码学、智能合约技术，通过对各环节数字信息动态存证，实现可信溯源。区块链不可篡改的特性给商品的防伪及追溯提供了有效的解决方案，产品和供应链上的信息都可以按照时间顺序写入区块链，从而变得透明可追溯。

3. 基于区块链的安全防护

区块链技术拥有全新的数据治理方式和技术设计，为能源互联网中的多方协作提供信任基础。区块链的不可篡改性以及透明性，可有效降低数据的信任成本，实现电力交易信息公开与共享。针对能源企业之间存在的集中部署访问受限、标识不唯一、易被窃取或篡改等问题，借助区块链技术分布式存储、防篡改、可追溯技术设计去中心化数据共享协议模块，从数据的筛选、存储、传递、下载进行全流程的数据追溯防护，构建数据安全可信网络，实现数据共享。

随着我国电力体制改革的不断深化，电力市场朝着更加透明、公平、自由的市场化交易模式演变，呈现出了一些新特点：① 市场交易规模进一步放开，中小用户逐步进入市场，在批发市场之外将形成规模庞大、交易活跃的零售市场；② 市场主体多元化，能源生产者和消费者的角色逐渐模糊，需求侧资源等分散主体都能参与交易；③ 市场信息更透明，市场博弈更加复杂，市场主体的肖像描绘和评价更加必要，将出现专门的信息服务商提供交易信息服务；④ 电力现货市场平稳运行，分时节点电价充分还原电力商品本质属性；⑤ 交易品种更多样，在集中交易之外形成电力生产和消费间就近匹配交易的自由市场，满足用户个性化消费需求。根据上述电力市场的新特点，区块链技术将在分布式发电市场化交易、电力批发市场、电力零售市场、电力衍生品交易、市场主体信用评价、源荷互动电力交易等方面得到更广泛的应用，并在解决电力行业发展问题中发挥重要作用，为我国电力行业高质量发展注入新动能。

第三节　电力数字化转型是专业发展的需要

随着大数据、云计算、物联网、移动互联等相关技术的不断发展，我们正从信息化（IT）时代步入数字化（DT）时代。IT 时代经过业务梳理、流程再造、信息化固化，工作得到了有效规范，管理得到有力提升。DT 时代，我们在云架构下将建立越来越多的微应用，用数据模型建立虚拟现实，关联我们的所有信息，用数据指令每一个应用，在每一个应用中沉淀下数据，用积累的数据分析所得结论启动下一个应用。

在我国加强电力资源优化调配的大背景下，数据互联互通、业务协同等方面的问题日益突出，电力企业的信息化建设开始重视统一化、集成化，电力企业也迎来了数字化转型的新阶段。过去，信息系统和自动化系统是相对独立的系统，自动化负责控制、信息系统负责管理。如今，数字化系统则强调融合，自动化系统传输至信息系统的数据，帮助企业高层管理者洞察基层的运行情况。数字化被认为是未来电力企业最重要的发展方向，电力企业的数字化转型已经是大势所趋。新一代数字化技术与传统电力科学日益融合发展的背景下，我国电力企业也步入新时代，面临新的机遇和挑战。

发电侧，化石能源发电厂逐步退出市场将成为不可逆转的趋势。2019 年中国能源生产和消费量均创新高，能源对外合作进一步扩大，能源效率持续提升。2019 年，中国煤炭消费在总能源消费中的占比为 57.7%，再创新低；天然气、水电、核电、风电等清洁能源消费占比达到 23.4%，能源消费结构清洁化、低碳化转型稳步推进。可再生能源和分布式能源的迅速发展，正逐渐改变发电侧各类能源的占比，2019 年，可再生能源发电占到了全球总发电量的 27%，预计到 2024 年，可再生能源发电占比还将增加 50%，其中增长最快的是光伏发电。在构建清洁低碳、安全高效的能源体系的背景下，加之数字化技术的发展，在能源消费环节，用电力替代化石能源成为能源革命的需要。从 2018 年到 2050 年，全球电力需求预计将增加 50%。到 2040 年，电力预计将占到全球能源消耗总量的 31%。尤其是在未来 40 年的脱碳进程中，化石能源电力基础设施将逐渐失去主导地位，要找准新定位挖掘新价值，部分电厂不可避免地面临资产沉没的风险，化石能源电厂如何退出市场，需要探索。

受电侧，用电终端将呈现复杂多样化的趋势。受电侧资源可能包括自备电厂、冷热电三联供机组等发电装置，工业生产、空调、电动汽车、智能家居等用电装置，用户侧储能、电蓄热、冰蓄冷等储能装置，既是电力的使用端，又可能是参与到电网负荷变化调节的设备，一般通过削峰、填谷和精准实时负荷控制三种方式得到利用，可能面临电气冷热综合用能调节的需求，情况呈现出复杂化，自主平衡要求进一步加大，自主支撑能力要进一步加强。用户资产参与电网负荷变化调节，可以大幅度降低电力总投资，可以有效提升电网灵活调节能力和弹性恢复能力，但现有的技术手段及运行模式距离这一目标的实现存在很大差距，可能存在巨大的市场空间。

电网侧，现有的电网结构和运行管控方式，很难保证大规模可再生能源接入和消纳。新型电力系统建设要重新认识集中式与分布式的相互依存关系，用系统观念将规模化增长问题转变为能源产业链、供应链的结构优化及高质量发展问题，并全面促进现代产业体系建设。现有的电网调度体系，是与集中式大发电模式配套的，很难适应大量不可控、不可调新能源接入，高度离散的新能源发电设备和高度离散的参与电网负荷变化调整的设备很难进入现有调度体系，电网的灵活性、可靠性和安全性将受到严重影响。电网数字化转型助力新型电力系统建设，是对电力系统功能形态、价值形态进行重塑的过程，电力算力新型基础设施融合将涌现更多新模式、新服务，能源大数据服务正在全面支撑国家治理现代化与能源产业生态，业务数字化升级还在初级阶段亟待破局，碳市场电力金融创新与区块链技术深度融合是能源电力向外破圈跨界的重要途径。从技术层面看，可再生能源发电、储能等一些瓶颈性技术尚未突破，技术方向仍未清晰，导致电力系统难以承受无任何约束的新能源大规模发展。如何将高度离散化的设备规模化地集成，可调可控，即插即用，或能实现自我平衡，亟须探索在规划、设计、建设、运行中的新做法。

第二章 数字化转型的认识

数字化转型是目前数字化发展的新阶段，数字化不仅能扩展新的经济发展空间，促进经济可持续发展，而且能推动传统产业转型升级，促进整个社会转型发展。技术的进步让我们可以捕获原来难以捕获的变化，或者以更快的速度捕获原来可以捕获的变化。充分利用好数字技术的进步，捕捉一切变化，享受更多的技术红利，这是数字化转型的底层逻辑。

数字化转型本质是两场革命，即工具革命和决策革命。从工具革命的维度看，自动化的工具提高了体力劳动者和脑力劳动者的效率，传统的机器人、机床、专业设备等传统工具正升级为 3D 打印、数控机床、自动吊装设备、自动分检系统等智能工具，传统能量转换工具正在向智能工具演变，大幅提高了体力劳动者效率，同时 CAD、CAE、CAM 等软件工具提高了脑力劳动者的工具效率。从决策革命的维度看，企业内部各类软件系统，通过不断挖掘、汇聚、分析消费者以及研发、生产、供应链等数据，基于数据+算法构建一套新的决策机制，替代传统的经验决策，实现更加高效、科学、精准、及时的决策，以适应需求的快速变化。实际上，数字化转型就是解决两个基本问题：正确地做事和做正确的事。

第一节　数字、数字化、数字化转型的基本认识

一、数字、数据、信息、知识、智慧辨析

数字分好几种，阿拉伯数字是最普遍的一种。数字是一种用来表示数的书写符号。不同的记数系统可以使用相同的数字。数据就是数值，也就是我们通过观察、实验或计算得出的结果。数据有很多种，最简单的就是数字。数据也可以是文字、图像、声音等。数据可以用于科学研究、设计、查证等。我们借助 DIKW 模型，可以更清晰地阐述数字、数据、信息、知识、智慧间的关系。数字就是符号；数据是有关系属性的符号，是原始素材；信息是经过加工处理后有明确意义的数据；知识是基于经验的信息；智慧是指示的应用，在适当的时机给出的恰如其分的知识。如图 1-1 所示。

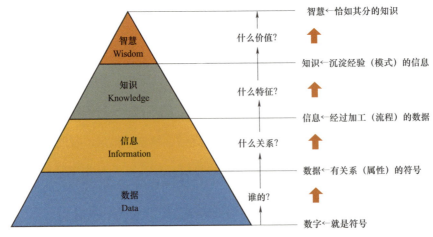

图 1-1　基于 DIKW 模型对数字、数据、信息、知识、智慧的理解

二、数字化、数据化、信息化、知识化、智能化、智慧化辨析

所谓的"化"就是要改变事物形态或性质。数字化就是符号化，因为计算机只能识别符号，一切人、事、物，只有符号化了，才可记录、可测量、可利用。数字化的过程，就是符号化的过程，就是隐性的事物显性化的过程。只有显性化了，才可以分析利用。万事万物都数字化，最好的表征形式是数字孪生，可以说，"数字孪生"是"元宇宙"的理念和技术基础。数字化既是一种技术，也是一种理念，更是一种思维方式。

数据化就是数据有据可查的过程，是显性的事物价值化的过程。数据化最直观的就是企业各式各样的报表和报告。数据化是将数字化的信息进行条理化，通过智能分析、多维分析、查询回溯，为决策提供有力的数据支撑。

关于信息化的界定，中共中央办公厅、国务院办公厅印发的《2006—2020 年国家信息化发展战略》提出，信息化是充分利用信息技术，开发利用信息资源，促进信息交流和知识共享，提高经济增长质量，推动经济社会发展转型的历史进程。通常说的信息化是狭义概念，指政府或企业业务"信息技术化"，实质是通过搭建业务系统，把线下手续转为线上工作流程，把纸质公文和文档转为电子文件，并让相关人员了解"业务现在什么情况""流程进展到哪"等动态业务信息，是指在计算机、互联网等信息技术支撑下，政府机构或企业日常办公、信息收集与发布、远程会议、公共管理等事务在数字化、网络化环境下进行。有观点从信息技术的角度界定信息化，认为信息化是指以现代通信、网络、数据库技术为基础，对所研究对象各要素汇总至数据库，供特定人群生活、工作、学习、辅助决策等和人类息息相关的各种行为相结合的一种技术，使用该技术后，可以极大地提高各种行为的效率，为推动人类社会进步提供极大的技术支持。简单来说，信息化是指通过计算机信息系统，处理传统

业务中的流程和数据，从而达到优化流程、提高效率的目的。

知识化本质上是学习与创新过程，人类社会和经济的各个方面发生深刻的变革，各种社会活动的功能和效率上的大幅提高，从而达到人类社会的新的物质和精神文明水平过程。在数字时代，知识化以智能化网络化信息工具的广泛应用为基础，知识被高度应用，知识资源被高度共享，从而使得人的智能潜力以及社会物质资源潜力被充分发挥，个人行为、组织决策和社会运行趋于合理化的理想状态。同时知识化也是知识产业发展与知识在社会经济各部门扩散的基础之上的，不断运用与创新知识来改造传统的经济、社会结构从而通往如前所述的理想状态的一个持续的过程。

智能化解决了能力高效自动化问题，代替人做事。智能化是信息化、数字化的目标，也是发展的必然趋势。智能化指的是在互联网、大数据、物联网和人工智能等技术的支持下，事物具有的能满足人的各类需求的属性。智能化具备四大属性：① 具备智能操作系统；② 具备智能传感且物联成网；③ 具备视觉识别和语音交互；④ 具备深度学习计算机来对资源（人才、资金、物料、设备、仓库、运输）实现最佳调度。目前智能化主要体现在计算机技术、GPS定位技术、精密传感技术的综合应用。智能化的应用产生了巨大的价值，主要表现在：提高了作业质量和工作效率；改善了操作者的作业环境，减轻了工作强度；降低了一些危险场合施工的风险；提高了机器的自动化程度及智能化水平；实现了故障自动诊断，提高了设备的可靠性，降低了维护成本等。

智慧化解决服务高效精准化问题，代替人思考。智能不等于智慧，智慧包含智能。狭义上理解，智慧是生物所具有的基于神经器官（物质基础）一种高级的综合能力，智慧让人可以深刻地理解人、事、物、社会、宇宙、现状、过去、将来，并拥有思考、分析、探求真理的能力。智慧就像是人的大脑，它是一个整体，将所有子系统融合在一起，是由智力系统、知识系统、方法与技能系统、非智力系统、观念与思想系统、审美与评价系统等多个子系统构成的复杂体系蕴育出的能力。在我们的日常生活中，智慧体现为更好的解决问题的能力。通常我们说的智慧化，是通过各类技术的整合应用，实现非生命体具备生命体才具有的解决复杂问题的能力。

三、信息化与数字化的关系

信息化是流程驱动，数字化是数据驱动。信息化是根据标准制定流程，按照流程实施并采集数据，对收集到的数据进行分析，进而判断标准、流程是否适合，并对标准进一步完善，侧重于将理念、文化、模式、方式，把制度、标准、工艺、工法等，通过流程输送实现规范化执行，促进管理规范化、标准化数字化是符号化，计算机化，以数据为驱动，关注用户体验，在对大数据分析的基础上，实现选择适合的标准流程执行，使用适合的人做正确的事情，即无论何人、何时、何地，都能选择到合法、合规、合理、合适的流程来执行。信息化是基础，为给数字化带来了丰富的数据。数字化为信息化带来了更多的选择。信息化和数字化的最终目标是要实现智能化、智慧化。

信息化侧重于技术的应用层面，是在人们原有的思维模式的基础上，通过技术的加持带来了原有流程效率的提升。数字化则突破了数字化技术赋能的层面，对各行各业带来的是颠覆性改变，改变了人们原有的思维方式，并开创了新的商业模式。信息化与数字化具体的差别表现为以下几个方面：

（1）思维方式的差异。企业各类信息化系统在搭建之初，所反映的是一种管理思维，信息化系统设计方案的思路并未过多的关注用户需求的便利化，基于管理思维条件建设的信息化系统，缺少有效提高用户工作效率的思想。数字化背景下则更关注用户需求，反应的是用户思维，数字化的过程更加关注如何有效提高各个系统节点的工作效率，与此同时需用依靠数字化技术手段，促进企业经营工作效率的提高。数字化并非对企业过去的信息化推倒重来，而是通过融合优化过去的信息化系统，提高管理和运营水准，用新的技术手段提高技术创新应用能力，以支持企业融入数字化时代，适应新要求。

（2）数据的价值不同。信息化背景下，数据是系统运行过程中的副产品，分散在不同的系统里，对数据的利用还比较粗糙，各行各业鲜有数据积累。一些企业虽然都已建立自己的网络和信息中心，但由于缺少统一规划，或者各子系统开发的间隔时间长，导致功能模块之间相对独立，数据不能共享，企业内部存在多个"信息孤岛"，没有互相连通也并没有真正表现出数据信息的应用价值。数字化背景下，数据是物理世界的投影，是核心资源，并日益成为重要生产要素和社会财富。数字化要求对数据进行统一的管理，基于数据的有效集成，在企业层实现基于数据驱动的经营管理和科学决策，提升企业的经营和管理能力。

（3）作用范围不同。信息化背景下，信息化系统主要是单个部门的运用，极少有跨部门的融合与集成，其使用价值具体反映在工作效率提高层面。数字化背景下，数字化贯穿企业全部工作流程，破除部门墙、数据信息墙，完成跨部门的系统互通、数据信息互联，全程连通数据融合，为业务赋能，为决策产生精准洞悉。

信息化系统既可以作为数据采集系统，也可以是数据分析结果执行手段。过去的积累不是包袱，而是资源、是基础。信息化是根本，数字化产生价值，没有根本就没有价值，没有信息化就没有数字化。

四、数字化转型

数字化转型就是当一切人、事、物都可以符号化，都可以让计算机识别和处理，都可以提取其中的数据、信息、知识、智慧时，即我们利用计算机科学来全面支持我们的需要，带来的改变，产生的新理念、新业态、新模式、新动能。

  企业数字化转型是"以价值创新为目的，用数字技术驱动业务变革的企业发展战略"。在这个概念中，转型的目的是创造新的价值，转型的动力是数字技术，转型的对象是企业业务，转型的本质是变革，转型的定位是企业发展战略。即数字化转型是以面向价值为导向，以提升能力为主线，以数据驱动为手段的系统性变革。在新的价值里，除了以往所说的提质、降本、增效，还有产品服务的延伸和创新，以及业态转变带来的新业务、新市场等。数字经济时代跟传统的物质经济时代最大的不同在于，物质经济是以生产为中心的，追求的是标准化、规模化；而数字经济是以需求为主导的，以用户为主导，"消费者主权的崛起"更加剧了这一演变，所以它需要围绕多样化、个性化的用户，去通过动态整合资源去响应这种动态的多样化供给。

  数字化转型要建立在数据驱动的基础上，其解决的是对不确定性需求的响应能力。数据作为一种新型的生产要素，在数字化转型中发挥着如下作用：① 作为信息媒介，解决信息透明和对称的问题，实现组织内外的资源动态配置；② 作为信用媒介，基于区块链等技术，可以构建价值，形成新的价值网络，而不只是一个信息网络，大幅提升资源配置、综合利用水平；③ 作为创新媒介，基于数据模型，运用人工智能等技术，将部分不确定的知识技能用数据模型承载，提升创造能力和水平。

第二节　数字化转型的基本技术架构

  数据是继土地、劳动力、资本、技术之后的第五大生产要素，是数字化转型的基础。在企业发展和商业发展当中，很重要的一点就是看要素组合；当数据成为生产要素，进入产业的任何一个环节，都将产生新组合和新价值，让产业数字化的发展空间变得更大。各个行业数字化转型，核心在于对产业理解之后，能不能跟数据要素进行组合。数字化转型的基本技术架构分为五个层面：

（1）多维度数据采集平台。利用物联网、互联网、5G、北斗数字化技术等，建立物联网等感知网络，对数据进行采集和标注，具备"多维""高频""高精度"采集和传输数据的能力，实现全方位数据采集。

（2）融合的一体化数据库平台。把不同类型、不同标准的数据进行物理集中或逻辑集中。识别数据、存好数据、管好数据是基础。智慧化的前提，是对事物相关数据的全面感知。数据的融合能力是未来企业的核心能力。

（3）可视化的数据管理平台。基于 GIS+BIM 的时空大数据，活灵活现的展示数据和数据关系，基于物理空间三维重现、孪生，确保不同的人对数据的理解是统一的、不产生歧义。注重数据的可辨识能力，能看得懂的数据才是有用的数据。

（4）多层多模的数据分析应用平台。构建灵活的、能全面调用、能加载模型的数据开发平台。将以往积累的经验模型化，把大脑建在云上，在云上建立数据中台，建立数据加工中心（中央厨房）。通过强大的数据分析应用能力，为及时推送需要的结论或者相关工具提供支撑。

（5）多场景数据应用展示平台。通过大屏、计算机、手机、App 等多渠道展示数据。能够将准确安全的数据推送到需要的组织或个体。

第三节　电力数字化转型的基本方法

转型方式有很多种，数字化转型与以往转型的最大区别在于数字化。数字化是一个过程，工业时代迈入数字时代的过程是数字化。可以说，没有标准化就没有信息化，没有信息化就没有数字化，没有数据的一体化，就没有智能化、智慧化。数字化的最终目标是实现智能化、智慧化；智能化（流程处理）是替人干活，智慧化（数据处理）是替人思考。数字化进程为传统行业带来了巨大的机遇，尤其是受到新冠疫情的影响，诸多原来的应急技术变成了日常技术。对于企业来说，现阶段要考虑的并不是要不要转，而是必须转、如何快速地、成功地转。在数字化转型的过程中要遵循一定的方法论。

一、数字化转型要建立支持解决问题的"一库一平台"

面对任何复杂的问题，可以是一个具体的问题或者是系统性问题，建立支持解决问题的"一库一平台"，这既是一个技术解决思路，也是一种思维方式，工作理念和建设方法论。"一库"汇聚问题解决所需要的数据，能聚合、融合全面系统的数据，能采集、收集、保存这些数据，确保各种决策建立在全数据、信息对称的基础之上。"一库"是一项工作的每一个点、线、面、体最全面数据的提供者，是有关各方数据交换的枢纽，是每一个管理者利用数据分析掌控这项工作的支撑平台，是政府、行业及相关方等分析这项工作的智库。"一库"作为融合的底层数据平台，是数字化转型的"底盘"。"一平台"是解决问题所需要的能力，把所需要的全面能力整合、融合形成一体化。"一平台"将多年的产业经验，采集到形成数据化，汇聚、融合形成一体化的数据"体"，基于模型，数据驱动，流程贯通，建立基于模型的系统论，最终形成跨系统、跨专业的协同能力，建立新的核心竞争力。

二、数字化转型要统一认识

转型也好，变革也罢，都是一个过程，甚至是一个痛苦的过程，如何走好这个过程，并走出好结果？需要进行理念升级、系统升级、能力升级、组织升级。一切要从认知的改变开始，麻省理工学院斯隆管理学院的研究指出：成熟的数字化企业关注通过集成应用数字化技术来转变企业的工作方式，而不够成熟的数字化企业则关注使用单独的某项数字化技术来解决离散的企业问题。数字化转型是对企业自身的组织、技术、产品、运营、文化、管理的全面检验，企业的管理者要站在全局的视角来审视数字化转型，做好各方准备。数字化转型这是"一把手工程"也是"全民工程"，需要"一把手"坚决推动的意志决心，也要企业上下达成共识，需要管理者认知的转变，也需要执行层的行动意识，多方面合力推动，才能取得数字化转型实效。

三、数字化转型要做好顶层设计

数字化转型要立足当前，着眼未来，要有一套适合本行业特点、本企业现状的长远规划，久久为功。数字化进程要坚持"系统性思考，体系化设计"，做好顶层设计，以制度创新和规则完善推动数字经济与产业的巨大潜力和广阔的发展前景，从整个价值链角度来进行整个系统的优化，优化平衡短期和长期发展，带动上下游一起发展。深入推进"上云用数赋智"，实施数字化转型伙伴行动，深入推进企业数字化转型试点项目建设。

四、数字化转型要明确业务部门与 IT 部门的关系

业务部门与 IT 部门的定位问题是很多企业在数字化转型中面临的共性问题。在思想认识上，企业的 IT 部门要秉持着"在成就他人中成就自己"的宗旨，以建设"好用、易用，少花钱，能挣钱"的信息化为目标，IT 部门与业务部门之间要充分结合方能互相成就。在合作分工上，坚持"职能部门写剧本，信息化部门搭台子，业务部门唱戏"的分工原则，明确各方职责，将任务分清楚，将目标定明白。在推进步骤上，遵循"业务梳理、流程再造、管理提升、信息化固化"的流程，业务部门与 IT 部门明确每一步的要求，分工协作、双向驱动、深度融合，确保信息系统能用、在用、好用。

五、数字化转型要"分层、分类、分级、分阶段"推进

数字化转型过程中要坚持试点先行、示范引领。企业数字化转型要找准切入点，从增量做起，从有意愿的组织做起，从产业提升做起，把试点变亮点，把先行变先成，把"试验田"深耕成"示范田"，集中力量树典型、立标杆，让其他组织看到先行先试的成效。

六、数字化转型要坚持"数据+平台+系统"的建设模式

数字化转型的各种理念要从数字化转型自身的技术设施开始，未来的方向是"数据+平台+系统"的建设模式，这一模式的基础是数据，核心是平台，系统将是轻量化的。这将颠覆以应用为核心的传统建设模式，改变"补丁式"、项目型的建设模式。新的模式更强调企业数据资产的共建、共创、共享，大幅度提升企业数据资产价值。新的开发建设都在统一的平台之上，按照标准接口

进行工厂化开发、模块化组合、生态化应用，业务组件和技术组件的积累和共享复用，使低代码拖拉拽自动生成系统成为可能，从而将系统的开发交还给最懂业务的业务部门去做，实现一体化、集成化、规范化、工厂化。

七、数字化转型需要建立相应的保障机制

数据面向决策者、管理层、执行人员，要建立转型的动力机制，为组织找到发展方向和目标，让思路更清晰、目标更具体，长期和短期相结合。面向管理、技术和应用，需要建立转型的激励机制，通过技术比赛、应用竞赛、技能大赛等一系列措施促进数字化技术应用。注重头部企业和领先方阵等的培养、塑造，选择条件比较成熟，人才、技术等各种关键要素比较齐备的组织或业务先行先试，快速见效、收获经验，树立信心。通过建立数字化转型的人才机制，培养信息化、数字化人才，畅通职业通道、建立合理的信息化人员薪酬体系，在复杂的竞争中留住人才。建立 CIO 制度，推动企业决策层有懂信息化、数字化的领导成员。研究各类资源可能的倾斜政策，组织创新小组、研究中心、实验室等，重点培养技术带头人、杰出人才、领军人才和创新团队等。

第三章 发电侧数字化

能源是国民经济和社会发展的重要基础,电力能源更是国民经济的第一基础产业,是世界各国经济发展战略中的优先发展重点。随着国家宏观经济转型换挡,电力体制改革以及电力市场建设的不断深化,全国发电企业在满足深度调峰、节能减排、安全可靠、竞价上网发电等方面均面临着更大的挑战。

在数字化技术日新月异发展的背景下,数字化赋能传统产业转型升级步入新常态,发电企业需要改变粗放型管理模式,推进制度、管理、科技创新,培育新成长优势,提升管控力度、降本增效,提高企业管理水平和核心竞争力。多重压力下,现有电厂升级改造成当务之急,数字化电厂的兴起既顺应时代发展,又是传统发电企业自我革新的必经之路。

第一节 发电侧数字化背景

数字化电厂的界定来源于数字化管理思想。数字化管理将信息技术贯穿于企业的整体管理流程,可为管理者及时提供过去和现在的数据,并能够预测未来和引导企业人员的工作。数字化管理将企业的业务流程视为建立在企业管理系统上的价值链,可以对价值链上所有环节进行有效管理,强调动态监控生产技术和经营状况，及时掌握信息。数字化管理表面上是一种新型信息管理系统，实质上是一场对企业现有的组织结构、管理观念、管理方式等管理系统的革命性变革，已经超越了企业本身固有的框架和模式，是一种基于企业价值链而建立起来的系统而规范的管理体系。数字化管理的核心是业务流程重组，优化企业价值链。

通过对电厂运行的基本规律进行研究和总结，并结合数字化管理的先进思想，发电企业提出了建设数字化电厂模式，即用流程工业的计算机集成制造系统理论来设计数字化电厂的体系结构，在电厂先进控制系统和安全高效的网络平台、数据库平台基础上基于国际最新的管理理论和信息技术研究成果，整合电厂管控一体化系统，用 ERP 管理思想和信息技术对电厂的经营和生产管理系统进行全面设计，使信息技术与电力工业技术、现代管理技术有机融合，全面提升电厂的生产技术和经营管理水平，增强电厂在电力市场的竞争力。

目前，关于数字化电厂、智能电厂、智慧电厂，并未做严格的区分。本章节认为智能电厂需要数字化电厂积累到一定阶段才能实现，而智慧电厂则是最终目标。从当前的数字化电厂到智能电厂再到未来的智慧电厂，这一过程并非一朝一夕，需要技术和硬件的不断迭代更新，也需要人的认知以及配套环境的不断升级。

数字化电厂阶段需要完成的是基础数据的积累，属于电厂的"数据储备"阶段。通过基建期的数字化移交积累原始数据，再与电厂 DCS、SIS、ERP 以及 MIS 等系统进行集成，可以打造一个数据之间存在清晰逻辑关系的庞大数据池。在数字化电厂阶段，更重要的是要做好基建期的数字化移交工作，以保证后期运行期的数据还原并可追溯。

智能电厂阶段需要完成的是对电厂设备的智能控制，属于电厂的"数据控制"阶段。当拥有了足够的数据并且将数据与电厂实体对象进行关联之后，我们便可以通过收集到的数据经过系统分析，自动判断是否需要对某个诸如开关等设备进行启停等操作。这个阶段更重要的是做好数据分析判断与物联网的搭设。

到了智慧电厂阶段，电厂已经积累了足够的数据，并具备大量的分析判断算法积累。智慧电厂阶段，人工智能技术的自我学习能力将发挥关键作用，通过人工智能技术将大幅度提高计算机分析效率，可以更快、更准的做出判断并快速响应。

目前的数字化电厂离真正的智能化电厂存在一定差距，主要反映在以下几个方面：① 现有电厂安全管理手段不能满足安全生产要求。现阶段，电厂安全对人员的主观意识依赖性较强，主要依靠管理制度和人员监督进行安全生产管理。随着工业信息化逐渐深入，工控系统信息安全要求越来越高，系统自身信息安全防护能力需要全面提升，才能避免出现安全生产问题。② 当前外部负荷需求多变，要求火电机组大量参与深度负荷调节，复杂工况下锅炉燃烧、风烟、汽水、环保等分系统的运行适应性不能满足要求。生产控制环节的智能化直接关系火电机组的运行效能。③ 基础设备和机组控制设备的数字化、智能化程度不够，无法满足数据分析与数据挖掘需求。智能传感器和智能调节机构数量的不足，导致对重要设备的检测控制过于粗放。发电厂内仍然存在大量自动化、信息化孤岛，各系统的运行数据和信息难以在厂区范围内顺畅流动。数据资源分散，缺乏连贯性，管理与运行人员很难从冗杂的数据中得到有用的信息并做出正确决策。④ 燃料管理方面，现代化智能技术应用较少，控制水平与管理水平尚有较大提升空间。使用智能监控辅助人工生产，智能化管控企业生产中的相关细节，跟踪实时数据，可以有效减少危险发生，优化生产过程，提高工作效率。⑤ 企业经营管理全局数据分析与最优资源配置能力尚待完善。

数字化电厂要想保持健康稳定发展，并顺利过渡到智慧电厂阶段，就不能仅停留于数字化技术的应用层面，要突破数字化技术只是作为手段和工具的局限性，并不断优化固化先进的生产方式和管理模式。同时，数字化电厂建设也不再单单是科技信息部门牵头的科研项目，而逐渐向生产主管部门负责的常态化建设内容转变。发电企业也要注重打好数据基础，对于关键应用要投入精力真正用好，并在用好的基础上推进管理变革，落实实际价值。这些变化对于智慧电厂的长远发展都具有重要意义。

随着能源电力科技创新迅猛发展，信息、传感、智能控制等技术与能源、电力技术深度融合，我国有一批电厂在建设智能电厂、智慧电厂方面作出了积极尝试。一些燃煤电厂、燃气电厂、核电、水电，以及风能和太阳能新能源电站，在安全、高效、低碳、清洁方面取得了显著的成效，进一步提升了发电企业的智能管理水平，促进了发电企业生产经营的智慧一体化融合。近两年来，一些发电企业也开始注重智能化应用与管理相结合，已有多家企业依托云计算技术的发展以及在新能源远程运行方面的经验，将某区域内多家电厂的数据汇总到区域公司，并在区域公司设置一套应用，由统一的 IT 运维人员进行维护，降低了相关项目的投资和运营成本，同时也为区域公司对标、决策和数据上送奠定了基础。总结而言，我国智慧电厂的建设道路仍然任重道远。国内发电企业需要与其他产品融合延伸，形成循环经济，提高能源和资源的利用率，承担更多保护环境和服务社会的功能，这不仅仅能让电厂参与到市场经济资本，同时也是新时代生态环境建设和经济社会发展对发电企业的要求。

第二节　发电侧数字化技术与实践

一、生产数字化

随着数字化技术与工业技术的深度融合，工业生产方式趋向精益化、管理模式趋向高效化、信息获取趋向便捷化、能源消耗趋向绿色低碳化。近年来，我国提出中国制造 2025、"互联网＋"行动计划，部署规划云计算、大数据发展国家战略，这些举措都进一步促进了电力系统的扁平化管理以及能源生产、消费概念的转变。这些变革都在深刻影响着传统电力行业的经济活动模式，催生了更多新技术、新产品、新业态，推动电力企业向数字化企业发展。

从目前国内数字化电厂的建设和应用情况来看，我国企业在电厂智能发电领域中进行了相关探索和尝试，但其应用更多地侧重于智能信息集成展示以及智能管理等层面，而在生产过程中的智能化应用较少。无论是智能信息集成展示还是智能化管理，其最终目标应服务于发电生产过程，提高我国电厂的智能化生产水平。目前，国内企业在智能化管理与实时生产之间存在一定的脱节，同时，国内企业在数字化电厂领域探索中，缺乏从整体上的设计和规划，往往从局部系统进行智能化升级，各系统之间缺乏紧密联系，没有从整体上去解决发电过程智能化的问题。"智能发电"是以自动化、数字化、信息化为基础，综合应用互联网、大数据等资源，充分发挥计算机的信息处理能力，集成统一的一体化数据平台、一体化管控系统、智能传感与执行、智能控制和优化算法、数据挖掘以及精细化管理决策等技术，形成一种具备自趋优、自学习、自恢复、自适应、自组织等特征的智能发电运行控制与管理模式，以实现安全、高效、环保的运行目标，并具有强大的外界环境适应能力。

通过建设发电设备状态检测、厂级监控、运行优化、故障诊断和评估等系统，可以对发电机组启动、调试、正常运行、停运和维修进行全过程的电能质量、发电煤耗、环保排放等质量问题进行在线诊断追溯，及时发现异常原因并进行相应处置，实现发电生产过程质量问题全程追溯，以消除各类生产质量问题，保障发电生产持续开展。

（一）智能测量及控制

发电行业生产过程存在高温、高压、强磁场、高电压、高灰污、高辐射等严苛情况，也存在危险化学品，因此对安全性和可靠性要求很高。伴随数字化电厂建设的兴起，发电厂智能测量及控制技术成为数字化电厂关键技术之一，智能仪表和传感器产品成为不可或缺的电厂设备，数字化技术在仪表中的应用为其提供了很大的改善空间。

1. 电厂基于监测传感技术的智能预警

随着社会信息化程度的不断提高，发电厂内各方面的设备数量与日俱增，必须时刻为发电厂内电力设备提供正常的运行环境，因此，建立发电厂智能辅助监控系统尤为重要。目前发电厂监测传感技术多为 20 世纪 90 年代发展起来的在线监测技术，随着互联网、物联网、5G 等技术的快速发展，通过智能监测传感技术，可以全面提升电厂机组感知水平，提升机组在线监测水平及监测范围，为发电厂动力、安防、消防、设备监控等方面的应用提供高可靠性、高度适用性的解决方案，实现远程监测，减少人工成本，并且提前进行智能预警，避免重大事故发生，减少损失，为设备的安全运行提供保护，提高运维效率，为数字化电厂的建设提供技术基础。

案例 3-1

　　浙江浙能台州第二发电有限责任公司在智能电厂中搭建智能感知设备统一管控系统，建立感知设备统一管控平台，将新接入的传感器信号和原有的传感器信号进行统一管控和状态分析，实现从原料、关键工艺质量参数、成品检测数据的采集和集成利用，完成实时的质量预警。通过部署在线分析仪（气体成分、汽水品质、红外热成像、图像分析等）、智能传感器（温度、压力、流量、振动、声音等），采用软测量算法和工业过程大数据建模等先进技术，实现煤、水、油等原料参数的实时检测，对发电煤耗、环保排放、发电质量等关键工艺质量参数进行智能预警。

2. 电厂自动化控制

　　火电厂控制系统是保证火电厂安全、稳定生产的关键，随着控制技术、网络技术、计算机技术的飞速发展，火电厂主控系统的控制水平和工程方案也在不断进步。DCS 分布式控制系统对发电侧生产流程相关的管理，包括锅炉、汽轮机以及大量辅助设备。采用若干个控制器（过程站）对一个生产过程中的众多控制点进行数据采集和控制，各控制器间通过网络连接并可进行数据交换。按电厂运行逻辑根据各种采集到的模拟数据量，实现对各种执行部件的控制，它是综合的系统，能准确采集各种数据、正确发出控制指令，并能对各种数据进行分析和判断，从而提高电厂生产效率。

PLC 可编程逻辑控制器以其强大的功能和高度的可靠性在火电厂控制系统中获得了广泛的应用，它的可靠性关系到火电厂各大系统的安全运行，甚至影响到机组和电网运行的安全性和经济性。NCS 网络监控系统侧重于输电部分，主要负责升压站之类电网相关的自动化管理。使用综合测控装置、通信接口设备、自动准同期装置、监控系统等对电网电气设备进行安全监控，满足电网调度自动化要求，完成遥测、遥信、遥调、遥控等全部的监控和远动功能；对电气参数实时监测，也可根据需要实现其他电气设备的监控操作。

案例 3-2

浙江浙能台州第二发电有限责任公司在智能电厂中采用 DCS、PLC、NCS 等先进控制系统，自控投用率达到 96%。发电关键生产环节采用基于模型的先进控制技术进行在线优化，主要有业务赋能服务系统、智能启停监督、磨煤机启停优化、冷端优化、锅炉燃烧优化、锅炉吹灰优化、锅炉再热汽温优化等智能优化系统及功能。通过建设业务赋能服务系统，建立能耗动态计算、耗差分析、状态预警、动态阈值监测、设备状态评价、系统劣化分析、工况寻优、参数生命周期预测、指纹矩阵故障识别等数理和机理模型，实现了负荷预测、燃烧优化、冷端优化、再热汽温优化、吹灰优化、机组自启动、智能监盘等先进控制和在线优化。

3. 电厂能耗监测与管理

我国资源储备不足，能源短缺已经成为制约国民经济持续发展的重要因素。现阶段能源利用效率低、能耗高，造成能源严重浪费，特别是近年来随着环境污染日益严重，气候变暖不可逆转等趋势，节能减排成为关系经济社会可持续发展的重大战略问题。电力行业既是优质清洁能源的创造者，又是能源消耗大户和污染排放大户，也是国家实施节能减排的重点领域。节能减排对于发电厂来说变得越来越重要，一方面，由于能耗水平过高引起成本过高，导致竞争力降低，使发电厂节能环保意识明显增强；另一方面，从技术层面来说，利用数字化手段提高能源和资源的利用率，不仅能提升电厂智能化水平，为生产运营提供决策支持，进一步提高运营效率，还能承担更多保护环境和服务社会的功能，同时也是新时代生态环境建设和经济社会发展对电力企业的要求。

案例 3-3

　　浙江浙能台州第二发电有限责任公司在智能电厂中建立能源综合管理监测系统，对全厂的能源进行综合管理监测，从能源和资源的输入和输出环节、能源损耗环节进行分析诊断。根据 SIS 和 DCS 上的实时数据对电厂所有的设备实现实时的监测、控制。能效诊断系统能够获取 SIS 和 DCS 上的实时数据，建立适合电厂实际情况的机组能效评价指标体系，建立机组能效诊断模型和分单元的性能诊断模型，进行能效诊断和性能诊断。诊断能够分析机组热损失、锅炉损失、汽轮机损失的主要损失部位及其产生的原因，从运行调整方面提出节能降耗的措施，并根据诊断结果提供处置建议。如图 3-1 所示。

图 3-1　能源管理系统

　　浙江浙能台州第二发电有限责任公司在智能电厂中建立水电平衡管理系统，对公司内所有电能表、水表进行数据采样，将采集来的各种数据通过网络形式传送至火电厂电量、水量平衡管理系统，并对数据进行统计、计算与分析，建立公司级能源管理模型。水量平衡管理系统能与本厂 SIS 系统通信，使各个生产岗位均可对其取得基本数据，以便对各设备的能耗情况进行统计和管理。

（二）智能检修

　　检修工作是发电厂生产管理的重要组成部分，对发电厂的安全性、经济性有着重大影响。电厂设备长期在高温、高压以及具有磨损、腐蚀、振动等较为恶劣的环境条件下工作，运行一段时间后，由于零部件的磨损、变形，严密性降低，材料使用寿命缩短，受热面结垢、结渣、堵灰、腐蚀等现象的出现，均会影响设备运行的安全性与经济性。定期、有计划地对设备进行预防性的和恢复性的检修，以便及时地检查、发现和消除设备存在的缺陷，消灭潜在的事故因素，提高设备健康水平，延长设备使用寿命，才能确保机组运行的安全性与经济性。

1. 电厂智能巡检

当前电力行业智能巡检系统主要可分为移动式和固定式两种类型。移动式智能巡检主要是采用智能机器人和无人机对设备进行巡检，最早将机器人运用到变电站巡检的系统便是智能巡检系统的初级形式，后来各国主要将新型或更为完善的技术嵌入到机器人中，例如 2005 年，A.Birk 等率先将红外成像图谱设备安装在变电站巡检机器人上；2008 年，美国电力研究院将优化算法和机械结构运用到机器人中，使机器人能够快速通过多种障碍物。固定式智能巡检系统是将高清摄像头、红外成像仪、烟雾传感器等元器件装设在待巡检设备附近的固定位置，对一定范围内的设备状态进行检测，并将各元器件或设备采集的数据传至数据处理中心进行分析判断，最后将巡检结果传送至终端设备系统，该类巡检系统是针对某一区域或固定设备，常用于布置较为复杂、设备种类及数量较为庞大、地面崎岖的场所。

案例 3-4

　　大唐泰州热电有限责任公司在电厂中建设智能巡检系统，实现巡检人员的实时监控以及过程可视化，可以在三维虚拟电厂中预先设定巡检路线，巡检过程中巡检人员借助手机 App 对设备进行二维码的扫码完成巡检数据的记录。值长可以在三维虚拟电厂中实时查看该人员的行走轨迹及巡检过程，也可以事后对历史巡检过程进行追溯。当人员接近危险源区域会有明显的报警提醒，提醒该人员远离危险源，同时三维虚拟电厂也会发出告警。

2. 电厂智能诊断

当一个系统的状态偏离正常状态时，就称该系统发生了故障，此时系统可能完全丧失功能也可能部分丧失其功能。故障诊断就是寻找故障原因的过程，包括状态检测、故障原因分析及劣化趋势预测等内容。设备故障诊断技术是在电子、计算机技术的发展过程中产生的一门技术。传统故障诊断技术在分析结构比较复杂的深层次故障时效果不理想，且对操作员能力要求较高，随着人工智能、大数据等数字化技术的发展，使设备故障诊断技术走向了智能化。由于智能故障诊断技术可模拟人类的逻辑思维和形象思维，将人类各种知识融入诊断过程，故可实现对大型复杂设备的实时、可靠、深层次和预测性故障诊断，获得的诊断信息能准确地对诊断对象的状态进行识别和预测。

案例 3-5

大唐泰州热电有限责任公司在电厂中建设故障诊断系统，为重要旋转机械设备建立起了一套严密的设备健康监控体系，以大量的实时数据采集为基础，对轴承异常震动等现象进行预警、故障诊断。对于运行人员的误操作造成设备的异常，系统将进行自动诊断，并将结果发送给运行人员，并提醒检修的人员进行具体处理。对于设备本身制造的缺陷及设备长期运行所累积造成的故障，系统还会将相关数据发送给制造厂商做进一步的判断和处理。故障诊断系统还具备一定的自学习能力，对于已经处理的故障，系统还会自动学习，进一步丰富专家库的内容，更好地保障机组的安全稳定运行。如图 3-2 所示。

图 3-2 故障诊断系统

（三）智能运行

发电厂生产管理的核心是运行管理，随着电网大容量火电机组的不断投运和现代化管理要求的不断提高，运行管理在电厂各项管理工作中的重要性显得越来越突出。火电厂基本生产过程是燃料在锅炉中燃烧加热，使水变成蒸汽，将燃料的化学能转变成热能，蒸汽压力推动汽轮机旋转，热能转换成机械能，然后汽轮机带动发电机旋转，将机械能转变成电能。水力发电过程是一个能量转换的过程，通过在天然的河流上修建水工建筑物，集中水头，然后通过引水道将高位的水引导到低位置的水轮机，使水能转变为旋转机械能，带动与水轮机同轴的发电机发电，从而实现从水能到电能的转换。风力发电的原理是利用风力带动风车叶片旋转，再透过增速机将旋转的速度提升，来促使发电机发电。电厂的智能运行是借助数字化技术，将电厂已有运行方式进行优化，通过使用大数据、云计算、物联网、人工智能、5G 通信等新技术与发电生产实际深度融合，从而使电厂运行更加经济、安全，逐步开启智慧电厂运营新模式。

1. 数字孪生电厂的二维、三维联动监视

电厂作为技术密集型、高自动化的现代生产企业，在应用数字孪生方面有很好的基础。从现实电厂获取运行数据，并在虚拟电厂中进行仿真、分析和优化，最终通过执行，对电厂的生产过程进行指导，优化电厂业务。电厂通过建立数字孪生体进行模拟仿真和预警，可以对故障进行预警，从而达到减人增效、节能减排的目的。数字孪生技术在电力行业的应用尚处于起步阶段，未来将有很大的发展空间。

案例 3-6

大唐泰州热电有限责任公司在智慧电厂建设中，以设计院提供的二维图纸及部分管道三维模型为基础，通过对主、辅机设备进行三维建模，形成高精度、等比例的三维模型，构建了与姜堰物理电厂一致的虚拟电厂。在虚拟电厂中可以随机选择一个设备，借助设备调出现场二维实时监控画面；也可以在集控室值长站利用分屏技术实现二维、三维监视联动，当在二维画面中选择某个设备时，三维监控画面会自动定位到相应温度、压力测点的实际位置，甚至还包括一些检修过的焊点等，这非常有利于运行人员对故障的判断。该功能在火电厂中加强防磨防爆管理防止锅炉的四管泄漏有很重要的拓展应用。

2. 基于大数据分析的优化运行

在电厂信息化建设的过程中，大量的生产数据得以累积。基于大数据技术、

人工智能技术的电厂数据归集存储和挖掘利用，是解决电厂数据信息无序、分散、利用程度低等问题的有力工具。基于大数据分析的运行优化可以通过对电厂实时数据库、关系数据库等多数据源中海量的历史数据进行收集、转换、挖掘和分析，形成一个包含各种维度的数据库，并随机组的持续运行、数据的持续积累而渐进演化，指导运行人员在不同工况下采用当前最佳的运行方式，有效提升电站的安全性、经济性，促进电厂大数据资产的深化应用。

案例 3-7

　　京能高安屯热电厂建设基于数据模型的寻优系统，经过近三年的运营期，机组已积累了各种工况的运行数据。通过大数据的快速检索和提取技术，找出各个工况条件下的最优运行方式（操作），从而对当前运行操作给出优化建议，通过自我学习、自我更新的方式不断提升运行的安全、经济水平。寻优系统的建立可分为如下三个层面的内容工作：制定最优工况的标准，作为历史运行参数的寻优标准。最优工况标准包括并不限于厂用电率最低、气耗率最低、度电利润最高等；通过大数据平台技术，按照最优工况标准对海量历史数据进行检索和提取，从而得出当前工况下历史最优参数和运行操作方式；采用直观、便捷的可视化方式进行最优工况及运行方式进行推送，指导运行操作。

3. 水电站可视化运行监测

　　水电站大坝结构尺寸普遍较大，大坝本体与地基基础、坝肩山体等组成一个共同运行的复杂体，如何快速、直观、全面的展现大坝安全监测、预警信息，实时显示大坝运行状态，是数字大坝建设的一项重要内容。研究利用现代可视化仿真技术提高大坝安全管理水平的方法，通过可视化技术将大坝监测数据进行三维立体可视化，并采用 OLAP 技术等相关编程算法对其进行多维分析，以求有效地剖析数据，从多个角度、多侧面地观察大坝监测数据，从而可更深入理解包含在数据中的有用信息，同时有助于开展大坝安全的分析决策。

案例 3-8

中国华电在古田溪大坝数字化改造过程中，利用地理信息系统（GIS）、遥感、图形处理、数据库管理、3D 可视化应用开发技术、虚拟现实技术等现代信息技术与大坝安全监控及分析技术相融合，实现大坝运行状态的三维可视化研究与开发。大坝工程三维模型是实现工程数字化应用和管理的基础工作。三维模型不仅应用于枢纽工程的可视化展现，也是枢纽工程建筑物特征的重要描述要素。通过定义大坝不同部位的几何特性（如部位、坐标、方量等信息）、物理特性（结构特性、材料、施工工艺、约束条件、备注信息等），实现大坝本体、地基基础、坝肩山体、水库水体等三维可视化展示。

4. 风电场实时运行监控

风资源最显著的特点是动态性与随机性变化，风电场输出的随机性变化主要也来自风速的波动和方向，这也将会挑战电力系统的安全性和可靠性，以及系统稳定性、电能质量、电网电压、有功功率、无功功率等要素，同样也对风电机组的稳定性和可靠性提出了严峻的考验。目前，风电场现场普遍采用事后分析和维护，预防性维护以及基于数据挖掘的性能监控尚未普及。经验证，通过数据分析、性能优化、预测故障等方式可以提升设备可靠性和发电性能，有效提升发电量。

案例 3-9

　　中国华电福建分公司针对风电全生命周期产业链开发了风电智慧运维平台，基于历史及实时的 SCADA 数据对风电场运行状态进行评估，同时通过连接风机资产和运维及技术人员，实时获取资产全面信息，优化机组运行性能。通过机组设备的远程监控，结合智能化算法，建立完备的故障智能分析诊断系统，洞察设备的健康状态，预警即将发生的故障，以及结合人工智能和机器学习技术在线优化风机控制策略，动态评估风电场运营效率。基于该平台，用户可以随时随地监控风机的运行状态，调取数据，诊断排除故障，提升响应速度，同时还可以对风场运营进行分析，减少日常值守的人员数量，大幅提高运营效率。通过对接入平台的风场实现 24h 实时远程监控，减少风场部署的大量运维人员，少量现场人员加总部监控的方式将为用户更好地做好风机维护工作。

二、运营数字化

　　电厂经营管理过程中面对的影响因素较多，需要应对诸多挑战，作为国家经济发展的重要支柱，电厂只有不断提高经营管理水平，提升企业竞争力，才能适应电力市场。电厂运营数字化的目的是实现燃料管理、市场营销、全厂经营决策的智慧化，使得燃料采购、电力营销以及经营决策更准确、迅速、高效。

（一）燃料控制数字化

　　目前我国电力生产仍以燃煤发电为主。长期以来，我国火电厂的运营成本偏高,其中燃料成本占据了运营总成本的大部分,且一直无法得到有效的控制,导致火电厂在市场竞争中处于劣势地位。只有燃料成本得到控制,才能使整个火电厂的运营成本得到有效的控制。随着数字化时代的到来,以数字化燃料管理方式的转变,是实现燃料精细化、智能化管理,提升经济效益的必由之路,通过建立智能燃料管理体系,加强燃料业务精细化、智能化管理,从而提高火电厂的核心竞争力,促进火电厂的长远发展。

燃料管理是电力企业生产管理的关键要素,也是企业成本控制的关键。监测并管理好燃料的各个使用环节,才能满足企业实时业务管理的需要,达到节约增效,辅助领导决策的作用。为了实现电力企业燃料管理的流程化、智能化、网络化,提升燃料管理水平,燃料利用的经济性和安全性水平,就需要针对燃料合同计划、燃料进出厂、煤样采集、煤质化验、入厂管理、煤场管理、报表管理、燃料耗用分析、费用结算和表单开发,业务定制等各个生产环节进行科学管理的燃料管理系统。

通过科学有效的管控,确保燃料管理实现控损降损,同时通过深化燃料招标、阳光采购、分堆存放、科学掺烧、精准配煤等管理手段,实现采购标煤单价区域对标领先,燃料管理综合效益最大化。

案例 3-10

浙江浙能台州第二发电有限责任公司在智能电厂中建设智能燃料管理系统,通过煤堆场信息全面数字化采集和应用,实现输煤全过程跟踪、记录和计算。增设原煤仓煤量智能计量系统,加强对燃料计量系统的运行评估、进耗存平衡以及损耗的分析处理,再现燃料生产过程,精确配煤、实时盘煤、煤垛自动分割、煤垛属性显示。建立智能掺配模型，预测并实时分析锅炉燃烧特性关键指标、对不同掺配方案进行综合评价形成煤种和煤量需求分析；采用二维和三维展示技术，实现对燃料原材料的物流全流程监控。原煤仓分层显示煤种和煤量，同时追踪锅炉中燃烧混煤的燃烧特性、锅炉效率、污染物排放指数等关键参数，以及对煤种切换后混煤燃烧的参数进行预测，从而实现燃料物性的全流程监控。

（二）管理数字化

管理数字化是指利用计算机、通信网络等技术，通过统计技术量化管理对象与管理行为，实现研发、计划、组织、生产、协调、销售、服务、创新等职能的管理活动和方法。管理数字化的核心还是管理，管理是指在特定的环境条件下，以人为中心通过计划、组织、指挥、协调、控制及创新等手段，对组织所拥有的人力、物力、财力、信息等资源进行有效的决策、计划、组织、领导、控制，以期高效的达到既定组织目标的过程。管理本身就是一个过程，而且是希望能够高效达到既定目标的过程，在这个过程中的方式方法、处理的要素和流程都是根据具体环境而定。当前的环境到了万物互联的数字化时代，数字技术的蓬勃发展为管理赋予了更多的手段。

1. 一体化数据管理体系

随着电力企业升级改造的不断深化，电厂的信息化程度逐渐提升，各种新型设备传感器与自动操作系统逐渐应用到电力企业的日常管理工作与生产过程之中，新技术、新方法的使用创造了大量的运营管理数据和生产数据。电力企业的生产数据包括生产产出与消耗数据、系统及设备运行参数、缺陷处理信息、设备故障信息、各种生产报告与日志等，是电厂一体化数据管理体系的重要组成部分。对于电力企业大数据管理工作来说，建立起系统化的数据管理体系是十分必要的，一体化数据管理可以突破传统数据管理方法的时间和空间局限，更快捷有效地实现信息的管理与储存，并从中提出关键数据进行管理和维护，保证系统能够顺利可靠运行；通过对这些数据进行合理的处理和加工，并呈现出有效的信息，为电厂的管理和经营提供数据支持，帮助企业管理者正确决策和运营。

案例 3-11

　　华电福新广州能源有限公司在数字电厂建设中搭建了一体化数据平台。该平台定位为轻量级工业互联网平台，在统一数据编码与数据标准的基础上，汇集并整合电厂的生产、管理以及经营等各类数据，支撑厂侧各智能应用功能，并实现与集团云平台间的互联互通。平台主要包括：综合首页展示、文档移交管理、生产实时、综合办公、三维数字电厂、数字中心等，平台具有先进性、开放性和灵活性，并支持二次开发，是数字电厂生态圈的核心支撑平台。

2. 主要辅机故障库管理

　　辅机是电厂正常运行的动力来源，辅机的安全运行与电厂的安全生产息息相关，保障辅机的稳定运行，避免电力生产事故的发生，对提高电厂的经济效益和社会影响具有重要作用。利用数字化技术将已有处理辅机故障的经验进行收集、存储，在使用的时候适时提取，能够有效提升电厂管理效率。

案例 3-12

京能高安屯热电厂将主要辅机列为故障库的研究对象，搭建故障库管理平台。平台具备故障库经验导入、特征值提取和匹配度审核、故障预警推送以及故障经验的准入和优化机制。通过对已知故障库经验的收集（设备说明书、检修文件包、运行规程等），作为故障库管理平台的基础数据进行导入，并根据实际运行中发现的故障、现象及原因进行提取、导入，通过专家审核后可作为正式条目进行存档。

3. 电力生产一体化管控

随着消费者对节约能源支出的意愿越来越强烈，电力企业正面临着前所未有的挑战，以往的管控模式已不能适应企业转型发展，亟待新模式的出现。一体化管控的提出顺应当前发展形势，通过对组织机构进行调整，理顺管理关系；实施集约化管理，提升管理能力，降低管理成本，降低安全风险，提高管控效率。一体化管控模式是当前先进的管理手段，在电力企业的各个环节中广泛应用，极大促进了企业管理水平的提升。

案例 3-13

中国电建海外投资公司建设了境外电力生产一体化管控系统，融合电力生产安全大区和管理大区的相关系统，实现自动化控制、环境监测与生产调度、设备资产、运行维护、安全监督、物资供应等"人、机、系统"的一体化管控，消除电厂各业务管理职能部门条块分割的信息孤岛现象。建立业务互联、信息互通厂级电力生产一体化管控系统，为集团总部跨境监管提供境外电力生产运营数据。

（三）仓储数字化

仓储数字化是营销数字化、管理数字化中的一个环节。仓储数字化指的是利用数字化技术手段，通过相应的措施与方法，为可能发生的实际问题找到解决方案，比如缓和仓库管理中的痛点和障碍，提高仓库现场的管理，实现仓库数据实时化、透明化，提高管理效率，降低仓储成本等。仓储数字化系统在仓储管理中能够发挥的作用包括：简化作业流程，可以保证数据实时准确采集，让数据更具参考价值；提高库存准确率，合理控制库存；与 ERP、MES 等系统无缝集成，打破信息孤岛，让数据实时同步，提升数字化程度。

1. 厂内物资全程跟踪

物资全程跟踪是一项繁杂的工作，庞杂的数据记录，严密的生产流程，各阶段的出入库流程以及后期物资的追踪等环节使物资仓储管理急需变革。以数字化手段为支撑对物资进行全程跟踪，可以进一步推进电厂物资管理的智能化、规范化、精细化、科学化，为物资保障工作提供更有效的数据支撑、工具支撑、管理支撑，提升物资运行管理能力和管理水平，为电厂生产运营提供安全、及时、经济的物资供应保障。

案例 3-14

浙江浙能台州第二发电有限责任公司在智能电厂中建设智能仓储系统，一方面负责与 ERP 系统、状态检修系统等实现对接，负责物流信息的收集、处理、传送、存储和分析，能及时监测物资资产的数量、物资的状态情况，并作出正确的决策以协调各业务环节；另一方面负责调度仓库控制系统，实现对各种设备系统接口的集成，对各设备系统进行统一调度和管理，并协调各个输送设备段完成仓库的出入库任务需求，通过实时收集设备层的反馈信息，对任务执行状况的实时跟踪，保证对任务的安全灵活处理。通过智能仓储系统的建立，实现了厂内物资的物流全程跟踪、物资物性的动态把握。

2. 全周期仓储管理

仓储管理是对仓库和仓库中储存的物资进行管理，通过仓库对商品进行储存和保管。现代仓储的作用不仅是保管，更多是物资流转中心，对仓储管理的重点也不再仅仅着眼于物资保管的安全性，更多关注的是如何运用数字化技术，如信息技术，自动化技术来提高仓储运作的速度和效益，实现全周期管理。通过以数字化技术为支撑，以条形码技术为纽带，以物资需求计划为主线，以物资实物管理为基础，可以实现物资计划、物资采购、供应商供货、检验、入库、领用等仓储全业务流程管理，并结合需求实现供应商集成、手持终端扫码、货架可视化、电子看板、各类统计报表、智能平库等数字化管理功能。

通过搭建数字化仓储平台，利用智能物联网、大数据、区块链等核心技术，立足于第三方仓储物流、生产制造等大宗商品行业客户，为企业提供货物出入库管理、货物存放、货物状态实时追踪、仓单管理等全周期的仓储管理服务功能，使企业能对仓储实行智能化、数字化、可视化管理。

（四）智慧化互联

在实现碳达峰、碳中和的目标中能源行业将起到至关重要的作用，在能源消费端，电能替代其他能源；在能源供给端，可再生能源将逐步替代化石能源。未来的电力系统在碳中和过程中处于整个能源系统的基础性支撑作用。数字技术是支撑电力数字化发展的最根本技术。电力数字化发展需要大量的算力，必须通过数字化技术路线来实现。现阶段，已有信息系统的应用以及数据资源的积累，将为未来电力数字化发展提供强大的支撑。

1. 电厂数据资源综合利用

随着电厂信息化程度的不断提高，提升了生产管理人员的工作效率，同时在生产中产生的海量生产和运营管理数据也为电厂经营决策提供了数据支持。但由于电厂大多数系统一般都是独立开发，各个系统之间的数据往往都各自存储、各自定义，各个系统之间的数据无法和企业内部的其他数据进行连接互动、交互共享。为了打破众多信息化系统之间的数据孤岛，充分实现现有信息系统的数据融合，需要搭建统一数据平台，将电厂数据资源进行综合利用，最终为后续"智慧电厂"建设提供良好的可拓展性和数据基础。

案例 3-15

浙江浙能台州第二发电有限责任公司建设基于工业互联网发电生产智能服务系统，搭建统一数据平台，整合全厂数据资源，支持统一数据处理与分析。智能电厂相关数据主要有生产实时数据、经营管理数据、建模算法数据、数字档案数据等，分布式部署在工业互联网平台、生产实时系统（PI）、ERP、安健环系统等应用系统中。通过搭建基于工业互联网的统一数据平台，打造业务应用赋能系统，利用 ESB、API 等方式实现数据互联互通，构建设备数据资产目录，绘制设备数字镜像图谱，实现物资码、设备码、状态码、二维码四码联动，保障数据源唯一，保证数据质量，并在此基础上实现各部门各系统间的数据统一、集中管控，可基于微服务微应用利用数据进行分析建模，开发各类智能业务分析系统，支持一站式查询，多源数据无感访问。

2. 多功能能源服务平台

随着能源绿色低碳转型提速和电力体制改革的不断深入，能源、电力、用户三者之间的关系越来越密切。可再生能源持续快速发展，多元供应、多能互补是能源电力的重点发展方向，能源服务成为未来能源企业的主要发展模式。能源企业以及互联网公司都纷纷加快能源服务平台化运营布局，围绕用户打造一体化能源管理平台，提供多元化服务。

案例 3-16

中国华电上海公司建设了综合能源服务"两个平台"，分别是面向重资产、能源生产和供应环节的控制平台，以及面向轻资产、能源销售和增值服务环节的服务平台。"华云网"作为"两个平台"对外服务的统一入口，面向各类客户，对接中国华电数字中心能源数据、已有客户数据，以及外部市场数据、环境数据、合作商数据，开展客户需求的智能分析，为客户提供定制化的多元服务，满足政府机构、能源用户、能源服务商和设备制造商在能源和环境监测管理、能源交易、能效分析和节能降耗以及专业数据信息等方面的需求。

3. 水电站多系统安防联动与决策

电力系统的迅速发展对水电站运行管理提出了新的要求。现有的水电站安全防护技术仅能满足电力安全生产的基础应用需求，存在系统管理分散、防护协同性不够、与生产控制系统联动不足等问题。建立统一的安全管理系统，在多系统联动技术方面开展深入研究，以实现安防系统高效、智能化运行，是行业目前亟待解决的关键问题。多系统联动是由统一平台以及各需要联动的子系统间，通过联动信息的交互解析实现，其联动过程是一个点对点、点对多点的网状结构。各类信息根据业务需求的规划将联动方案制定成标准流程，再由安全防护管理系统下达，各联动子系统在接收到相应的指令后进行解析并执行。

案例 3-17

　　中国华电古田溪流域水电站建设的智能安全防护管理系统，由水电厂监控中心的安防联动功能软件实现全厂的联动及决策，即联动决策层。各安防子系统将数据都汇总至智能分析平台安全防护管理决策系统，安防联动软件根据全厂的联动策略实现联动，实现消防系统与工业电视系统、安全广播系统和门禁系统的联动；门禁系统与工业电视系统的联动；电子围栏系统与安全广播系统和工业电视系统的联动；机组在线监控系统与视频监控及安全广播系统的联动。

4. 大数据在清洁能源感知中的应用

　　化石能源大量开发利用带来的资源紧张、环境污染、气候变化等问题日益突出，随着能源生产与消费格局的深刻变化，资源和环境生态约束日益趋紧，控制以化石能源为主的能源消费，提高清洁能源在能源供给的比重已成为国家中长期战略，能源生产清洁化和终端消费电气化也成为重要趋势。然而目前清洁能源的利用仍存在着分散、不稳定等特点，如何发挥数字化技术优势克服清洁能源利用的局限性，是电力企业需要解决的一大难题。

案例 3-18

　　国网青海省电力公司顺应能源革命与数字革命相融并进的大趋势，自主研发了"绿电感知平台"面向全省用电客户提供绿色能源感知服务。绿电感知平台，采用"互联网+绿电"建设理念，依托全省 400 多座发电厂和电网 160 多万个节点的实时电能数据，充分融合电网数字化建设成效与区块链、云计算、移动互联网等新型信息技术，首创基于 CART 剪枝算法的全网用能结构溯源技术，实现全省清洁能源生产、传输、消费全链条的动态感知，使全省电力用户能够实时查询自身用电成分，了解自己在清洁能源消纳、节能减排中做出的贡献，深度参与绿电活动，感知绿色发展。

　　绿电感知平台有效支撑了政府部门在线掌握清洁能源态势，应用云计算、大数据分析等组件，实时在线获取涵盖生产、传输、消费三个环节以及发电、电网、用户三类主体的相关数据，凝练绿电指标体系，实现线上计算评价和实时动态发布，社会各界可通过平台实时了解地区绿色电力发展整体情况。通过提炼全省用能指标，开展全省电能总体结构、全省行业用电结构等分析，为政府制定清洁能源行业发展政策，提供有效的大数据决策研判依据。

　　绿电感知平台有序推进了发用电企业在线感知清洁能源，通过融合发电、输电、配电、用电整条能源链各节点数据，构建电网一张图，使发电企业在线感知电能消纳情况和全省经济贡献度，对企业决策未来投资方向、调整产业布局等提供辅助参考，推动各类清洁能源开发利用方式的共同发展。通过在线展示用电企业消耗的电能成分和清洁能源用电贡献度，提升企业对清洁能源的感知度，从而降低企业运营成本，传递绿色能源理念，为建设环境友好型、资源节约型企业提供支撑，彰显企业的社会责任感。

绿电感知平台有力保障了绿色生活理念全面推广传播。基于区块链技术，应用网上国网移动互联网平台，构建居民能源消费结构常态、实时分析模型，使全省156万用户通过手机 App 直观感知自身用电结构，体验到自己在环境保护中做出的贡献，培育绿色用能理念；使三江源地区 16 个县 23 万用户动态感知"绿电三江源"活动电费让利优惠，提升用户参与感以及保护三江源生态的责任感。

三、安全数字化

电力工业是关系千家万户的公用事业，也是关系国计民生的重要基础产业，在国民经济中占有极其重要的地位。电力使用的广泛性和不可或缺性，决定了电力工业还是一种具有社会公用事业性质的行业。现代工业、农业、国防、交通运输和科研，乃至现代人的生活，一刻也离不开电力的供应，而且对电力的需求和依赖正变得越来越强烈。电力工业的片刻中断，都可能造成各行各业的瘫痪、社会和人民生活秩序的混乱以及国民经济的巨大损失；即使电力系统运行频率和电压在允许的偏移范围内变动，电能质量的降低也会直接损害用户的利益。因此，电力安全事关国计民生、事关千家万户，电力安全可靠供应事关经济发展和社会稳定，保障电力系统安全是国家安全的重要组成部分。

（一）传统安全

电力生产由许多发电厂、输电线路、变配电设施和用电设备组成电力网络，互相牵连、互相制约地联合运行，构成一个十分庞大、复杂的电力生产、流通、分配、消费过程。在这个过程中，发、供、用电同时进行，电力的生产、输送、使用一次性同时完成并随时处于平衡。电力生产的这些内在特点要求电网运行必须十分稳定、可靠，任何一个环节发生事故，如不能及时排除，都可能带来连锁反应，导致主设备严重损坏或大面积停电，甚至可能造成全网崩溃的灾难性事故。目前，我国电力工业已经步入了以"大机组、大电厂、大电网、高参数、高电压、高度自动化"的新阶段，这给电力安全生产带来了新的课题，提出了更高、更新的要求。近年来，数字化技术广泛应用于电力行业，为电力安全生产提供了诸多解决方案。

1. "两票三制"管理体系的智能化应用

"两票三制"是电业安全生产隐患排查治理工作中最基本的预防制度和最有效的预防手段之一。"两票"指的是工作票、操作票；"三制"指的是交接班制、巡回检查制、设备定期试验轮换制。"两票三制"是在我国电力行业多年运行实践中总结出来的经验，对人为责任事故的分析，均可以在其"两票三制"的执行问题上找到原因。将数字化技术应用于"两票三制"管理体系，可以有效提升生产现场安全管理水平，从技术角度加强安全生产管理力度，从而使工作人员对作业现场的危险点了然于心，大大降低事故的发生率，为安全、稳定生产提供有力保障。

案例 3-19

　　京隆发电厂为了进一步提高公司的安全管理制度,增强员工的安全管理意识,整治安全生产行为规范,提出了基于智能两票动态授权的"智能安全管控平台"项目。该项目在SAP的基础上开发了"智能两票系统""智能门禁系统""智能检修电源箱系统""智能监控定位系统",并开发了智能安全管控平台,将上述系统在"三维模型"的基础上进行了高度集成。该系统的核心在于对安全生产区域安装智能门禁系统、建立可视化展示终端并与智能两票管理系统进行数据集成,SAP下发的工作票、操作票信息与执行票据的人员、票据发生区域动态匹配,使具备执行票据任务的责任人有授权进入票据所述的工作区域,无授权人员则不允许进入,实现了电厂中两票管理、人员管理、定位管理、监控管理、人员作业安全管理的系统化、智能化和可视化,从而提高了火力发电厂检修作业的安全管理水平。如图3-3所示。

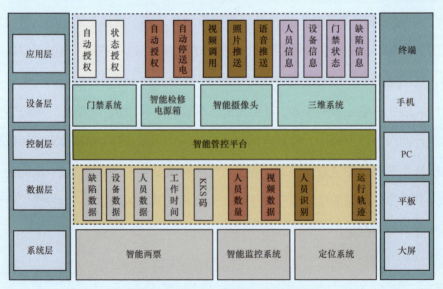

图 3-3　智能安全管控平台架构图

2. 本质安全体系的数字化探索

本质安全管理体系从广义上讲，是通过保证和监督体系控制整个生产的过程，建立安全的生产环境，减少管理漏洞，消除各种安全隐患。从狭义上讲是电力企业通过对设计、施工、制造、安装和调试等手段对生产设备和生产系统进行安全性改造，使整个电力生产系统具有安全性，在发生故障或者操作人员失误的情况下，也能保证自身安全性，减少和避免安全事故的发生。电力企业目前在我国各行业中属于基础条件较好，安全管理水平较高的行业之一，但达到本质安全尚任重而道远。可以说，本质安全是电厂安全生产追求的最高境界，是一项复杂的系统工程，要循序渐进、不断探索，数字化技术的发展加快推进了电厂本质安全的实现。

案例 3-20

华电福新广州能源有限公司在数字电厂建设中融合安全主动预警系统、人员定位系统和智能安防系统，构建"人员无违章、设备无缺陷、环境无隐患、管理无漏洞"的本质安全型发电企业。人员定位系统实现电厂主要生产区域现场人员定位，及时准确提供工作区域内人员的数量、位置、分布情况和生产人员任意时刻所在的位置及各时间段的活动轨迹，为生产现场的安全管理工作提供可靠的数据支撑。安防一体化平台将全厂安防各子系统整合到一起，将以往各功能模块之间功能上不关联互助、信息不共享互换的信息孤岛进行整合，使得各系统之间可以实现譬如消防联动、安防联动等功能。另外，安防一体化平台提供开放式接口，为其他应用系统提供所有安防数据访问能力。安全主动预警系统利用安防监控的网络摄像机为采集前端，结合视频流分析、安全数据模型进行人员行为、危险源分析判断从而实现自动安全识别、自动分类、智能警报,改变了靠人眼发现违规行为的传统方式,提高了监管的质量和效率,有效降低不安全事件的发生。如图3-4所示。

图3-4　电厂本质安全管控系统

3. 基于人员定位的安全管理信息系统

安全管理归根结底是对"人"的管理,随着人工智能和互联网技术的发展,如何更有效地进行人员管理,如减少基础管理成本,提高管理过程效率,降低人员管理控制系统的危险系数,加强人员调度的能动性等是每个管理机制的需求。传统的电厂安全管理手段大多是依赖制度或管理体系的被动式管理,通过对人工智能、移动互联网等数字化技术的应用,可以对人员位置、重点设备及敏感区域进行监控,解决了发电企业安全生产管理过程中现场人员位置及工作状态无法把控、外包工难于管理、危险区域防护不严等问题提供了更多可能,为实现安全生产管理提供了技术支撑。

案例 3-21

大唐泰州热电有限责任公司在智慧电厂建设中开发了"互联网+"的安全管理系统，通过对人员佩戴标签的定位，对厂内人员进行有效管控，并实现人员定位和视频监控的联动。人员定位系统将工作人员实时位置、运动轨迹在三维虚拟电厂中显示出来，实现实时监控，如要寻找某个工作人员在厂区的位置，只要通过人员定位系统，就可以快速在三维虚拟电厂中找到这名工作人员的位置。在三维虚拟电厂中还可以对员工的工作区域进行授权，当非授权人员进入后，三维虚拟电厂进行红色显示越权人员，系统同时对越权人员进行震动、声音提示，提醒该人员离开。

通过"互联网+"的安全管理系统，工作票许可和终结环节和现场 DCS 系统实现了联动。工作票在开出后，由工作票的许可时间和结束时间作为时间要素，工作票的设备信息即设备的工艺位置作为空间要素，在三维虚拟电厂中以时间要素和空间要素自动生成虚拟电子围栏，对相应的工作人员进行授权，同时对非授权人员的闯入进行报警和监控，防止非授权人员误入设备间造成误操作。在多张工作票同时进行的工作时，如果三维虚拟电厂中电子围栏区域出现部分重叠时可进行有效的预警，对不同工作票区域间的交叉作业及时告知相关人员，有效地避免安全隐患。

4. 厂区作业管理

人为因素是电厂生产安全事故的主因，据近年有关发电企业事故分析资料，操作者的不安全行为是造成事故的主要原因，约 70%事故的发生都直接与操作者的不安全行为有关。根据厂区作业管理要求，利用"物联网+安全"

的理念实现对生产现场人员的信息化、智能化和精细化的管理。通过现场视频监控联动与精准定位技术相结合，实现厂区作业现场人员安全可视化管理，提高人员行为标准化和规范化。通过电子围栏和告警管理实现生产现场人员违规、误入等情况及时告警，提高对生产现场的响应速度，降低事故发生风险。通过位置轨迹和轨迹回放实现生产现场人员行为的实时、历史可查，提高对生产现场人员的全局把控能力，便于问题追溯。

案例 3-22

　　京隆发电将人员定位系统、监控系统和三维模型相结合。定位系统实现根据 Distance 及基站的坐标信息，计算出定位终端的地图上的实际位置，系统功能包括两个方面：一是人员管理，包括人员实时定位及轨迹、在岗管理、区域闯入报警；二是人员对设备检修点检修工作的统计及管理。智能监控系统模拟真实厂区环境，通过 Unity3D 平台开发后发布成网页形式，展示厂区平面示意图和虚拟现实环境（三维厂区浏览）。实现了对区域内画面中人员数量进行分析，同时结合定位系统数据，对人员进行判断，人数与定位系统人数产生差异系统进行报警，并将报警信息推送给安全管理人员。研发了移动式智能摄像头，采用多网络模式，具备语音功能，防爆功能，可以利用在有人数限制的工作区域，如有限空间、重大危险源和高空作业地点，从而加强对上述区域工作情况的监视。

5. 水电厂安全防护管理的数字化应用

　　我国水电厂现有安防监控系统种类繁多，不同系统经常由不同厂家开发，由于各个系统间存在通信规约的特定性、数据模型的专用性、软件结构的局限性，使得各个系统间无法直接互联互通，更无法进行系统功能的扩充，这给水电厂的安全防护管理带来不便。作为电厂的安全保障，安防系统的智能化改造和建设势在必行。一方面，随着智能设备在水电行业应用的日益普及，可靠性差的设备必将淘汰，电厂设备整体可靠性将随之提高，这是提升电厂安全能力的关键；另一方面，通过用户需求的响应可以刺激智能型产品的研制，设备的可观性、可控性和可调性必将随之提高，这是提升设备安全能力的有效途径；再一方面，采用智能手段管理设备运行，规范员工行为，是提升安全管理水平的重要保障。

案例 3-23

中国华电古田溪电厂建设的安全防护管理系统，由下至上主要包括设备接入层、网络传输层、数据层、服务支持层、应用层。安全防护系统拟采用分布式星形拓扑结构，由设备接入层作为底层支撑整个安防系统，由智能分析平台实现系统的功能实现及管理。设备接入层可接入视频监控系统、在线式红外测温系统、门禁系统、电子围栏周界告警系统、安全广播系统、巡检系统等，并预留接口，可接入原有站内的消防系统；网络传输层由光纤专网、厂内局域网以及交换机组成；数据层主要进行数据的管理和存储；智能管理平台分为服务支持层和应用层，分布式部署于集控中心及电站监控室；服务支持层提供基本的服务支持；应用服务层提供子系统基础应用、报警管理及其他智能应用。

（二）网络信息安全

网信信息是一把双刃剑，它在极大地促进社会进步、方便和丰富人们生活的同时，也给国家安全和社会稳定带来严峻挑战，网络信息安全变得越来越重要。目前，电力系统网络信息安全主要存在以下几种安全隐患：① 计算机病毒入侵，导致软件系统无法正常运行，最终影响电力的正常使用；② 电力系统软件自身信息安全不能被保障，软件系统存在安全隐患，影响网络的运行；③ 系统管理制度存在缺陷以及操作人员安全防范意识薄弱，系统内部没有建立一个安全完善的管理体系和抵御风险攻击的安全措施，在进行网络控制管理工作中，电力操作人员由于恶意或者非恶意的操作进而导致电力信息系统无法正常运行。针对目前电力信息系统存在的安全隐患，深入增强电力信息安全性能，电力企业结合自身运营管理发展的实际情况，通过数字化技术的应用制定科学合理的安全应对策略，强化安全防护的专业技术应用。

1. 火电厂网络安全综合防护体系

随着企业数字化转型的深入推进，以及工业互联网、云计算、人工智能等新技术的兴起，火电企业工业控制系统也越来越多采用通用软件及通用协议，以各种方式与外界网络联通，通过信息技术提升电能源生产经营智能化。高度信息化也使得工控系统更容易受到病毒、木马等威胁攻击，火电厂工控系统的稳定性、实时性、可靠性要求又限制了部分网络安全技术的应用，给安全防护带来了巨大的挑战，导致火电厂工控系统安全问题日益突出，面临着发生多重故障或连锁性故障所引起的大面积停电事故的潜在风险。随着 2019 年 5 月《信息安全技术—网络安全等级保护基本要求》（GB/T 22239—2019）正式发布，对网络安全提出新的要求，并针对工控系统安全防护进行细化。火电厂网络安全防护要求进一步增强，通过构建网络安全综合防护体系，对控制网络中的边界隔离、网络监测、主机防护等安全产品进行集中管理，实现对全网中各安全设备、系统及主机的统一配置、全面监控、实时告警、流量分析等，降低运维成本、提高事件响应效率。

案例 3-24

　　浙江能源集团基于发电行业企业特点，围绕网络安全责任落实、发电生产管理网络安全、工控系统安全等，从网络安全顶层规划设计开始，通过管理、技术、应急处置三个维度构建"合规、安全、适用、敏捷"的火电企业网络安全综合防护体系，在所属5家大型火电企业示范试点，并由研究院提供技术支撑及实验室验证，突破和实现国外工控系统网络安全国产化防护、工控网络攻击检测及威胁感知、工控协议深度解析、运维管控专用工具研制等关键技术，持续性健全了网络安全规章制度，全方位落实了网络安全责任，纵深化覆盖了技术防护措施，大幅度提升了应急处置能力，进一步增强了网络安全合规性，实现对火电厂信息系统全生命周期安全管控，保障火电厂网络安全可靠运行，有效减少因网络安全事件导致机组非停概率，取得了良好效果。

2. 信息系统网络安全监管与预警

　　随着网络的发展，产生了各种各样的安全风险和威胁，网络中蠕虫、病毒及垃圾邮件肆意泛滥，木马无孔不入，DDOS攻击越来越常见、Web应用安全事件层出不穷，黑客攻击行为几乎每时每刻都在发生，而伴随着上级主管部门对于信息安全的重视及审查工作愈加深化，网络安全风险防范及安全审查工作变得尤为重要，能否及时发现网络黑客的入侵，有效检测出网络中的异常流量，并同时在"事前""事中"及"事后"进行自身信息安全体系的建设已成为信息系统网络安全工作的重要内容。电力信息系统网络安全防护也同样重要，通过对信息系统网络进行合理的安全加固，完善系统安全体系框架，能够提升电力系统网络安全防护能力，确保系统网络安全满足国家及行业监管要求；及时发现外部攻击及内部非法操作，并进行应急响应，有效地实现防外及安内，防止因网络安全事件造成重大电力安全生产事故，保障信息系统安全。

案例 3-25

　　华电福新广州能源有限公司在数字电厂建设中搭建了信息系统网络安全监管与预警平台，技术架构由低到高分别是：基础设施层、安全防护层、数据采集层、数据存储层、建模分析层、可视化展示层。该平台担负着威胁的持续检测与响应的使命，主要承担安全分析、追踪溯源与响应处置等任务。资产管理、日志接入是安全运营的基础；规则管理、威胁检测与处置则是安全运营的日常工作。平台能持续监控网络内部漏洞威胁以及影响和范围，能够直观地展现内网漏洞分布情况、漏洞的处置情况、被攻击者利用的漏洞情况，以及漏洞的平均修复时间等，通过全网漏洞态势，能够让管理者有效的管理资产漏洞、风险，消除基础的安全隐患。

3. 海外基建工地集装箱式移动信息平台

　　在国家"一带一路"战略的支持下，国内海外投资企业纷纷响应"走出去"发展战略，大力进军海外市场，力图将人才、技术、资金等优势转化为产业市场，向国外延伸优势，实现全球化的资源整合，进一步提高企业的竞争与可持续发展能力。然而，海外项目所面临的外部环境复杂化、多样化与管控手段、工具的单一化矛盾日益突出。如何提升管控水平，提高经营效率，规避海外项目经营风险已成为当下企业"走出去"背景下必须认真思考和应对的问题。

案例 3-26

中国电建集团针对海外项目网络资源落后、运维人员匮乏、工程数据获取和存储困难、项目部内部协作缺乏高效的工具和手段等问题，研发"海外基建工地集装箱式移动信息平台"。供电系统创新性引入风力发电，光伏发电等可再生能源发电系统作为集装箱信息平台的供电电源。在配电中创新性引入微电网配电方案，同时结合并网逆变器的控制，在满足集装箱信息平台自身用电负荷及 UPS 装置充电负荷需要的同时将剩余电能反馈入电网，为信息平台周边用户提供必要的生活用电。集装箱式信息平台不仅能够快速部署、易于维护，而且能够灵活扩容、高可靠、全集成、多能源供配电，因此环境适应能力强、经济合理，适用于海外基础设施薄弱的恶劣工程环境。

第四章 受电侧数字化

推动电力数字化发展，应该走能源结构调整和可再生能源发展的并行之路，即低碳和零碳并行。当然，"双碳"目标的实现和电力数字化发展的推进不是一蹴而就的事，必须经历一个渐变的过程，电力企业要尽快启动战略规划和专题研究，使电力数字化发展在战略的前提下渐变。可再生能源的大发展和电力数字化发展是未来趋势，我国的电力从业者也必须不断转变观念，更新知识储备，跟上快速发展形势。

电力数字化发展的实质就是以可再生能源为主的电力系统，需要打通各个环节，实现源网荷储互动。发电侧参与全网调度，实现纵向贯通；在受电侧，一是要解决供需互动，另一个是要实现多能协同。

第一节 受电侧数字化背景

供需互动就是结合能源数字化技术，做到精准的需求侧管理，然后参与局域电网互动。供需互动是电力市场机制、数字化技术与电网的深度融合，用户侧积极参与，目的就是消纳新能源。许多现在的示范项目将来都会变成现实，形成电力数字化发展的有机组成部分，比如随着新能源汽车的增多，大规模新能源汽车充放电设施参与供需互动，以及地区性的调峰调频就有可能实现。

在受电侧，还要打通电和其他能源的协同，比如车联网已让电和交通领域实现协同。另外，将来峰谷电价可能会差别很大。通过一些手段，家庭可以采用多种措施多用谷电；在工业园区，晚上可以利用低谷电制热制冷储存起来，白天再加以利用，这样一方面可以实现削峰填谷，另一方面又有利于新能源的消纳。

在政府法规和政策支持下，通过有效激励和引导措施来促使发电公司、电网公司、能源服务公司、中介机构、节能产品供应商、电力用户等共同努力，通过提高终端用电效率和优化。建立以激励为主的市场手段推动用户主动提高用电效率、减少不必要资源浪费、节能节电。通过推行高效设备改造或节能建筑以减少总量消耗，减少环境污染等，可多方面提升社会、经济效益。

通过数字化手段电网公司能够了解受电侧用电信息和用电需要，进行负荷整形，移峰填谷；激励用户应积极参与，与电力公司之间保持良好信息沟通，主动提高用电效率、节约用电，减少费用支出。

案例 4-1

南方电网组织全公司优势资源，紧盯客户办电"一次都不跑"的工作目标，历时三年，充分融合互联网技术和当前迫切的业务需求，搭建电力行业互联网客户服务平台。该平台整合已有的掌上营业厅、网上营业厅、微信公众号、支付宝生活号等客户服务渠道及系统，通过开展线上论坛社区、针对性的营销活动、用户积分、二维码客户引流等多种方式吸引人气，为客户提供更优质的服务，逐步实现客户服务全过程、业务运作全流程的云化改造及全渠道整合和统一管理。

第二节　受电侧数字化技术与实践

一、供需互动

第二次工业革命后，电力能源登上历史舞台。电能是现代社会不可或缺的必需品，是人类社会稳定持久运转的能源基础。电能的需求量随着人口增长和产业发展急剧增加，对环境和资源的负担剧增，同时电网规模的不断增加和电网构架的复杂化，迫切需要寻求安全稳定可靠的清洁能源替代，分布式电源大量接入大电网趋势日益明显。5G、移动通信、大数据、物联网、云计算、人工智能等关键技术的突破，为可持续转型提供了新的思路，加速了人类社会的发展和进步。

作为能源互联网的重要组成部分，直接面向终端消费者的用户侧综合能源系统面临着前所未有的机遇和挑战。源方面，分布式能源的接入使得能源系统的能量流由原来的单向流动变为多源、多向流动，部分分布式能源的不确定性使得用户侧能源系统的运行工况更加复杂和不可控；网方面，相对于传统的独立网络，用户侧综合能源系统内部多个供能系统之间相互耦合、相互影响，需要在平衡各系统能量需求的同时通过多能系统之间的相互协调提高用能效率和可再生能源的消纳率；荷方面，随着多元化负荷的占比增加和需求侧响应的实施，如何降低用户用能成本，提高用户用能满意度成了用户侧能源系统的一个难题。

用户侧综合能源系统的优化运行是利用各能源系统间的互补特性和交互机制，进行能源的综合管理和统一调度，是实现供能系统运行安全、经济、高效和灵活的重要手段。其类似于主动配电网的优化调度，但需要考虑的能源种类、约束条件和函数更加复杂。与此同时，高渗透率的分布式可再生能源和大规模柔性负荷增加了系统运行不确定性，使系统运行时需要参与备用辅助服务市场获取旋转备用，从而维持多能系统的供需平衡和安全稳定，这在一定程度上会增加系统的运行成本。

为了尽可能降低不确定性对综合能源系统运行经济性和安全性的影响，需要选择合适的方法分析不确定性变量对系统运行的影响，并对用户侧综合能源系统内部设备进行建模，建立各调度单元参与能量市场和备用市场的调度机制，指导源荷波动下同时考虑能量市场和备用市场下系统优化调度策略。因此，研究不确定性条件下同时参与能量市场和备用市场的用户侧综合能源系统调度机制具有重要的现实意义。

按照我国目前的情况看，清洁能源消纳水平稳步提高，同时为了给予电力市场充分的创新活力，电力改革的脚步从未停下，并且近年来以更强的力度持续推进电力市场建设。相关部门持续出台相关激励政策，国家发改委、国家能源局发布了《关于深化电力现货市场建设试点工作的意见》（发改办能源规〔2019〕828号），要求进一步发挥市场决定价格的作用，建立完善现货交易机制，以灵活的市场价格信号，引导电力生产和消费，加快放开发用电计划，激发市场主体活力，提升电力系统调节能力，促进能源清洁低碳发展。

（一）受电侧能源交互特征

能源互联网市场关注的是如何通过市场的手段，促进城镇范围内可再生能源的消纳和电、气、冷、热等综合能源的配给和使用，通过充分的市场竞争降低区域范围内的整体用能成本。能源交互有如下特征：

1. 用能复杂多样化

涵盖电、气、热、冷、储等多种能源形式的城镇能源互联网中，用户具有不同的能源组成形式和多样化的耦合方式。城镇中用户类型的多样化，使得不同用户之间的用能行为差异显著，而多种能源的耦合互补作用更是加剧了用户的能源需求的随机性和复杂性。此外，随着分布式能源（尤其是屋顶光伏）在用户侧的发展壮大，用户已不再是传统而单纯的能源消费者，而是出现了越发庞大的集能源生产、消费于一体的产消者群体。产消者群体迸发出强烈的对更优质的能源交易模式的需求，为城镇能源互联网的交易市场发展提供了坚实的用户基础。

2. 信息交互网络化

城市作为经济社会发展的重心，拥有更全面、更活跃和更成熟的信息网络体系，包括电力通信网络、无线网络和因特网等多种形式，覆盖到城镇的各个角落，使得城镇用户具备天然的信息通信的便捷性。成熟的信息网络体系为城镇中的能源供应商、能源市场和用户等不同主体间的信息双向交流提供重要支撑。近年来，5G 通信技术的飞速发展更将大幅降低信息网络通信的延迟率，进一步促进物联网的发展，大规模用户群体与各方主体频繁的实时双向通信交流亦成为可能。

3. 多能耦合紧密化

多能耦合互补是能源互联网的一大特点。在城镇能源互联网中，由于城镇用户密集而又巨大的用能需求，具有发展电网、气网、热网等多种能源网络的天然优势。由此，城镇中的各种能源不再是独立的个体，而是形成一个多种能源相互交融、相互影响的综合能源系统，不同能源之间的交融、不同主体信息之间的交互、能源市场之中的交易，使得城镇用户所拥有的多能资源紧密交融、相互影响。

4. 设备控制智能化

随着以物联网、云计算、移动互联网为代表的新一代信息技术的高速发展，智能家居、智能建筑、智慧社区、智慧城市等新兴概念纷纷应运而生。智能电能表、智能能源管理系统、Wi-Fi和智能电器在城镇用户中得到越发广泛的应用，使得用户的智能用电设备能通过互联网实现信息交互。

案例 4-2

天津北辰城镇能源互联网示范区重点面向新型城镇能源互联网的建设需求，针对清洁能源利用不足、负荷用能低效和北方地区清洁供暖等问题，包含了风、光、气、热等多种能源形式，并建设有分布式储能系统。此外，示范区还考虑了电、热等综合能源交易，是一整套能源互联网综合管控与服务平台，目前该示范区仍在建设中。（上述案例来源于网络）

（二）受电侧促使能源互联网响应新形势

城镇能源互联网的飞速发展和能源交互模式的快速进步，催发城镇用户的响应发生深刻的变革。一方面，产消者群体的壮大提高了用户参与能源交易，尤其是分布式能源交易的能力，从而推动了能源交易模式的发展进程，信息通信技术的应用普及更是使用户的互动水平和市场参与水平进一步加强；另一方面，用户侧除电能外，拥有了气、冷、热等多种能源形式，然而目前用户所拥有电力、天然气、供热等能源交互水平低，导致多能源协同运行效率低下，综合能效偏低，亟须开展对多能源综合响应的研究。

最初的需求响应被归为基于激励的响应和基于价格的响应两大类，而后随着电力市场的发展和交易机制的逐步成熟，基于市场的响应逐渐兴起。同时，基于用户个性化的分布式响应和多能源的综合响应亦展现出在城镇能源互联网中的独特性与优越性。

1. 个性化的分布式响应

用户的响应具有分布式和集中式两种方式。其中，集中式的需求响应方法控制方式较为直观明了，由上层的中央系统统筹各项信息，综合判断后对本地设备执行直接控制。城镇能源互联网中用户信息繁杂、数据庞大，且城镇用户经济、文化水平较高，对于用户隐私更为重视，因此集中式的响应难以适应城镇用户的需求。相比于集中式的响应，分布式响应则具有显著优势，用户能够结合自身的实际情况，制定最有利的个性化响应，体现出高度的灵活性和适应性。用能设备由所有者进行自我控制，因而不需向上级提供自身的设备等详细信息，有效保护了自身的隐私，个体舒适度也得到最大程度的保障。由于是分布式的响应，参与响应群体的壮大对响应速度的影响极小，反而由于更频繁的能源交易行为，提高了能源交易市场价格的稳定性和反馈供需信息的准确性，使得用户的响应决策行为更具科学性和有效性。

2. 多能源的综合响应

拥有多种能源形式的城镇用户，其多能互补耦合作用为其能源消费的经济性提供了新的思路与途径。单一能源的响应已不再是最适合的用户响应方式，不能发挥出多能用户的全部响应潜力，在传统的需求响应的基础上，需要用户将电、冷、热、气等多种能源的需求纳入广义需求侧资源的范畴中。能源互联网呼吁一种融合多种能源响应的综合能源响应，充分利用各种能源资源的耦合互补特性。随着研究的深入，多能源的综合响应的优势将进一步凸显，为综合能源系统提供一种更新颖有效的响应方法。此外，随着越来越多的分布式能源资源被应用于用户侧，用户将拥有能源消费和能源供给双重角色；能源互联网中用户的综合能源响应亦将不再只是纯粹的需求响应，而是融合了需求响应和供给响应的综合响应。

案例 4-3

基于工业互联网的新能源行业数字化转型升级解决方案针对能源清洁转型迫切需求，推动能源互联网服务支撑，攻克了能源大数据平台构建、业务应用、平台运营等技术难题，建成了国内首个基于工业互联网的新能源大数据平台。探索出可持续、可复制的商业模式，为支撑新能源可持续发展提供了实践经验，为打造新能源行业数字生态、加速产业转型升级贡献了"青海范例"。

青海绿能数据有限公司充分发挥电网的中立性、专业性、枢纽性、黏合性的优势，基于互联网架构，融合大数据、云计算、物联网、移动互联、人工智能等前沿技术，建成国内首个数据汇集、存储、服务、运营一体的新能源大数据创新平台，打造贯通"源网荷"全产业链的新能源中心。业务面向电源侧、电网侧、负荷侧，包括数据采集、存储、开发、处理服务和销售；大数据基础设施、云平台、云应用、大数据增值、大数据挖掘分析、数据交换、节能服务及大数据资源的整合、应用、开发、服务和运营等。

平台意在打造状态全面感知、信息高效处理、应用便捷灵活的开放共享平台，提出了开放竞争、共享服务、居间撮合、定制服务等商业运营体系，构建了新能源产业链生态圈，形成了一套可复制、可推广的新能源大数据平台经营方案，降低了企业投资、运维、建设专业门槛，促进整个新能源产业链向高端化发展，引领并带动西北乃至全国范围的能源革命，促进能源生产、配送与消纳向清洁能源转型、向数字化转型，为能源互联网的建设积累了运营经验。

创新点如下：

研究了基于大规模、多租户场景的新能源大数据平台技术。基于以上技术，研制了全国首个多租户新能源大数据平台，支持 2000 座新能源电站集中监测和控制，支持百万点的多集团安全控制，数据接入和存储效率提升了 10 倍。

研究了基于微服务架构的综合业务应用系统及模型技术。基于以上技术，建立了具有设备健康管理、集中功率预测、故障诊断等应用模块的综合业务应用系统。提升设备平均无故障运行时间 20% 以上，提升新能源消纳 0.6% 左右。

开发了基于双层资源分配技术的业务运营平台。能够支撑新能源电站"无人值班、少人值守"的运维模式；建立了全国首套省级光伏扶贫运营管控系统，提升了光伏扶贫的数字化和精准化水平，解决了扶贫光伏电站分布散、难管理、资金发放不透明的难题。

本平台以新能源行业电站集控监控接入业务为突破口，即重点围绕新能源发电企业开展集控数据接入工作，同步统筹做好水电厂集控及水泥行业数据接入能管服务，为发电企业和用电用户提供高效的数据增值服务，为企业实现提质、降本、增效的目的。在做好电源侧和负荷侧监控、用能等数据接入的前提下，向数据要价值，深入挖掘和推进集中功率预测、生产管理、备件联储、设备健康诊断、企业能效管理等数据增值衍生服务，深化源网荷各侧数据融通，建立覆盖源网荷全产业链的能源生态服务圈，推动数字经济发展。

目前，平台接入源、网、荷侧各类设备共计 214 类，接入省内 19 家发电企业、各类电站 197 座，接入容量 5810MW，累计接入数据超过 67 亿条，每日新增数据量超过 80GB。7 个发电企业 45 座新能源电站实现"无人值班、少人值守"模式，降低电站运维成本 40% 以上。在数据存储处理方面，平台累计接入超过 150T 海量时序数据，提供超过 100 个新能源行业丰富的机理模型和数模算法，相关模型和算法日调用次数超过 1200 次。在数据分析挖掘方面，提供集中功率预测、设备健康诊断等 28 类服务，包括政府部门、发电集团、金融机构等不同类型的 40 家客户正在使用这些应用和服务。集中功率预测系统应用到了 40 个风电场/光伏电站，准确率较场站端提高 2 个百分点，"两个细则"考核分数较场站端低 2 分。新能源设备健康诊断业务应用到 8 个新能源电站，累计故障报警、预警 56 条。光伏扶贫惠及全省 45 座、装机 72.1 万 kW 的扶贫光伏电站，覆盖贫困户 76 422 户。

（三）新形势带来的交易模式变化

兼具生产者和消费者双重身份的新型用户在满足家庭用电自发自用的形

势下，有充足的外部条件和极强的内部意愿将多生产的电力出售，另外也会涌现出大批分布式发电厂商。以经济利益推动能源交易的交易驱动能量系统，目的是通过制定相应的电价机制使得能源互联网进行自主的优化控制。然而能源互联网中的分布式电能并不仅仅是商品概念，其具有天然的不可避免的物理约束：能源互联网框架下，用户的用电时段和分布式电源发电时段并不匹配，且在我国地理环境相差迥异的情况下，电源出力的波动性幅度明显，波动幅度一旦超过最大阈值，轻则影响设备安全稳定，重则直接让系统失稳崩溃；分布式电源以家庭为单位的小型产消者，本来就是为了自给自足、自发自用，能够多余出来并用于交易的电能规模一般不大，但是家庭产消者数量庞大，积累出来的总体发电量不容忽视；电能产消者对自己参与市场的意愿有着绝对的自主权，政府政策、时间成本、价格激励、利益分配、发电设备出力的稳定性等，都是决定他们是否加入余电上网模式的重要影响因素，不同用户间可能会出现巨大的差异；每一个产消者掌握绝对的自主权加入或者退出市场，并不是单纯资本的输入输出，这其中必然会对电网系统的稳定性带来不小的考验；另外交易市场的信息公开，如何保障用户自身的隐私安全和账户信息不被侵犯和篡改，这也是产消者最迫切关心的问题。

随着城镇能源互联网内分布式可再生能源的大规模接入以及用户需求侧响应的实现，用户侧资源拥有了更大的灵活性和参与市场的需求。

1. 中心化能源交易模式

中心化交易也可称为集中交易，是指存在统一的交易中心组织集中交易并负责监管和清算。城镇能源互联网市场中参与能源集中交易的市场主体可以是售电公司、负荷代理、可再生能源发电代理，也可以是区域微电网在完成内部协调优化后以整体需求参与市场。中心化的交易模式是传统能源市场应用最为广泛的模式，一方面，整合市场平台，集中清算市场价格，通过调度和管理对市场成员和投资发出信号，可以有效减少参与方的博弈和计算压力；另一方面，能源市场在成长期存在参与方不平衡、供售不均、垄断性强等问题，通过集中式的交易配给模式可以优化资源分配，给予市场合理的成长空间。在未来一段时间内，中心化的能源交易模式仍将在规模上占据优势。

2. 多中心能源交易模式

由于可再生能源发电具有间歇性和波动性特点，而城镇范围内的产消型用户多为用能行为受偏好性影响较大的居民用户，其参与市场的决策对发用能预测的准确性要求较高；此外，独立的产消型用户往往规模较小，参与市场的决策受信息获取的限制，缺乏市场竞争力。因此，多中心的能源交易模式将小规模市场主体通过微电网、虚拟电厂、能源代理等中心主体进行整合，组成交易"聚集体"再由这些中心进行能源交易，常见的中心主体包含可再生能源发电、储能系统、负荷以及电网连接点的微电网。

3. 去中心化能源交易模式

由于城镇范围内分布式屋顶光伏、电动汽车、家庭储能装置的大规模使用，用户将由单一的能源消费者转变为同时具有能源生产能力的产消者。大量具有能源交易参与资格的产消者涌入市场，使能源交易中心信息处理量激增，增加了传统集中管理模式中交易中心的运行维护成本，同时带来数据安全问题。此外，城镇能源互联网中能源商品种类多样，采用集中交易较难实现多种能源类型的统一出清，不利于综合能源商品的流通和自由灵活的交易。众多分布于城市各处的能源产消者的出现和分布式信息处理技术的发展，将打破传统的基于中心化管理的能源集中交易模式，形成可在用户间直接进行交易的去中心化能源交易模式。

4. 衍生交易模式

期货交易。能源期货主要包括石油及其附属产品、煤炭和天然气，能源的期货交易通常不采取实物交割，即能源期货交易目的并不是实现能源商品的获取或转让，而是通过期货交易为现货交易提供参考价格、规避现货市场价格波动的风险以及满足市场的投机需求。以往期货交易必须在交易所内完成，现今主要通过电子化交易来完成。城镇能源互联网中，能源期货交易将作为城镇用户的金融投资手段，通过买低卖高或套利策略来赚取差价。

辅助服务交易。随着分布式可再生能源的大规模接入，其间歇性和波动性的特点给电力系统尤其是配电侧系统的运行带来了新的挑战，在市场化环境下对辅助服务提出了更高的要求。储能作为灵活性高、响应速度快、准确性好的能源调节手段，适合于与辅助服务结合拓展能源市场交易模式。

碳交易。能源互联网的一个重要目的是促进能源利用效率提升和能源供给的低碳化，碳交易机制是量化分析和控制交易过程碳排放量的可靠方式，将碳交易机制引入市场交易和调度过程平衡了交易模式的经济性和清洁性。碳交易价格受市场、季节、能源环境等多因素影响，且与能源交易的价格波动相交错，对碳交易模式的研究也会作用于能源交易模式的价格预测和决策优化。将碳交易机制引入调度模型中，构建了相关的分碳排量区间碳交易成本计算模型，研究能源市场对碳交易价格的敏感性和响应能力，也将进一步提升能源交易模式的合理性。

（四）供需互动关键数字化技术

应用于城镇能源互联网的能源交易模式和用户侧响应机制的相关研究尚处于起步阶段，进一步形成综合能源商品的灵活交易、多元主体的积极参与以及公平公开的市场竞争环境需要相关数字化技术进行支撑。

1. 智能分析

城镇能源互联网中，用户能源利用方式多样，用能行为习惯不一，分析难度大，用户的能源消费受城镇区域功能、能源政策状况、行业特征、用户用能习惯、气象条件等多方因素影响。结合大数据技术挖掘海量多样的数据信息，并利用聚类方法标签化用户用能画像，能有效筛选用户能源消费特征，有利于提出更具适应性的用户响应。

2. 分布式信息管理技术

以用户为中心、自底而上的市场结构是城镇能源互联网的主要特点之一，对于以用户为中心的分布式交易模式以及用户设备的分布式智能控制的研究均依赖于分布式信息处理技术的支持。区块链技术是数字加密币应用的核心技术，它能通过数据加密、时间戳、分布式共识和经济激励等方法实现用户间的点对点交易；共识方法是区块链技术最为核心的部分，通过该算法可以实现无中心管理的各节点账本数据的一致性；此外，还诞生了无须在第三方监管下完成交易的数字化合约——智能合约。这些技术都为能源用户间直接交易的实现提供了重要支持。

3. 多代理技术

城镇能源互联网中市场参与主体更加多元化，市场中势必出现众多新型参与主体。各主体的盈利模式将有赖于其在市场中采用的交易策略，各市场主体由交易策略引导的市场行为将会相互影响，进而产生冲突与合作的博弈行为。因此研究新出现的市场参与主体采用何种策略来保证自身发展，如何均衡各市场主体间的利益，从而实现市场资源的优化配置等问题也变得十分重要。多代理技术是通过多个目标和行为彼此独立的代理协作完成共同目标任务的计算系统，可用于多主体市场的博弈分析。分布式多代理系统的特征在于智能设备间的信息互动，通过合作和联合行动更好地实现其独立目标。当前，对于电力市场中各主体间竞争关系的研究较多，仍缺少针对能源市场中综合能源交易的相关研究。

4. 交互控制技术

城镇能源互联网中互联网和信息通信技术的快速发展使源–网–荷–储之间的互动性逐渐加强，单向响应的局限性进一步凸显，亟须一种双向互动的响应来促进多方主体的互动性。随着电力市场的发展，基于市场交易机制的交互控制技术能有效促进用户与市场、用户与电网、用户与用户之间的互动，并以其公平、高效、经济和对用户隐私的尊重成为用户响应的最佳策略之一。基于交互控制技术，通过市场交易和双向信息交流，微电网、电动汽车、商业建筑、智能住宅等各类用户能制定个性化的响应来进行优化响应，提高能源利用效率和供用能经济性。大量而频繁进行的交易活动能有效促进可再生能源的消纳、能源市场价格的合理化和能源的供需平衡。

二、多能协同

现代社会的发展使得能源需求日益增加，能源与环境之间的矛盾日益突出，可持续发展战略目标面临严峻挑战。园区能源互联网由于具有清洁能源利用、能源综合利用效率高等特征，受到广泛关注且发展迅速。

能源互联网具有较高的灵活性，可将各类型分布式能源、负荷、储能等装置以及控制系统进行有效集成，满足用户各类能源需求。对能源互联网内部各单元进行优化配置，对能源互联网内多种能源互补和可再生能源的充分消纳利用，降低系统运行成本具有重要支撑意义。

多能协同的主要特征如下：① 容纳多种分布式能源，且电、气、冷、热多能源系统联合运行，各能源系统之间存在较强的耦合性；② 各类型 DER 利用比例高，随机出力波动性强，系统运行状态复杂多样；③ 具有多维、多态信息源融合、大数据、高并发、强互动、快变化等特征；④ 能源互联网内存在冷、热、电多种能源利用需求，用能品质要求高，供能路径丰富多样。

多能协同是容纳各种分布式能源，电、气、冷、热多能源联合运行系统，通过电、气、冷、热不同能源的互补，能源生产、转换、传输、存储、利用环节的互动，提高可再生能源的消纳能力与综合能源利用效率。通过多品位能量梯级利用同时满足用户电、热、冷需求，可将能源综合利用率大幅提升至 80% 以上。基于不同能源的互补替代潜力，利用协调控制手段，通过资源管理降低设备容量需求，提高能源利用效率，降低建设成本。通过信息物理技术的应用来促进不同能源系统之间的融合，提升各方参与积极性，为优化运营模式提供综合能源服务的解决方案。

案例 4-4

中新天津生态城动漫园园区能源互联网是全国首例实现多种能源技术智能耦合高效利用的园区能源互联网，已在中新天津生态城投入运营。该站有地源热泵、光伏发电等可再生能源技术，水蓄能、燃气三联供四大节能技术，实现了不同类型能源的充分利用，可满足动漫园内约 24 万 m^2 公共建筑冷暖需求，每年可节约标准煤 1904t、减少二氧化碳排放 4971t、减少二氧化硫排放 46t、节约用水 1 万 t。（上述案例来源于网络）

（一）多能流智能调控

经济的高速发展和城镇化进程的不断加快，带来建筑能耗的增长，为建筑、工业能效管理等服务的发展提供了广阔的市场空间；公众能源安全、环境保护的诉求强烈。随着中国对节能知识的宣传和普及，增强了居民的能源服务意识，互联网的引入进一步导致能源行业创新及创业气氛良好。中国的经济产业转型需求旺盛，民间资本市场活跃，也开始积极参与能源行业。

融合风电、光伏等能源，充分发挥不同能源系统之间的互补效应，是我国实现能源变革的重要途径。综合能源体涉及多能源系统、多转换环节、多运营主体，当各主体处于相互合作状态时，系统整体与个体的目标往往是一致的，各主体利益诉求会在园区最优化运行中体现。然而，当各主体处于非合作状态时，系统整体优化方案和个体优化方案可能会出现冲突，各主体间的关系属于非合作博弈关系，而各主体利益诉求将在能源市场的非合作博弈中体现。园区能量大部分用于满足内部用户需求，即某种意义上的能源直接交易，且内部的能量转化和利用也是相对独立的。因此，在完全市场价格机制下，园区内能量供给主体通过申报能量销售量和销售价格；能量消费主体根据自身能量消费效用申报能量需求量和购买价格，以实现竞价撮合交易。如何模拟园区能源供给主体和消费主体的决策行为，对于实现园区整体最优化运行，确立最合理的系统级调度计划有着重要决策保障作用。

案例 4-5

国网客服中心北方园区能源互联网拥有光伏发电系统、地源热泵、冰蓄冷、太阳能空调系统、太阳能热水、储能 6 个子系统。园区各能源的优化调度均通过园区能源互联网运行调控平台实现，突破了以电能为单一外购能源的综合能源供应服务模式，能够有效落实"两个替代"和多能源互联应用。园区年平均可再生能源占比大于 32%，最高达到了 58%。（上述案例来源于文献）

（二）多能互补运行模式

1. 集中式协同运行模式

（1）风–光–水–火–储协同运行模式。风–光–水–火–储协同运行模式是伴随规模化、集中式新能源开发所产生的概念，是集中式多能互补能源侧的典型运行模式。与传统新能源电站不同的是，风–光–水–火–储协同运行模式可采取集中上网，能源基地内部优化调度的方式保证出力的可靠性和稳定性，并减轻区域电网压力。清洁能源与火电、储能系统联合运行，可以将不可控的清洁能源转化为可靠性电源，有效降低风电、光伏、水电对电网的影响。这种运行模式下，抽水蓄能电站是储能系统的典型代表，也是电力系统中的一种特殊电源。它通过抽水工况和发电工况，在能源协同运行中既可作为电源又能作为负荷，把清洁能源输出的功率进行"时间"和"空间"上的再分配，以实现更多的清洁能源并网。比如，风电出力的随机性、间歇性和不稳定性导致了风电的大规模并网会对我国电力系统产生较大的负面影响，其中实现并网供电的比例缺相对较低，以及弃风问题仍然较为明显。抽水蓄能及水电站作为当前保障电力系统安全可靠运行、实施电力系统调峰调频的主力电源，近年得到快速发展，通过加入储能装置中，不仅平滑了电网系统的稳定性，还保证了电网系统的可靠性。因此，结合大力发展各类清洁能源战略目标，考虑多种能源的相关特性，尽可能地发挥各类能源优势，全面实现多能互补模式，进一步提高各种能源的综合利用效率。

案例 4-6

　　辽宁清原抽水蓄能电站 EPC 项目。清原抽水蓄能电站是新一轮东北振兴 139 个重点项目之一，也是国内合同金额最大、产业链最全的抽水蓄能总承包项目，工程位于辽宁省抚顺市清原满族自治县北三家乡境内。项目建成后接入辽宁电网，承担调峰、填谷、调频、调相、负荷备用和紧急事故备用等任务，对改善电源结构，保证辽宁电网和东北电网安全稳定运行，进一步优化东北电网电源结构起到重要作用。该项目属于大（1）型一等工程，规划装机容量 180 万 kW，单机容量 30 万 kW，装机 6 台，设计年发电量 30 亿 kWh，计划 2023 年首台机组发电。

　　（2）综合能源系统协同运行模式。综合能源系统协同运行模式是以清洁能源集中式分布构成，着重强调用户侧多能互补的典型运行模式。随着我国经济社会持续发展，能源生产和消费模式发生重大转变，要求用户侧改变传统用能习惯和用能模式，构建综合能源系统。综合能源系统旨在打破原有各能源（如供电、供气、供冷/热等）供用系统单独规划、单独设计和独立运行的既有模式，在规划、设计、建设和运行阶段，对不同供能系统及用能系统进行整体上的协调、配合和优化，形成一体化的供能用能系统，解决传统能源系统利用率低，可再生能源消纳能力不足，自动化及信息化水平较为落后等问题。

2. 分布式协同运行模式

　　（1）虚拟电厂协同运行模式。随着我国大力发展可再生能源，以及以油为主的传统化石能源带来的一系列污染问题，加快了我国能源转型速度。同时，为了更好地发挥各类可再生能源的特点，需要解决可再生能源本身具有的随机性和不稳定性，并通过通信技术将其互联互通，不仅实现缓解地区环境污染问题，还可以达到调峰、调频、备用等辅助服务功能。

在传统的物理结构上，虚拟电厂融合了各类可再生能源、储能技术以及各类调控和计量技术，有效促进了当前能源可持续性发展。虚拟电厂作为全新的商业互动模式，无需对电网进行改造，通过充分利用各类分布式资源，实现电源侧的多能互补和负荷侧的灵活互动，给电网提供电能和辅助服务，为解决清洁能源消纳问题，提供了有效的解决方案和对策。但目前我国的虚拟电厂发展还处于起步阶段，需要充分挖掘不同能源相互之间的联通和耦合关系，以便符合中国电力发展的需求与方向，相信在政府、企业、用户等各方的共同努力下，虚拟电厂将拥有越来越广阔的应用前景。

（2）微能源站协同运行模式。微能源站是伴随清洁能源分布式开发运行所产生的概念，涵盖多种可再生能源供电和供热设备多能互补、优化利用，以期解决供能侧和负荷侧存在的较强不确定性。随着工业生产和居民生活对能源需求的日益增加，以及在能源危机与环境污染的双重压力下，如何提高能源利用效率、减少环境污染、实现能源可持续发展是当今工业界和学术界共同关注的话题。同时，微能源站也是基于用户端的电、热、气耦合互联系统，是多能互补系统分布式协同运行模式的常见载体。与常规的供能方式相比，微能源站能源利用率高、靠近用户、避免远距离传输等优点，具有良好的发展前景。

微能源站往往由燃气分布式电源、燃气分布式电源智能控制系统、站内高/低压配电网、站内配电监控系统、站内用电负荷、继电保护装置等组成，实现了自我控制、保护和管理，是一个典型的包含电源、配电网、用电负荷，实现自动控制，可与区域电网交互功率的微型电力系统，它既可以与外部电网并网运行，也可以孤立运行。分布式微能源站基于不同能源的协同优化，保持能源利用效率最高，可以提高可再生能源的占比和系统的能源综合利用效率；基于可再生能源与清洁能源间高效互补机理，提高各级品位热能的系统匹配和高效利用，研究"异质"能量源之间的协同优化和设计，增强分布式能源站的用能弹性，并提升多能互补分布式能源系统的动态特性。

3. 我国多能互补系统试点运行现状

（1）区域分布式能源互补系统。在互联网+智慧能源的推动下，新一轮分布式能源发展更加注重用户端的诉求，注重精准服务，并充分利用互联网+分布式能源思维模式进行创新商业模式。

案例 4-7

　　上海市以开发的绿色建筑为试点，其试点主要将城市热网与传统能源网络结合，并结合区域配电网的协调，将新能源接纳进来。社区将热能与电能网络结合形成社会微能网，并利用先进的通信技术将各个社会微能网结合，实现能源网络协同调度，促进新能源的并网发电。（上述案例来源于文献）

（2）新能源为主导的"互联网+"。新能源以风电与光伏为驱动能源，以数据实时采集技术为依托，协调热能系统、电能系统等供能以新能源为主导的"互联网+"结构主要以能量路由器为核心，通过云终端分析，将分布式发电系统、储能系统、电动汽车以及虚拟电厂结合，在能量分析系统的协同优化下，实现在交易中心的能量交换。在用能终端，将丰富的分布式能源在能量路由器作用下，实现能量的循环利用，将促进新能源的消纳，提升能源系统效率的提升。

（3）新能源汽车生态产业链全新商业模式。分布式光伏与储能结合形成智能充电站，用户可以通过手机 App 等查找附近的充电设施。未来，智能充电站将成为新能源利用的新型模式，通过 App 对用户的充电信息进行跟踪优化，主要服务内容包括电动汽车的实时服务追踪，通过远程监控系统对电动汽车的充电预约管理、充电意外中断管理及设备故障报警等服务，并通过输电网络与大电网连接，通过云服务平台的管理，将智能充电站可以作为能量提供者，与市场主体进行交易，为其他主体提供辅助服务等。新能源汽车运营平台网络通过云管理平台将分布在商店、酒店及商场等区域的充电桩结合起来，通过对电动汽车的充电桩智能化管理，将电动汽车整合成能够与市场进行交易的主体；通过云平台的联合电动汽车聚合形成具备充放电功能的储能系统聚合体，实现与市场的交易，为系统提供备用服务而获得额外的收益。

（三）多能系统信息安全

能量流与信息流的高度融合是未来多能互补系统的主流发展方向，在大数据、互联网及人工智能等技术快速发展的背景下，分布式调度通信方式不断成为研究的热点。然而在网络和通信安全上还存在很大问题，2015 年末网络黑客攻击造成乌克兰大停电就是该问题的一个佐证。

随着物理系统的融合，能源系统信息安全与通信逐渐抛弃了传统单点化、孤立式的构架，向着立体化、全局式的智能防护和分布式分层通信的体系发展，相应的，国外信息安全研究人员提出的"木桶理论"，认为信息安全的防护强度取决于安全体系最为薄弱的一环。同时，由于多能互补集成优化系统覆盖面广，大数据、云平台逐渐显露出其在跨区域、跨平台能源互联系统的优势，然而也不可避免地引入了安全风险。基于虚拟化技术的信息安全通信与传统信息系统有所区别，数据云、主站和子站的通信结构均发生了改变，数据云可协调多个安全模块之间的互动，涌现群集智能并提高信息系统安全防护水平。然而由于互联网带来的信息安全风险，国内暂时缺乏相关工程实践，该部分研究尚停留在理论研究阶段。

多能互补信息系统间的耦合一方面提高了系统的量测冗余，在一定程度上提高了系统的可观测性；另一方面，信息系统的耦合也使得能源系统信息安全关联性较强，需要考虑信息攻击引起多个能源系统连锁故障的情况。因此，多能系统信息安全与通信的安全威胁有别于传统的网络信息安全，需进行多链条、多层次全面的安全防护。

多能系统信息灵敏度分析中，其影响范围不仅局限于单一能源系统，特别需要重点考虑耦合信息节点受到攻击的情况。但是信息耦合也增加了量测冗余，通过多能流混合系统状态估计可辨识出错误信息来源，一定程度上提高信息安全性。另外，不同信息平台的融合使得其不同信道的可靠性也不同，优化冗余通信信息的权重可以较好地规避信息安全风险。

多能互补、集成优化即是通过物理信息上的互联来涌现规模效应和群集智能，以实现系统级优化目标，其中心思想在于整合资源、协调优化。现阶段，能源系统呈现出智能化、去中心化、物联化、市场化和电商化等演变趋势，将颠覆现有的能源系统和行业运营模式，能源横向和纵向上的互补协调是能源系统发展的必然趋势。因此，多能互补研究具有前瞻性和巨大的工程应用价值，与此同时，多能互补集成优化技术依然在多个方面面临着诸多挑战，仍需在多能系统建模、规划、智能调控等领域深入研究。

在全球能源和环境问题的严峻趋势下，人们对于节能减排、环境保护的呼声愈加高涨，在此背景下，能源互联网作为一种可以进行大规模能源配置的网络体系，是世界各国公认的未来能源发展大趋势。智能电网作为能源互联网中核心能源电能的载体，是实现分布式发电与可再生能源利用的关键技术手段，并且其与用户的信息双向交互性也是开发用户侧需求响应资源的优势。

案例 4-8

基于区块链的共享储能应用平台建设。国网青海省电力公司首次提出共享储能，将电源侧储能、用户侧储能和电网侧储能资源进行全网优化配置，可为电源、用户提供服务，也可以灵活调整运营模式实现全网共享储能。针对共享储能运营模式中，数据安全存储、多方数据共享、清分结算、数据公信力等问题，国网青海电力将区块链技术引入共享储能辅助服务交易，基于国网区块链从链，开展了区块链技术与共享储能业务相融合的研究。通过开展基于区块链技术的储能辅助服务市场化运营管理探索研究和应用，国网青海电力建成了基于区块链技术并融通调峰辅助服务系统、调度控制系统和交易系统的新型平台，保障储能辅助服务交易管理的公平性和科学性，激发储能电站及储能设施参与调峰辅助服务的积极性，促进风电、光伏等新能源消纳发挥积极的作用。

系统按照日前新能源和储能双边报价排序，日内实时每分钟进行一次共享储能市场开启条件计算，一旦市场允许开放，完成实时竞价边际出清，由智能调度控制系统（AGC 系统）点对点完成储能与新能源市场化交易结果的实时精准控制执行。在优先执行市场化交易后，若还有富余储能，并且电网有调峰需求时，继续以分钟级出清完成储能电网调峰调用，实时通过 AGC 系统执行出清结果。整个过程数据上链存证，根据上链的交易数据，区块链智能合约自动进行清分结算。

基于共享储能的不同运行场景，国网青海电力提出共享储能市场化交易和电网调峰调用两大运营模式。在传统的网侧、发电侧和用户侧储能之外提出了一条储能参与辅助服务市场的全新路径，共享储能市场机制得到了社会资本的认可。

通过对区块链分布式存储、加密技术、共识算法和智能合约等技术的研究，成功实现了储能电站电量可靠溯源，完成多主体间的交易结果清分，形成交易全过程的大账本，保证了交易数据的安全性和公信力。解决了现行的新能源和储能辅助服务交易模式缺少受限判据及交易撮合依据，无法有效计算充放电效率、电量损失及违约失信、交易结算量大等难题。

共享储能作为储能的一种创新形式，对提升电力系统新能源消纳能力具有重要意义，国网青海电力创新将储能调峰辅助服务相关内容纳入运营规则，并写入文件对外发布，为共享储能盈利奠定坚实的政策支持，构建了国内首个完善的储能市场化运营管理体系，按照规则顺利完成了市场交易组织、竞价、交易执行、清分、计量、结算工作。

第五章 电网侧数字化

创新是引领发展的第一动力。当今世界，科技革命和产业变革日新月异，以新一代信息技术为主要驱动力的数字化浪潮蓬勃兴起，为传统产业发展注入新活力的同时，也引领社会治理体系在理念思路、体制机制、决策方式等方面实现系统性、全局性变革。

实现碳达峰、碳中和目标，同样需要创新。实现"双碳"目标，能源是主战场，电力是新能源产业链的主力军。近年来，电力行业利用大数据、区块链、人工智能等前沿数字化技术展开了多项创新，未来行业将呈现出低碳化、数字化、智能化等新特点。

第一节 电网侧数字化背景

习近平总书记多次强调，能源是国民经济稳定发展与国计民生、社会长治久安的重要物质基础，能源安全事关国家安全大局；习近平总书记提出，要实施"四个革命，一个合作"能源安全新战略，努力推动能源高质量发展，着力构建"清洁低碳、安全高效"的能源体系，为国民经济社会发展和民生改善提供坚强的能源保障。

2020 年 9 月 22 日，习近平总书记在第七十五届联合国大会一般性辩论上发表重要讲话，他指出，应对气候变化《巴黎协定》代表了全球绿色低碳转型的大方向，是保护地球家园需要采取的最低限度行动，各国必须迈出决定性步伐。中国将提高国家自主贡献力度，采取更加有力的政策和措施，二氧化碳排放力争于 2030 年前达到峰值，努力争取 2060 年前实现碳中和。各国要树立创新、协调、绿色、开放、共享的新发展理念，抓住新一轮科技革命和产业变革的历史性机遇，推动疫情后世界经济"绿色复苏"，汇聚起可持续发展的强大合力。

2020 年 12 月 12 日，习近平总书记在气候雄心峰会上通过视频发表题为《继往开来，开启全球应对气候变化新征程》的重要讲话，提出 3 点倡议：① 团结一心，开创合作共赢的气候治理新局面。在气候变化挑战面前，人类命运与共。中方欢迎各国支持《巴黎协定》为应对气候变化作出更大贡献。② 提振雄心，形成各尽所能的气候治理新体系。各国应该遵循共同但有区别的责任原则，根据国情和能力，最大程度强化行动。发达国家要切实加大向发展中国家提供资金、技术、能力建设支持。③ 增强信心，坚持绿色复苏的气候治理新思路。大力倡导绿色低碳的生产生活方式，从绿色发展中寻找发展的机遇和动力。习近平在会上宣布中国国家自主贡献一系列新举措，到 2030 年，中国单位国内生产总值二氧化碳排放将比 2005 年下降 65% 以上，非化石能源占一次能源消费比重将达到 25% 左右，森林蓄积量将比 2005 年增加 60 亿 m³，风电、太阳能发电总装机容量将达到 12 亿 kW 以上。

国家能源局也将出台建筑物上安装光伏的强制性国家标准，这个政策的出台，将对我们的电力系统规划、建设、运行、维护产生重大影响。

能源发展改革正处于百年未有之大变局，要研究谋划中长期战略任务和战略布局，保障国家安全、保障社会政治大局稳定。能源供给侧改革必然走向高质量、去碳化、精益化新发展阶段，我们要用新发展理念，构建新发展格局，寻找到未来能源发展的新市场。

当今世界能源领域在消费、供给、技术、体制等各方面都发生深刻变化。以信息技术与能源技术融合为主要标志，以高效化、清洁化、低碳化、智能化为主要特征的能源革命，已经成为全球能源发展的方向和潮流。智慧能源作为能源革命的重要组成部分，是推动能源革命的战略性抓手。智慧能源可以打破不同类型能源之间的界限，催生跨领域的能源系统规划、控制、运行等，并提供相关电子交易、配套金融、产业孵化等衍生服务，带动能源大数据、区块链等一批信息技术的发展和应用，为能源技术开辟新的研究方向，从而推动和支撑能源技术革命。

第二节　电网侧数字化技术与实践

一、输电数字化

（一）线路数字化规划与设计

线路选线业务是利用各种地形图所具备的信息，结合工程沿线地形地质、压覆矿以及交通和环水保等信息，实现线路路径方案的选择。线路选线业务包括从工程项目建立开始，经历专业收资、设计输入、线路起止点选取、工程走廊关键信息提取、线路初选、外业踏勘收资、线路优化调整到最终路径成果输出的业务全过程。

传统的线路路径方案选择通常是在地形图上进行，每个新建工程都要重新收集、拼接各种比例地形图，各种信息数据需要重新上图，选线方案各种技术参数的统计需要人工操作，因此，整个选线过程重复工作较多，效率较低且容易遗漏信息，二维地形图选线也不够直观。

随着三维可视化技术的日趋完善，结合三维 GIS 技术、BIM 建模等方式，可以真实再现输电线路走廊三维场景，模拟复杂地表、杆塔、导地线交叉跨越和障碍物等模型，为输电线路的规划、设计提供最新的三维可视化信息，对路径方案的可行性、经济性和合理性进行优化调整，最终确定线路走向。同时，通过集合三维建模技术和数字化设计技术，实现输电线路工程的三维可视化设计和信息一体化设计。

案例 5-1

云南地区微地形风场中输电线路防风监测及仿真预警

云南地处低纬度高原，气候地形复杂多样，该地区输电杆塔多位于山区，多档导线横跨山谷，线路处于风口等微地形区段较多。由于受到山地地形阻挡，近地层风场形成湍流结构，进而形成独特的微地形风场特性，如风场越过山顶突然形成的下沉气流所导致的气流明显加速现象。云南地区的电网风害受峡谷风场的"局部环流""狭管效应"影响明显，需要针对山地微地形风场气象条件下的输电线路风害形成机理、变化规律及防治要点进行深入研究。

由于山地微地形条件下的风速参数本身具有较强不稳定性，且易受实时变化的气象条件影响，其预报预警工作一直是难以解决的技术难题。本研究利用中尺度模式WRF和大涡模拟技术研究微地形风场的预报方法。在这两种方法的基础上,结合高密度自动观测气象站传递的实时数据,构建微地形风场的分布模型。

项目通过建设典型微地形风场环境的电网三维模型,基于输电线路风洞试验及理论分析,结合实时气象观测数据及气象历史数据模拟微地形风场环境中风害形成机理、变化规律及其对杆塔、导地线和相关附件的影响,建设了复杂地形地貌环境的输电线路风害风险动力学模型,最终提出微地形风场气象条件下风害监测、仿真预警方法。该研究从电网建设及运行角度,对如何有效预防复杂地形环境中风害对电网造成的不利影响,保障输电线路的安全运行提供了数据支撑。

基于计算机图形技术、三维仿真技术、工程数字化技术的综合运用,通过本项目研究,解决了架空线路在复杂地形场景中的数字化模型构建难题。利用数字化手段实现在三维环境中对架空线路运行情况的仿真模拟和监测预警,为线路安全运维提供了新的技术手段。

同时,本项目通过缩比风洞实验,建设微地形风场环境下的输电线路动力学模型,对线路在微地形风场条件下的运行情况进行仿真模拟。依托大理和普洱两地重点工程中的实际运用,验证了技术的可行性与实用性,填补了国内微地形风场条件下输电线路风害领域的研究空白。

本项目不仅为整个云南电网输电线路的气象条件监测、风害预测预警工作奠定坚实基础,同时还填补了国内对输电线路在微地形风场气象条件下防风监测、仿真预警技术应用领域的研究空白。研究成果将逐步形成一套服务于国内架空输电线路电力设施和运维人员的广域,高精度风灾事前定时预测与警报、事中实时监测与跟踪、事后科学分析与处置的系统及技术标准,全面支撑电网设计-施工-运行全过程的风害数据分析、环境仿真、预警评估等业务需求，有望全面提高输电线路抗风能力，对于保障国内架空线路安全稳定可靠运行具有重要意义。

本项目利用数字化手段对架空线路运行安全进行仿真模拟，为线路运维提供了新的技术手段和思路。利用数值分析技术既可以对在运线路进行安全评估，也可以与气象预报数据结合对线路运行状态进行预警。通过三维仿真技术能够用较低的成本发现线路运行安全隐患，降低线路运行事故，减少因断电、倒塔引起的经济损失。通过对已发生事故的仿真模拟能够为未来新建线路设计提供优化的数值和理论依据，降低线路建设成本、提高线路的安全性。

数字化设计基于高精度影像和高程数据构建的三维精细化场景和数字地形图、基础地理等数据构建的二维可视化地图，通过二三维视图协同，结合工程标绘数据、专题数据等信息，借助缓冲区分析、通视分析、等高线分析、淹没分析、移动、编辑、定位等辅助功能，选线过程中实时提取线路平断面图，统计线路长度、曲折系数、转角类型、交叉跨越情况、房屋跨越面积等内容，辅助设计人员直观、快速开展线路路径优化工作。

通过在三维 GIS 模型对线路路径方案进行平断面设计和优化排位，对不同排位方案进行技术经济比较，通过采用平台进行数字化设计，大大减少了杆塔单公里数量，有效地降低了工程投资。通过构建三维铁塔模型，结合三维 GIS 模型中的 3D 立体地形，实现自动配置铁塔长短腿和 3D 基础自动配置，快速统计全线钢材、基础材料量指标，有效地提高设计效率。结合工程气象条件、导地线型号，数字化设计成果准确的模拟线路弧垂及风偏摆动情况，并在三维环境中，自动实现了本段工程全线的铁塔间隙校核、导线对地距离校核、导线风偏校核等，有效地提高了工程设计质量。

三维数字化应用于输电线路工程优势主要体现在以下3个方面：① 提升设计的精细化水平。并行协同设计降低设计差错率、提高设计质量；加大设计深度、提供数据模型、实景模拟等多种设计成果；自动工程量统计有利于精准控制工程造价。② 促进项目管理高效化。如可视化可使业主直观获取设计方案，施工时更好地理解设计意图；各专业、各单位提高沟通效率；可以拓展到为项目管理服务的多种应用，如智能制造、虚拟建造、智慧工地建设管理等。③ 推动了全寿命周期应用。模型和数据信息永久保存，可用于运维、改扩建等，实现数字化运维和资产管理。

案例 5-2

藏中联网工程是加快西藏水电开发和外送、构建西南电网，建设西藏统一电网，实现资源优势向经济优势转化的一个关键性工程。在藏中工程中，通过基于统一平台协调测量、地质、水文、电气、结构、技经等专业，配合开展线路优化选线、排杆定位、电气全功能校核、电气辅助设计、结构设计等工作，减少不必要的重复工作，提高不同专业之间配合的效率，避免接口过程带来的错误。同时辅助快速进行各类设计成果或图纸输出，实现三维精细化设计和设计全过程的三维全景模拟，通过所见即所得的设计过程支持，使得设计过程更具指导性与参考性，降低或减少工程现场工作量，减少作业成本，提高设计精度。

（上述案例来源于网络）

（二）输电数字化管理及运维

电力设备是电网安全、经济、稳定运行的基础，也是电力企业的主要资产，对电力设备管理的有效性不仅影响电网安全稳定，还影响着电力企业的经济效益。输变电设备智能监测作为智能电网的关键技术之一，其目标是完成对设备的数字化与标准化改造，实现设备级信息共享、状态在线监测、数据动态分析、状态智能评估与预测、故障自动诊断、事故预警及快速处置等功能，为输变电设备全寿命周期管理提供技术保障，从而满足用户日益提高的供电可靠性和电力企业对资产效益的要求。

案例 5-3

南方电网公司的电网互联网大数据安全监控平台实现安全大数据的分析和威胁情报共享，实现互联网资产和应用的动态的安全态势感知。在运营方面，监控平台依据 SaaS 模型的服务模式，设计实现按需使用、按权限分配的需求，整体的操作流程为用户申请开通互联网安全监控平台账号，并根据该用户具体需求和权限情况为该用户设置资源权限。用户的账号开通后，可以使用定制的安全监控服务。平台主要业务流程为用户管理流程、权限管理、资产录入等。主要为以下方面：

1）互联网应用风险数据采集与分析：在各互联网应用节点部署互联网应用风险数据采集分析探针，进行通用检测、网站类监测、专用类检测，并将分析结果上传到电网互联网大数据安全监控平台数据中心，原始数据留存本地，实现海量的各类互联网应用信息安全日志和网络流数据的采集、范化和整体运行态势分析，必要时电网互联网大数据安全监控平台可提取原始数据进行针对性分析。

2）全网互联网应用在线状态监测与分析：通过电子化手段建立互联网应用资产台账，并能动态感知互联网应用的资产属性，包括在网状态、运行环境、开发环境等。配套互联网业务进行标识认证、内部备审查、域名分配等。

3）全网互联网应用运行监测：使用电网互联网大数据安全监控平台，对各互联网出口、互联网应用、管理信息系统进行全流量监测预警，对安全告警进行"快速、准确、有效"的威胁分析，通过对安全威胁追踪溯源，实现互联网应用安全监测。

4）全球互联网情报舆情监控：建立南方电网自身的安全情报体系（包括威胁情报、舆情情报，知识情报、漏洞情报等），落实互联网安全情报监测工作，形成长效安全机制。如图5-1所示。

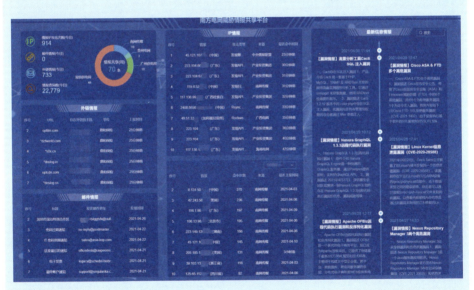

图5-1　威胁情报共享平台

5）全网互联网应用实时监控可视化：实时收集全网互联网应用的运行情况、威胁情况、威胁情报等信息，通过大屏可视化手段实时展示。如图5-2所示。

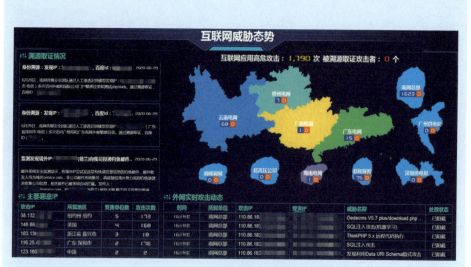

图 5-2 互联网威胁态势感知大屏

　　物联网技术可以实现电力生产管理、电力设备状态监测、电力资产全寿命周期管理、智能用电等电力领域应用，为促进用户与电网的互动，提高供电可靠性，为节能减排战略提供技术支持。物联网技术通过各类传感器监测电力设备的状态信息，将信息与设备本体属性进行关联，评估设备状态并预估寿命，为周期成本最优提供辅助决策等功能，实现电力资产全寿命周期管理，大大提高设备诊断与评估的实时性和准确性。

　　目前，物联网技术在输变电设备检测中的应用集中在以下两方面：

　　（1）输变电设备状态在线监测与全寿命周期管理。长期以来，我国执行电力设备定期检修制度，存在检修不足和检修过度等。与定期检修不同，状态检修是根据设备的运行情况决定检修时机，能及时发现潜在故障，降低事故率，减少设备开停机次数和停机时间，以提高设备使用率，延长设备使用寿命。设备的在线监测作为实现状态检修的必要因素，提供了物联网技术在电力系统的重要应用。

　　输变电设备通常运行在复杂的电应力、热应力和机械应力环境下，其缺陷从产生到发展，直至最后的故障停运通常在很短的时间之内。因此，快速检出输变电设备的异常状态，可以辅助现场运维人员及时判断设备运行状态，发现潜伏性缺陷，避免造成更大的设备停运事故。目前，常用的针对输变电设备状态评估的方法通常基于大量的故障案例和复杂的判别模型，以获得较高的状态判别准确率，然而却忽略了判别的速度，无法保证对输变电设备异常运行状态识别的时效性。为了解决上述问题，基于高维数据空间的输变电设备异常运行状态快速检出方法被提出，其实现流程如图 5-3 所示。对获得的输变电设备状态量数据进行归一化处理，并对数据的波动情况进行量化分析，根据波动量化结果赋予状态量动态权重，并基于权重构建变权高维空间，在该高维空间中利用优化的 Canopy 簇合并聚类算法实现对输变电设备的正常状态和异常状态的区分。输变电设备异常运行状态快速检出方法可以迅速判断设备是正常还是异常，对于处于异常状态的设备进行进一步的分析和评估，而对于处于正常运行状态的设备则不进行处理，从而节约系统算力，提高输变电设备状态评估和故障诊断的整体效率。在现场的实际应用中，对典型输变电设备变压器的异常状态进行判别时，异常状态快速检出方法准确率可达 91.43%，与具有 92.14% 准确率的 BP 神经网络状态判别方法相当，但在检出效率方面，其相较于 BP 神经网络、支持向量机、k 最近邻等方法，最高可以提升 65.25 倍，如表 5-1 所示。

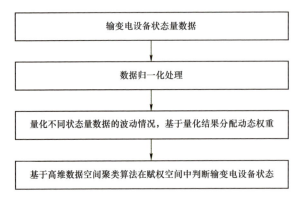

图 5-3 基于高维数据空间的输变电设备异常运行状态快速检出方法流程图

表 5-1   不同变压器异常状态检出方法的准确率、
                          召回率、查准率和识别时间对比

变压器异常状态快速检出方法	指标			
	准确率/%	召回率/%	查准率/%	识别时间/s
基于高维空间 Canopy 簇合并聚类的检出方法	91.43	91.11	92.50	37.87
基于 BP 神经网络检的出方法	92.14	92.04	92.27	2470.85
基于支持向量机的检出方法	85.00	84.57	86.41	939.17
基于 k 最近邻的检出方法	80.71	80.65	80.69	703.62

在输电环节，在输电线路上部署无线智能温湿度、加速度、风速传感器，在高压杆塔上设置倾斜传感器，采集导线温度、舞动、微风振动、风偏、覆冰、杆塔倾角等数据，通过部署多个传感器节点组成带状传感网，以多跳中继的通信方式将信息传输到含无线通信模块的汇聚节点，再通过通信网络，将信息传送到监测中心。在变电环节，对变电换流设备布设智能传感器，采集油中气体含量、局部放电电流、微水含量等状态信息，节点信息经网络传输后，可利用

电力光纤网或电力线载波等方式，将信息传送到变电换流站监测中心；监测中心根据采集到的设备监测信息和基础信息，充分挖掘和集成，进行状态评估、故障预测及演绎、故障诊断等高级应用分析，并及时向检修班组和相应人员通知异常情况。

在电力设备全寿命周期管理中应用物联网的射频识别和标识编码系统，可以对设备进行统一的编码，植入标签，利用全景状态信息并与设备本体属性进行关联，对资产进行身份管理；结合高级应用还可以为周期成本最优提供辅助决策与管理，为实现提高电网企业经济效益、运转效率、提升管理水平提供保障。

（2）电力生产管理。由于电力生产管理环境和程序较为复杂，统筹协调现场作业难度颇大，时常伴有误操作、误进入等失误存在，这些安全隐患带来的损失是无法估量的。通过物联网技术进行电子工作票管理、身份识别、远程监控、环境信息监测等，方便调度指挥中心与现场作业人员的实时互动，并能在一定程度上避免低级错误的发生。如在电力巡检管理中，可利用地理信息系统、全球定位系统以及无线通信网，对整个巡检过程中的设备状态实时监控；并根据识别标签辅助定位，实现监督工作人员考勤及工作流程标准化和规范化，从而完成辅助状态检修和标准化作业。

资产信息模型即由智能感知层采集的设备在线监测信息、环境与安全信息以及设备的基本信息、运维过程信息的模型组成，数据直接来源于各个系统，不需要对数据进行复杂地处理。模型可以存放设备的供应商和价格等信息；与组织属性和库存清单类关联，便于设备的从属机构和库存管理；与位置属性关联，描述资产的位置和区域信息；与图形属性关联，方便资产的可视化；与说明书类相关联，记录资产的铭牌参数、额定值、规格尺寸、介质、可靠性及一些特殊属性和曲线等，方便设备投入运行后某些属性的修改和记录。

案例 5-4

国网安徽省电力有限公司及国网安徽省电力有限公司检修分公司深化物联网技术在输电运检领域融合应用，构建设备状态全面感知、运检数据全息互联和全业务智能管控的输电全景智慧管理模式。一是推动各类智能传感装置持续推广、管理不断规范，实现对输电线路本体、通道环境状态的全面感知和运行数据的实时采集。二是综合应用自组网技术、北斗技术等信息通信新技术，提高信息传输和处理效率，支撑输电运检业务数据全息互联。三是搭建统一智慧管控平台，加快输电信息融合共享，实现输电巡视检测、监测感知、专业管理等场景线上运行，开展数字化班组建设，推进输电专业"集中监控+立体巡检"运检新模式。四是建立健全"机器代人"管理制度体系，持续扩大无人机等智能巡检装备的应用范围，逐步实现输电线路巡视无人化。五是提高现场作业智能辅助水平，实现带电作业方案智能优化、作业全过程动态防护、实时交互和远程指挥，推动输电检修智慧化。六是加强输电运检海量数据的融合分析和深度挖掘，支撑线路风险隐患主动预警和故障快速处置，提升供电服务保障能力，保障电网安全稳定运行。

通过物联网技术与输电运检专业管理的深度融合应用，构建了"设备状态全面感知、运检数据全息互联和全业务智能管控"的输电线路全景智慧管理模式，推动输电运检作业模式变革和管理数字化转型。打造±1100kV 吉泉线等 8 条具有国家示范性及区域示范性的智慧输电线路示范工程，推动了电网数字化转型和高质量发展。输电线路全景智慧管理模式的设计与应用实践，有力保障了特殊时期的电网安全运行。疫情期间，应用输电线路全景智慧管理模式，通过无人机、驻塔机器人等装备的应用，共计减少人工巡视 5935 人/次，有效保障了特殊时期无人巡视模式下输电线路的安全运行。防汛期间，针对"三跨"区段、密集通道和溃堤破圩口、行蓄洪区、水淹区等人工难以到位的线路，累计开展无人机巡视 2629 次，发现一般缺陷 35 处、严重缺陷 3 处、危急缺陷 1 处，有效保障电网安全运行。如图 5–4 所示。

图 5–4　智慧线路画像

随着电网规模的快速发展，输变电设备的种类和数量急剧增加，给传统的输变电设备状态评估方法带来了挑战。传统的为一类设备制定一个评估方法或标准的方式已经无法满足电网数字化、智能化背景下，对输变电设备状态进行个性化评估的要求，亟须根据设备具体的自身属性和运行环境特征，为每类或每台设备制定专属的评估方案，实现对输变电设备运行状态的个性化、差异化评估。因此，基于数值分布模型的输变电设备差异化状态评估方法被提出。以典型的输变电设备变压器为例，针对变压器的差异化评估方法首先对影响变压器差异性的影响因素（影响因素有自身属性和运行环境两方面，其中，自身属性包括电压等级、设备类型、生产厂商等，运行环境包括实际负载、运行年限、环境气候、所属省份等）进行分析，采用 CLARANS 聚类方法与 Mahalanobis 距离度量的方法获得对变压器差异性影响最大的因素，并基于这些影响因素对变压器进行差异化分类，之后，对每个分类下的变压器油中溶解气体大数据进行分布统计分析，构建符合变压器运行规律的威布尔分布模型，并将威布尔分布模型的特征与现场实际的故障率和缺陷率进行关联，如图 5-5 所示，为每一个分类下的变压器赋予差异化评价阈值，并从油中溶解气体含量和产气率两个方面建立差异化评价模型，实现对变压器运行状态的差异化、个性化评估。在现场的实际应用中，变压器差异化状态评估模型的评价准确率可达 98.21%，显著优于传统的阈值评估方法、神经网络评估方法、支持向量机评估方法和模糊逻辑评价方法等。而且评估效率方面，显著优于基于深度信念网络的评估方法，如表 5-2 所示。

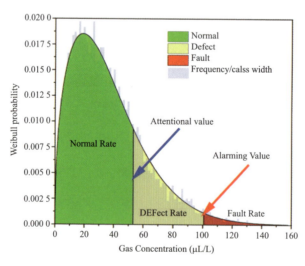

图 5-5　变压器油中溶解气体分布模型与故障率/
缺陷率以及差异化评价阈值之间的关联关系

表 5-2　　　　　　　　　　　不同变压器状态评估方法的准确率、
误报率、漏报率及评估时间对比

变压器状态评估方法	指标			
	准确率/%	误报率/%	漏报率/%	评估时间/%
差异化状态评估方法	98.21	0.38	6.90	63.12
基于传统导则的评估方法	86.67	13.01	27.59	1.00
基于人工神经网络的评估方法	96.97	2.33	29.57	991.30
基于深度信念网络的评估方法	98.48	1.36	7.14	1075.26
基于支持向量机的评估方法	95.26	4.47	14.28	147.51
基于模糊逻辑的评估方法	96.21	2.92	35.71	258.74

二、变电数字化

目前，无论是老站改造还是新建变电站，都会采用变电站自动化系统，且按无人值班设计。由于其具有继电保护、自动装置微机化、测量显示数字化、系统构成模块化、操作监视屏幕化、通信网络化、系统功能综合化、运行管理智能化等一系列特点，实现了变电站的重大变革。二十多年来的运行实践充分表明，变电站综合自动化不仅提高了变电站自身的自动化水平和管理水平，减小占地面积，取得明显的经济效益和社会效益，而且对提高电力调度的可控性和技术水平，以及提高电网安全运行水平起到了很大的推动作用。

自动化技术的进步和微机保护的大规模采用大幅度提高了电网的管理水平和自动化水平，但是变电站自动化系统和保护装置的通信协议不统一，导致系统集成困难，全寿命周期减少；设备之间互操作性差，维护工作量大，改造升级换代困难。随着供电市场化在国内的逐步推进，消费者对供电的要求和需求在不断发生着变化，对能源的标准不再是可用这一层面，还要求供电具备较高的可靠性，对其质量的要求也逐步提高。对电能日益增长的需求，促使电力企业进一步提高电网资产利用率，同时提高供电效益、自身标准要求，并提供更好的客户服务，而电网智能化的发展能够为电网的发展和满足市场需求提供保证。

在智能化电网进程中，最重要的一个环节就是智能化、数字化的变电站，它是电网安全稳定运行和监控的重要工具，也在电网中担任着转换电压、接收和输出能源、调整能源输出方向和调节输出电压的重要任务，变电数字化是电网的智能化建设中至关重要的一环。

随着数字化技术的快速发展，多种类型的电子互感器的快速部署应用，数字化、智能化高压电气的装置开发，以及能够实时在线监测的电子电器器材技术的不断发展，变电站变得更加科学、快速、便捷和安全。同时随着计算机技术、嵌入式技术、互联网技术等其他技术的发展和进步，这些新技术的不断进步也使建立数字化、智能化变电站成为可能。

数字化变电站具有多种特征，包括工作信息能够数字化，统一的标准规范和约定，具有远程实时监测和实时报警的能力，能够实时显示的可视化运行状态。同以往传统的变电站相比，数字化变电站改变了自身的监控模式，变电站工作的电压和电流信号不仅能够以表头的形式表示出来，还能够通过数字信号，即二进制编码的形式进行传输数字显示。与此同时，对一次设备的监测信息和控制方式也能够通过数字化传输并显示出来，这样仅需少量的光缆变能够替换掉多余的电缆。数字化变电站还具有顺序控制和警示系统等自身独有的运行功能，这些特有的功能是在变电站信息数字化及其统一规约的基础之上建立起来的。

数字化变电站可以实现变电站在进行有关信息的采集、传输、处理和输出等多个过程时的数字化，其信息设备更加智能，通信更加便捷，并且能够大大缩小通信模型和协议之间的差距，基本实现统一化。数字化变电站赋予了工作人员远程操作的能力，在远程操作界面上，操作人员只需要通过人机交互界面就可以实时操作相关设备或者读取数据信息，并能实时观察到数字化变电站当前的运行状态，节约了大量时间，降低了劳动力成本，提高了电网的工作效率，让电网更加安全可靠的稳定运行。

数字化变电站可以将其定义为是设备的智能化部分，主要实现以下几种功能：

（1）可以及时对智能化设备进行有关电气量的检测。传统变电站的某些电气量可以直接通过指定设备进行计算得到，而大多数电气量如电流和电压等都是需要通过检测得到，在电气量的获取方式上，数字化变电站与传统变电站基本相同，但获取过程中所用的设备却存在很大差异，如传统变压器对电气量的检测主要是通过电磁式互感器实现，而数字化变电站主要利用非常规互感器来实现检测，该种互感器具有很强的抗干扰能力，其绝缘特性也比电磁式互感器好。

（2）可以及时对智能化设备进行状态检测。状态检测主要指的是对变压器、母线和直流电源等设备的状态参数进行检测，在线检测可以实现对温度、绝缘等多个特性的数据收集与检测。

（3）数字化变压器的智能化设备中有关控制命令的执行可以通过过程层来进行操控。通过过程层进行操作的控制命令大多数都是被动的，其控制命令的执行是建立在上层指令基础上；过程层还可以对控制命令进行智能化的分析与判别。

智能化、数字化变电站的基本构成主要由几下部分组成：①　内部设备采用电子式互感器；② 在变电站中加入智能化的终端设备；③ 在规约统一方面，所有设备遵守 IEC 61850 标准。在数字化变电站的建设过程中，不断进行通信网络和系统的完善是重中之重；同时要以 IEC 61850 为标准，IEC 61850 标准对变电站的建设进行了总体规划和相关功能的建模并对其通信协议与通信模型进行了规定。变电站实现数字化的过程是建立在设备智能化的基础上，智能设备可以通过有关通信接口实现与其他设备之间的信息传递与交互。当智能设备不能满足变电站数字化的要求时，也可使用非智能设备，但这些传统设备必须通过智能终端改造后才能使用。传统的信息传输主要通过硬接线的方式实现，但目前网络和串口通信已成为智能化设备之间实现信息传输的主要方式。

变电站的数字化建设还可以根据功能需求来对应设计，例如数字化变电站可以通过功能设计实现在线检测。在线检测功能的实现可以通过数字化变电站的自动化系统实现状态检修和实时监控。以 IEC 61850 为例，数字化变电站主要可以实现三个层面的功能，如站控层、间隔层和过程层。

（一）物联网信息交互平台支持变电站数据集成

数字化变电站实现了数据采集数字化。通过电力专网、互联网和数字化变电站的信息系统实现电网、发电厂和用电场所的信息交互，构建基于数字化变电站的物联网信息交互平台。以站内通信系统为技术核心，通过自动控制技术、智能预警和可视化技术手段对站内变电设备、安全工器具、电源、消防等系统，以及变电场所的天气、周围环境，进行实时监控和可视化远程管理，并与调度系统、生产管理系统和用电信息平台进行实时通信和信息共享，从而构建基于数字化变电站的物联网平台。数字化变电站物联网平台中任一网络节点，均能根据各自的权限和业务需要获得相应的数据和信息。

（1）数字化变电站内部系统。数字化变电站内部系统是数字化变电站物联网系统的站端，由变电站监控系统、视频监视系统、消防系统、电源管理系统和安全工器具管理系统等组成，各子系统遵循统一的通信标准，将数字化变电站的一次设备、二次系统和辅助系统进行网络互联。在数字化变电站一次设备本体上，运行场所中增设先进的传感器、射频探头等辅助信息采集设备，组成数字化变电站站内的局域物联网，实现数字化变电站运行设备的自动监控、可视化监视以及智能巡检等功能，为变电站运行设备故障的预警、快速定位、原因分析和应急处理提供强大的技术支持，既保障了数字化变电站运行过程中的安全性和可靠性，又提高了数字化变电站的信息化水平。为数字化变电站与外部系统的信息互动提供了便利的通信基础，有效地将新能源发电系统、数字化变电站系统和节能用电管理系统等进行信息融合。

（2）多能源协调控制系统。调度系统作为数字化变电站物联网系统的管理端，主要负责远程监控数字化变电站的运行及协调控制各清洁能源电厂的发电。基于数字化变电站物联网系统的信息分析和综合计算，调度系统能够根据电网潮流的实时变化合理调控清洁能源电厂。白天以光伏电站和风电新能源作为主要输出，夜间则以水电为主要输出，当风、光新能源出力不足时，则增加水电进行补偿，充分利用和消纳清洁能源发电。同时，调度系统还能根据数字化变电站物联网系统提供的实时数据，自动分析上网电价和存储电价的经济性，有效指导分布式微网系统的运行，保证清洁能源和分布式能源的使用处于最优经济状态。

（3）智能用电管理系统。随着人们对绿色出行、智能家居和节能用电的需求越来越大，需要建立分布式光伏微网、充电站、智能宾馆和智慧交通等多用户互动平台。平台内的用户通过用电管理系统 App 就能够获取整个物联网的运行数据、实时电价和电网系统的潮流信息，从而合理地制订用电计划。数字化变电站物联网系统还为智能化分布式微网的发展和应用提供了强有力的技术保障，微网用户能够根据自身需求进行上网发电和使用电网电量，从而增加了"源、网、用"的联系与信息互动。各用户只需通过 App、移动客户端，就能参与电力市场化交易，从而提高了用户与电网、电网与电源之间的管理水平。

（4）基于数据驱动的输变电设备监测装置有效性评估。为了保证输变电设备的安全稳定运行，大量的监测装置被安装至输变电设备上从各个维度获取能够反映其运行情况的多种状态量数据，监测装置包括但不限于油中溶解气体传感器、特高频局部放电传感器、光纤压力传感器等，基于监测装置获取的多维度实时状态量数据可以建立用于对输变电设备进行状态评价、故障诊断以及状态预测的各种数字模型。然而，由于输变电设备特殊的、复杂的运行环境，且监测装置的稳定性和可靠性相对较差，使得现场存在大量的异常监测装置，直接导致了反映输变电设备运行情况的状态量数据质量较差，无法建立准确的数字模型。目前，通常采用离线人工校验的方式来实现对监测装置有效性的评估，然而，由于监测装置处于特殊的运行工况中，需要先将输变电设备停运，才能将监测装置退出运行，势必造成较大的经济损失。同时，离线人工校验通常操作繁琐、周期较长，无法适用于数字化背景下，对现场大规模的监测装置进行批量的评估。为了解决上述问题，基于监测装置实时数据驱动的输变电设备监测装置有效性评估方法被提出，其实现流程如图 5-6 所示。通过滑动窗口的方式从监测装置实时数据流中获取评价数据集,将异常标记值(丢失值、空值、奇异值、超量程值等)、连续相同值、监测数据变化率和监测数据的变异系数作为判据从多个维度判断监测装置有效性,并通过容忍度来控制评估的严厉程度。基于数据驱动有效性评估方法实现了对输变电设备监测装置的实时、在线评估,降低了将监测装置退出运行造成的经济成本和时间成本。在现场的实际应用中,对运行中的大量变压器油中溶解气体监测装置的有效性进行评估时,对无效油中溶解气体监测装置的识别准确率可达 100%,误识别率为 3.1%。

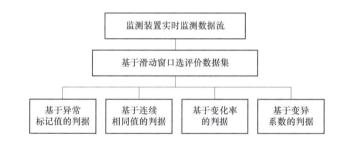

图 5-6 基于数据驱动的电力设备监测装置有效性评估方法流程图

(二)边缘计算技术促进"多站融合"

"多站融合"是指在现有变电站资源的基础上,基于数据融合中心,建设充换电厂、储能站、5G 基站、北斗基站、光伏电站等,利用变电站资源的价值,挖掘整合内部资源,支持智能电网业务,扩展泛在电力物联网的对外市场,促进共享企业的建设。通过整合市场需求、技术成熟度、资源匹配等因素,使得数据中心具有最大的发展潜力。

探索"多站融合"运营模式,搭建统一资源服务平台,是未来实现能源互联互通的一大趋势。边缘计算通过对空间环境进行建设与改造,融入电力、通信等资源,建设分布式数据中心,提供多站融合边缘计算服务,形成能源、数据融合共享，提供综合能源服务，可以减少大耗能 5G 基站的用电损耗、多设备集中管理维护、减少城市占地等。可以形成贴近电力公司的边际计算资源，实现统一的数据访问和统一的信道返回功能；开展多系统集成的数据共享和调用平台的研究与发展，提供了一个通用数据接口与平台，并与现有的业务支持系统实现无缝对接，为现有的决策分析提供支持平台和流程改进，这些实际上也是构建泛在电力物联网的必要数字基础设施。

1. 储能技术

新一轮能源革命和电力体制改革背景下，电力系统源－网－荷各环节对储能技术提出了多样化应用需求。目前，储能技术根据其能量转换形式，主要有物理储能和化学储能。物理储能依赖于地理条件，距离负荷中心较远，远距离输电导致较大的电能损耗。化学储能与物理储能相比，种类繁多、技术发展水平参差不齐，其中蓄电池是化学储能中最成熟、最可靠的储能形式；常用蓄电池技术为铅酸电池，是目前最实用的储能系统，已在小型风力发电、光伏发电系统，以及中小型分布式发电系统中获得广泛应用。化学储能的市场成熟度正逐渐提高，未来发展前景广阔，同时应用化学储能技术的储能站也将逐步向市场推广。

新能源的快速发展，使风能和光伏发电企业需要通过储能技术解决新能源发展的弃风弃光现象和调峰调频问题，电网侧需要通过储能技术解决稳压稳频和削峰填谷等问题，用户侧需要通过储能技术解决用电峰谷带来的成本问题。目前储能技术主要应用在可再生能源并网、辅助服务、电力输配、分布式发电及微电网等领域。诸多文献研究了储能技术在电力系统中的作用和运营模式，介绍了储能技术在发电侧、电网侧和用户侧的作用，并建议整合上下游产业和应用市场，推动储能技术快速发展，以及推出相关政策。

储能站应用于发电侧、配网侧，可以提高光能和风能的利用率，提升电网对新能源的接纳能力，为发电侧或配网侧配置储能站能有效解决风能、光伏发电等并网的间歇性不确定性问题，大幅提高电网接纳可再生能源的能力，促进可再生能源的集约化开发和利用，通过能源的高效利用，增加发电企业的经济效益。储能站应用于电网侧和用户侧可以进行削峰填谷，通过储能系统在低谷期进行储能，高峰期进行供能，利用峰谷电价差获得经济收益。目前已经有研究人员正在研究电动汽车储能站，以作为重要用电侧用能群体的电动汽车为突破口，降低昼夜间峰谷差，平衡电动汽车等大规模集群负荷对电网的冲击和影响，同时还能降低供用电成本，提高系统运行的稳定性。

2. 数据中心

电力供应的安全稳定，是电力行业的首要目标，电力系统数据的安全和稳定，成为保障电力系统稳定运行的首要条件。为了进一步以数据流引领和优化能量流、业务流，实现对发电侧的"全面可观、精确可测、高度可控"，对电网侧形成云边融合的动态、实时、精准调控，对用电侧需求进行精准把握。电力行业需要通过建设大型或超大型数据中心为海量数据存储、计算、分析应用提供支撑，实现海量数据快速分析处理和快速响应。

随着万物互联时代的到来，网络边缘设备产生的数据量快速增加，带来了更高的数据传输带宽需求，同时，新型应用也对数据处理的实时性提出了更高要求，传统云计算模型已经无法有效应对，边缘计算应运而生，云计算与边缘计算的协同发展将成为未来电力行业发展的重要趋势。

　　古泉站是世界"四最"工程的特高压受端换流站，是华东地区最大的电力传输枢纽，设备规模大、首台首套设备多、站内安全风险大、运维任务艰巨。国网安徽省电力有限公司检修分公司搭建边缘物联代理一体化平台。一体化平台是基于软件定义终端和容器技术，通过通信协议适配、统一数据模型、安全管控等技术手段，解决智能终端、感知终端统一接入，数据共享、业务协同等问题，形成边缘计算和区域自治的场景化应用，为远程智能巡检、设备故障诊断等业务提供数据融合和分析基础。

　　基于平台构建全景管控驾驶舱。搭建站内 27.7 公顷，包括 1968 台一次设备、主控楼等 25 个建筑物、消防水炮等 13 类消防设施、室外 550 个视频装置的精细化模型和简化模型。基于边缘物联代理一体化平台集成 13 个离散业务系统，融合 14 类主设备在线监测数据、2 类环境辅控监测数据、1504 个视频装置实时视频画面，开展全景管控驾驶舱的设计开发和现场部署。应用全景管控驾驶舱，可以实现运检人员与数字世界的互动，从而掌握物理世界中设备实体的动态变化和演变规律，辅助开展更加精准、高效的设备状态监视、设备巡视等工作。如图 5-7 所示。

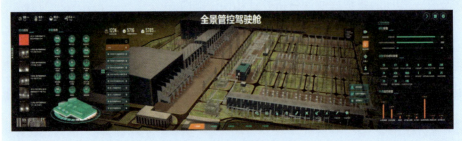

图 5-7　全景管控驾驶舱

开展数据驱动的设备状态管控。全面监视设备状态、环境状态、装备状态，开展设备状态的趋势分析与预测预警。应用 21 类人工智能算法，结合典型缺陷特征识别、正常/异常状态判别两条技术路线，对巡视过程中采集的红外图谱、可见光照片、设备声音、表计读数等进行智能分析，识别设备缺陷，预测异常发展趋势。

3. 无线基站

根据各功能站的建设技术成熟度，"多站融合"可分为前期融合和后期拓展两个阶段。前期融合建设数据中心站、充电站和储能站，后期逐步扩大"多站融合"的服务范围，引入 5G 基站、分布式光伏站等功能站。

"多站融合"的数据中心是指边缘数据中心，用于对电网内部业务、城市治理、互联网、工业制造等领域产生的数据进行边缘侧存储、处理和计算，是数据信息的汇聚基地，同时又是主要的负荷中心。储能站用于电能的供需调整，可以直接为边缘数据中心和充电站提供能源供应，是能源质量和消纳的重要枢纽。充电站直接面向客户，凭借能源就近优势，为城市电动汽车提供充电服务，是能源消纳的前端平台。5G 基站充分利用变电站站址资源提供 5G 站址服务，作为运营商 5G 通信基站布点补充，是采集数据的传输通道。分布式光伏站用于数据中心、电动汽车充电等场景的清洁能源供应，是清洁能源的供给工厂。借助边缘数据中心和充电站，依托大数据、云计算、物联网等技术手段，面向城市提供增值服务，进而带动城市绿色发展。

"多站融合"的商业化运营涉及电网内部业务和城市业务两个方面。"多站融合"面向电网，可以采集能源调节、变电和用电过程中所产生的能源相关数据，并且通过边缘计算进行数据分析，从而实现能源供需智能化调节，为综合能源服务终端监测、电力智能巡检、配电物联网、产业基建等业务提供支撑；面向社会，可以提供充电服务、共享边缘数据中心资源、5G 通信布点补充服务，满足工业互联网、交通、车联网、互联网业务（云游戏、直播、高清视频等）等领域的边缘计算需求；面向企业，可以进行企业生产和环保治理的能耗分析，为企业提供能耗优化方案，为政府提供决策咨询服务。依据"多站融合"的服务模式设计盈利模式，通过电动汽车充电服务、边缘数据中心租赁服务、5G 基础设施租赁、边缘计算服务，以及电力资源节省服务等增值服务获得盈利。

"多站融合"是对能源供需协调的初始探索，随着新能源发电站、5G 通信基站的相关技术逐渐成熟，逐步引入分布式光伏电站、5G 基站用于城市服务的其他功能站，大力挖掘泛在电力物联网与城市运行发展融合点，突出电网企业的引领作用，推动城市绿色发展。

（三）基于部位和性能的输变电设备精细化状态评估

输变电设备组件众多，且通常运行在复杂的电应力、热应力和机械应力环境下，因此，其各状态量之间、状态量与设备状态之间存在着复杂的联系，仅基于关键状态量无法实现对设备状态的全面评估，而仅明确输变电设备整体的运行状态也同样无法满足现场的实际要求。因此，需要对输变电设备的各个部位的性能进行更加细化的分析，构建面向输变电设备的精细化评估模型。以典型的输变电设备变压器为例，其由本体、套管、分接开关、非电量保护、冷却系统五个部分组成，对于长期处于磁场、电场和热力场作用中的本体和套管，可以从绝缘性能、热性能以及机械性能方面进行进一步的评估，形成建变压器的精细化评估模型，如图 5-8。之后，基于每个状态量的差异化阈值构建面向状态量的模糊隶属函数，并确定每个状态量所处的状态，随后基于现有评价导则两两比较状态量间的重要程度确定所有状态量的基本权重，将状态量的实测值与出厂值及差异化评价阈值对比确定状态量的劣化程度和劣化权重，基于证据理论对状态量隶属度、状态量基本权重和劣化权重进行融合，调和状态量之间的冲突，统筹考虑所有状态量的反应能力，最后，基于最严重准则获得变压器各部位的及整体的运行状态。由此，实现了对变压器各个部位以及部位对应性能的精细化评估。在现场的实际应用中，基于部位和性能的变压器精细化评估方法的准确率可达 96.70%，较传统的方法提升 11.24%，且漏报率和误报率显著降低，如图 5-9 所示。

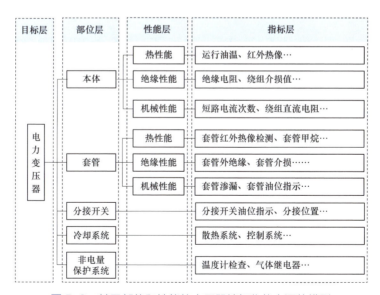

图 5-8　基于部位和性能的变压器精细化状态评估模型

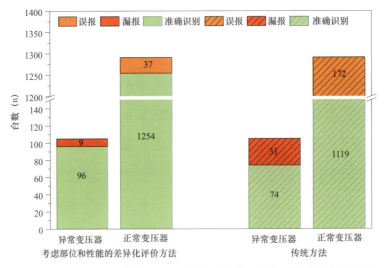

图 5-9　基于部位和性能的变压器精细化状态评估模型的现场应用情况

三、配电网智能化

在整个电力系统中，配电系统的作用是把从输电网获得的电能分配给不同电压等级的用户，配电网包括配电变电站和配电线路。配电网是社会基础设施，直接影响用户的供电可靠性及供电质量。早在 20 世纪 70 年代，美国、法国和日本等国家就开始尝试将配电网元件数字化，为数字化技术在配电网中的应用奠定了良好的基础。

在市场环境下，电力系统存在诸多不确定因素，电网建设投资不可避免地存在诸多风险。因此，配电网在规划初期就要综合考虑安全、费用、效能之间的关系，充分利用数字化技术优化配电网的结构、设备的运行水平与状态，全面考虑配电网在规划设计、设备购置、建设安装、运行维修、更新改造，直至报废的全过程中，以最低的资产实现规划方案的可用率及可靠性的目标，实现配电网利润最大化。

（一）基于智能配电网的规划

随着我国经济的持续发展和人民生活质量的提高，各方面对电力能源需求呈逐年上升的趋势，虽然近几十年我国的电力行业发展迅速，但仍存在电能不足、供电可靠性不高等现象。因此，运用科学的手段与方法进行合理的配电系统规划，可以大大降低配电网的运行与维护费用，提高供电可靠性和电能质量，减少停电故障损失成本，提高电力运行效率，减少传统能源如煤炭、天然气、石油等的消耗，加大清洁能源使用，从而最终获得经济效益和社会效益。

长期以来，我国电力系统规划设计采用限额设计，规划方案的经济性评价一般只对初始投资进行详细分析计算，而对配电网建成后的运营和维护成本考虑不足，停电造成的损失几乎不考虑。然而以实际运行来看，配电网设施建设规模大、运营周期长，其运行维护和停电成本要远大于它的建设成本。因此配电网在其规划环节就变得尤为重要，尤其是处理好与工程施工、运行维护及设备报废处理等多个环节之间联系，实现运营结果和最初的设计、规划预期不偏差，保障其正常服务功能的发挥，并且给运营维护等后期运营管理工作提供依据。

与此同时，随着电力市场的兴起和发展，用户对电能质量及供电可靠性的要求越来越高，配电网中接入了越来越多以节能减排为目的的灵活性资源，如可再生能源、热电联产、储能和电动汽车等，这些灵活性资源的接入使配电网从传统的单向变为双向，其运行不确定性和波动性也为配电网规划带来新的挑战。在配电规划中不仅需要精确量化结果，还需要更有效地处理规划与运行、局部与全局、集中与离散、近期和远期之间的协调问题。这都对配电系统规划提出了更高的要求，如何最大化使用这些资源，优化电网投资，对配电网规划提出了挑战。

当前的配电系统规划方案评价方式已难以适应"集约化发展、精益化管理"的要求，迫切需要以新的理念、新的技术和新的管理手段来进行配电系统规划，提升企业管理水平和经济效益。互联网、云计算和大数据等新兴技术的发展，进一步推动了以数字化配电网规划时代的到来。利用数字化技术能够实现以数据驱动的配电网规划，借助数据实现电网与用户的能量流、信息流以及业务流灵活互动，使数据成为电网规划工作的核心。

1. 配电站选址定容规划

配电站是输电网和配电网之间的连接桥梁，配电站选址定容规划要考虑输电网规划方案，配电站选址定容规划结果将直接影响配电网网络结构、运行维护的经济性、供电的可靠性。配电网规划通常受到地理条件限制，在规划选址初期，更多的配电站基于动态路径规划模型进行选址建模，并将地理信息因素限制考虑进模型来自动生成规划方案。

随着电力市场的兴起和人们对电网供电可靠性要求的提高，使得配电网规划不仅仅以节省线路投资和降低运行维护费用为目的，供电的可靠性水平越来越受到规划部门的重视，分段开关、联络开关逐步被广泛采用，因此协调规划方案全寿命周期的经济性和可靠性变得十分必要。

（1）无人机遥感技术。传统选址方法通过组织各专业技术人员在拟选址区域进行初选、比选，完成定址工作。但由于受视野影响等客观因素所限，选址方案通常只是较优，或需要投入大量的人力物力资源进行反复比较。无人机航测以其高机动性、高效率、高精度、低成本等优势在配电站选址中取得了较好的应用，值得进一步研究。

无人机遥感技术具有机动、灵活、成本低、操作简单等优势，解决了小面积低空摄影测量的关键问题，能够在配电站的微观选址、进站道路设计等环节发挥重要作用。

低空无人机航摄系统是一种以先进的无人机遥感技术和 GPS 技术为核心，将无人机作为飞行平台，以全自动化摄影测量工作站为处理平台，通过集成、定制飞行控制系统、测控系统、3S 技术以及通信系统，完成航测遥感数据的快速获取及处理的系统。在配电站选址过程中，可以充分利用航测成果，对站址进行优化设计，能够综合考虑交通运输条件、地形地貌情况、尽量减少破坏森林植被等因素，设计出最优方案，提高选址的准确性和工作效率。同时还可根据航摄成果方便地进行进站道路路线设计、数据采集与处理，并能够自动计算坡向、坡度及曲率半径，计算挖填方工程量等，减少了设计人员的外业工作量，降低劳动强度，提高设计质量。

（2）GIS 技术。GIS 技术即地理信息系统，以计算机图形学、数据库技术等为依托，将地理空间位置和相关信息关联起来，共同存储在数据库中，并利用计算机系统完成空间信息处理等操作，最后以图形可视化形式，向用户输出相关信息，满足某方面的管理需求。目前 GIS 技术已经在各个领域得到广泛应用，能够为许多与空间信息相关的工作提供支持。

GIS 技术优势主要体现为：以物理空间为依托，采用模型方法解决实际问题，具有强大的数据分析处理能力，具有辅助决策的功能。将数据处理结果通过地理地图的形式展示，支持各种可视化操作，能够帮助应用者直观的掌握具体情况。

对于电力行业而言，可以借助地理信息系统，通过对变电、配电、用电网络上的电力设备资源提供数据和模型维护服务，实现电网设备资源的相关业务管理服务，包括对电网设备的模型、属性、拓扑关系等异动信息提供维护服务，服务满足时间、准确度、定位精度的要求，从而保证各供电单位对异动工程的报建，各变电、配电班组的日常线路巡检、施工单位的工程竣工验收。

电力 GIS 平台不仅拥有电力网络的电气属性数据，同时拥有与电力网络相关的、丰富的地理空间数据，包括地形、地势、地质条件、气象条件、地理位置，交通状况、负荷分布、电源分布、线路走廊等等配电站优化规划所需的相关信息数据，因此建立一个基于电力 GIS 平台的变电站选址综合评估体系不仅可行，而且十分必要。

案例 5-6

某市电网公司服务站点选址涉及后续的人员配置计划、设备采购和作业计划的安排，并对长期的运作成本效益起决定作用。通过 GIS 技术对某市的电网业务和流程的分析，进行服务点的配置和选择，将该市按区县局的管辖范围分为 5 个服务组，每个服务组包括多个服务站点，服务站点按 1:N 个供电所来配置；在市供电局、较发达的各区县中心，选择直接在区县局最近的供电所作为服务站点。GIS 技术解决了团队服务站点选址问题，为后续的人员配置计划、作业计划、设备采购计划等等打下了基础，既保证了全市电网 GIS 业务的覆盖，也综合了运作过程中的差旅成本、生活、交通等因素。（上述案例来源于文献）

2. 配电网网架规划

配电网网架规划是指在满足对用户供电需求和网络运行约束的前提下，寻求最优配电网网络结构、馈线路径、建设时间、线型等，使投资、运行检修费用、故障停电损失费用之和最小，使规划方案在满足运行要求的同时经济性最优。配电网网架规划的内容为确定城市中的输电方式、选择电网电压、确定变电站布局和规模、确定网络结构。

长期以来，我国电网建设的重点放在输电网上，对配电网的管理与规划手段并不科学，造成配电网网架结构薄弱，损耗大、电能质量不够理想等问题比较突出。近年来，尽管我国越来越大重视配电网管理，国家也加大了对配电网建设改造的力度，但由于配电网自身建设的基础比较薄弱，配电网的运行管理水平仍然较低。

传统配电网规划手段与数字化、智能化转型要求仍存在较大差距，需要打造数据融合、技术统一的新一代配电网规划数字化平台，实现配电网规划数据统一归集、分析，规划项目库信息统一管控。

3. 数字化配电系统增强可靠性及减少停电损失

配电系统是我国现代化建设的重要基础设施，主要包括配电变电站和配电网络，配电系统作为电力系统到用户的最后一个环节，它与用户的联系也最紧密。配电系统的任务是把从电源或输电网获得的电能分配给不同电压等级的用户，因此对用户供电可靠性和供电质量的影响最为直接，对电力系统可靠性有着严格的要求。

电力系统可靠性是指电力系统向用户提供质量合格的、连续的电能质量的能力，电力系统可靠性包括系统裕度和系统安全性两方面。停电损失是指由于电力供应不足包括频率降低和电压降低或电力系统发生故障导致供电中断，对供电企业和用户造成的经济与社会损失。配电系统的停电损失主要包括停电直接损失、社会影响损失等。在现代社会中，停电不仅意味着生活上的不便和巨额的经济损失，严重时还会影响到企业与政府的形象及公信力，停电损失成为配网规划考虑的重要因素之一。

在传统配电系统运维过程中，缺乏有效的监测和预警手段，运维人员无法掌握配电系统运行状态，漏电、短路、超负荷等危险用电行为和配电运行故障后知后觉，运维人员被动抢修，应急响应速度慢，配电系统运行安全和用户体验难以保障。数字化配电系统可以对运行环境、设备运行状态、运行数据进行分类别、分等级预告警；对运行参数越限情况进行实时监测、追踪，及时预警并快速定位故障，实现更智能高效的运维。

案例 5-7

　　针对配电房点多面广、现场环境多样等特点，通过在配电房部署具备边缘计算能力的配电智能网关和系列传感终端，建设基于全域物联网平台的智能配电房在线监测系统，以智能网关作为配电网的数字化中枢，实现了对配电房设备状态、环境、安防等信息的全面感知。以智能配电房建设为突破口，有助于解决长期困扰的配电网不可观、不可测等问题，突破配电房不可观测的限制，实现了边端智能与就地决策，有效提升配电网透明化程度，提高了公司在配网领域的生产运维水平。通过构建支撑配网生产运维、用电计量、监控感知、辅助决策的智能配电网综合应用，打通配用电域的生产、营销、计量等业务数据，实现配网数据集约化、状态透明化、风险可视化，实现配网监控、运维及管理的智能化、数字化，提升配网生产运营效率、供电可靠性及客户服务水平。

　　实现了低压配电网的透明化管理，支撑配电网的数字化转型，通过管理与技术支撑手段感知"停电在哪里、负荷在哪里、低电压在哪里、风险在哪里"，提升了配网设备状态感知能力、监控预警能力、辅助诊断决策及远程运检能力，全面提高配网生产工作效率和效益。实现配网数据全面采集，通过数据统一采集、共享，发挥数据应用价值、运用大数据分析、云边协同等技术，提升配电网运维效率，为基层减负。配网状态智能监测，实现配电网透明化监控和环境监测预警。用电服务智能提升，实现停电故障区段、停电客户的综合自动研判和快速、准确定位，变"被动抢修"为"主动抢修"，提升客户服务水平。针对线路计划停电和故障停电，基于台区拓扑关系实现停电信息的通知点对点精准推送，主动回应客户关切，提高客户满意度，有效提升配电网运行管理水平。促进营配业务协同，提升营配业务协同运行、末端业务数据融合，促进业务、数据的融通能力，实现管理模式从"条块化"向"共享化"转变。

实现了配网终端设备的统一接入管理，实现全面监测、全面感观、智能分析。创新研制了融合路由、交换、边缘计算功能的配电智能网关；通过研究全域物联网平台总体需求，建立全域物联网平台的功能结构模型和统一数据模型；建立了全域物联网统一通信机制，保证终端的高并发接入和持续性的数据访问；实现了配用电数据就地融合，利用边缘计算、安全隔离、容器技术等手段对配电和用电数据就地整合对接，促进营配业务协同。

4. 配电网负荷预测

负荷预测是对配电网未来一定时期内负荷的功率和用电量的预测，是配电网规划的基础业务环节，依赖于许多输入信息和计算工具。数字化技术在负荷建模和预测方面发挥着重要作用，包括利用智能电表数据实现精细化预测和基于大数据技术的短期预测等。

（1）智能电表数据实现精细化预测。随着人们生活质量的提高，配点网规划对负荷预测的精确度要求越来越高。现代配电网一些智能应用需要输入的用电信息不仅要求馈线级的预测，而且要求来自家庭用户的预测，智能电表等数字化工具为此提供了坚实的数据基础。家庭用电负荷特性复杂，对不同地区的预测难以采用统一的方法，部分地区采用分位数平滑样条曲线回归方法预测：各家各户每小时的电力需求，将智能电表数据和温度预测值作为回归模型的输入信息，体现家庭用电的差异性。智能电表能够为面向居民用户的短期负荷预测提供数据基础，与传统负荷预测方法相比，利用智能电表提高了预测精度。

为满足多元用户发展的差异化用电需求、促进配网规划与电力需求相协调、与上级电网相协调、城乡电网建设相协调，我国应进一步推进智能电能表的普及进程，同时加快数字化工具与平台配套建设，应用前沿的计算与建模方法。

（2）基于大数据技术的建模。智能电能表的普及推动了电力大数据时代的到来，由于高维度所导致的数据处理效率低下问题成为主要的技术瓶颈，因此应用大数据技术辅助建模和分析至关重要。

目前聚类方法已广泛应用于负荷特征提取，即通过定义并计算负荷数据间的距离来衡量不同数据源之间的相似性，在各集群内部再进行负荷特性分析。依据负荷特性可以将用户分为不同聚类，在时间上，不同聚类的负荷随季节、时刻变化的规律不同；在空间上，属于同一聚类用户的地理位置相对集中。只要给出预测对象的位置和时间即可得到对应聚类的平均负荷曲线。文献针对智能电能表提供的大数据运用聚类的无监督机器学习方法，根据单个聚类的负荷概率分布生成随机模型，利用蒙特卡罗方法模拟整体的原始日负荷曲线，由此准确评估和中压网络，尤其是局部网络的日负荷特性。将此特性与区域拟建设地块的地理信息系统（GIS）数据相结合可以预测新用户的负荷水平和负荷中心位置，从而指导配电网发展规划。

（3）配电物联网。配电物联网是配电技术与物联网技术深度融合产生的一种新型配电网络形态，通过对配电网中低压设备的全域识别及设备间广泛互联，实现配电网的全面感知、数据融合和智能应用，进而推动配电侧能源流、业务流、数据流的"三流合一"。配电物联网对内为规划建设、生产运行、电力营销、企业管理、供电服务提供数据支撑和平台化服务，对外为电力客户、分布式能源、电动汽车、政府及社会提供数据共享和增值服务。配电物联网实现配电网运行、状态及管理全过程的全景全息感知、互联互通及数据智能应用，支撑配电网的数字化运维。

配电物联网需具备设备广泛互联、状态全面感知、应用灵活迭代、决策快速智能和运维便捷高效的特征：① 设备广泛互联。实现配电网设备的全面互联、互通、互操作，打造多种业务融合的安全、标准、先进、可靠的生态系统。② 状态全面感知。对电力设备管理及消费环节的全面智能识别，在信息采集、汇聚处理基础上实现状态全过程、资产全寿命、客户全方位感知。③ 应用灵活迭代。以软件定义的方式在终端及主站实现服务的快速灵活部署，满足形态多样的配电网业务融合和快速变化的服务要求。④ 决策快速智能。综合运用高性能计算、人工智能、分布式数据库等技术，进行数据存储、数据挖掘、智能分析，支撑应用服务、信息呈现等配电业务功能。⑤ 运维便捷高效。传统电力工业控制系统深度融合物联网 IP 化通信技术，基于统一的信息模型和信息交换模型实现海量配电终端设备的即插即用免维护。

建设配电物联网以配用电领域应用需求为导向,以价值创造为核心,将"大云物移智"等先进信息通信技术融入配电侧的各个环节,实现配电网的数字化、信息化和智能化,为规划建设、生产运行、电力营销、企业管理、供电服务提供平台化支撑,有效提升配电网在电力与客户之间供电服务的枢纽能力,实现公司与客户及其他主体间的信息互动、数据共享与价值共享,支撑"三型两网"建设在配电领域的全面落地。

(二)智能配电

智能电网能够综合利用当今快速发展的新能源、新材料、新技术等,使电网中的电能在发、输、配、用、储过程中能够实现有效的数字化管理、智能化决策、互动化交易等功能,不仅能够满足用户对电力的多样化需求,还能在保证电力供应的安全、可靠和经济的基础上,更好适应电力市场化发展需要。智能电网具备坚强、兼容、优化、经济、集成、自愈等特征。

当前,我国经济进入新常态,用户对于电力的需求处在逐步增加的态势,不论是个人用电还是企业用电都存在着较大的供电压力。对于个人用户来讲,客观环境因素和主观对高质量生活水平的追求,都会使其所需的电能质量越来越高;对于企业来讲,供电质量是其正常生产的重要保障,一旦停电就会给企业经营效益带来难以预估的损失。通常情况下,停电主要由环境因素导致,而对于配电网来讲,在故障出现时其快速进行故障定位和隔离故障区域是减少断电时间、遏制故障区域的关键点所在,然而由于架空线路基本上是远距离传输,运行环境相当复杂,在出现故障时对故障进行及时定位比较困难。因此,配电网自动化建设的研究不论对于企业还是个人用户,不论是城市还是农村都具有重要的现实意义。

智能配电系统可建立配电网络仿真模型,模拟配电网络运行,根据顺序事件记录、波形记录、故障录波，协助运维人员，实现快速故障分析，定位和排除问题，尽量缩短停机时间。当变电站发生事故跳闸等紧急情况时，系统立即自动调用现场画面，调整摄像机姿态，捕捉现场目标，减少运行人员分析响应时间，大幅度提升响应速度和工作效率。

1. 配电网自动化

进入 21 世纪后，我国经济出现了高速的发展，国家电力事业出现了巨大的发展契机，在这种背景下智能电网在电力行业的应用也越来越广泛，并成为行业发展的导航标。建设智能电网，实施配网自动化已经成为当前我国电力行业的一项重要工作，也是最大程度提升供电可靠性的最基础性保障。

近年来我国配电网与输电网之间存在的不同步，使得配网自动化水平与输电网相比差距较大，但电力系统中的大部分故障却来源于配电网，配网的电能损耗也远高于输电网，大概占到了整个电力系统损耗的 50%，因此对于配网自动化改造的研究就显得尤为重要。配电网是连接用户与供电企业的纽带，其运行的质量对于用户会产生较大的影响，尤其对于一些经济发达地区，其对供电的电能质量和供电可靠性要求较高，因而实现配网自动化就成了供电企业迫在眉睫的工作任务。

（1）配网网架重构。配网自动化建设需要耗费较大的财力和人力，其主要针对的是一些对供电质量要求较高的城市用户；农村配网自动化建设主要是为了提高一般用户的生活日常用电，建设具有高自动化性能的智能配电网往往资金不够，且性价比不高，从而使得在一定程度上不是很适用。因此，农村配网的自动化建设通常都是重新购置一些关键设备后，在现成的网架上进行配网的重构来增强配网运行的效率和供电质量，具有较强的实用性，能够满足当地的用电需求。

配电网重构即对于配网结构的优化，其主要实现途径是在一定技术基础上对于配网的结构进行重新架构。对于配网重构的研究其首要意义为提高配网的供电可靠性、降低配网的线损，这已经成为国内外研究的一个重要课题。我国的电网总网损量大于发达国家，且县域网损量所占的比例却比较高，因此减少县域配电网的网损能够在一定程度上遏制总网损的增长速度。在对网损进行有效控制的基础上，需要遏制网配负荷过载以及负荷分配不均衡的问题，但由于我国在配网建设方面的不合理，使得配网建设重点在人口或者企业集聚在某个区域，因而就会出现配网线路负荷分配的不均匀，重载的线路就会容易出现故障而导致大面积的断电，而轻载的线路却浪费了电力资源。综上所述，需要对配网进行重构，使得负荷从重载线路转移到轻载线路之上，从而实现对负荷水平与配网电压的调整，使得配网总负荷损失达到最低。

此外，在配电网初选故障后，一般的配网都会设置继电保护器，继电保护器内的开关通过断开来进行故障的隔离，并能够联络其他线路对其他区域进行供电和负荷转移。除了继电保护之外，故障恢复的最好方式就是自动化改造和网络重构，在配网发生故障时通过网络进行故障定位和供电恢复，对一些大型配网来讲意义尤为重大。

随着越来越多的太阳能、风能等可再生能源以及燃料电池、燃气轮机等分布式发电并网运行，传统配电网的结构和运行方式都发生了变化。为适应这些新型分散能源参与配电系统，主动配电网应运而生，电网中的单向流动能量可以双向流动，智能化电气设备的加入使配电网具有更强的信息交互能力。

主动配电网的形成，使配电网的规划方法、运行情况、故障处理模式、保护设备配置等都发生了变化。大量分布式能源接入后的主动配电网规划时，通常需要考虑负荷需求侧响应和分布式电源注入容量的双重影响，以及分布式发电设备运行约束，旋转备用约束等，规划模型建立更加复杂。当配电网加入分布式电源后，配电网中节点类型会发生变化，此时需要对配电网潮流计算方法进行改进。传统辐射状配电网中节点类型一般为平衡节点，分布式电源加入后，由于分布式电源种类不同，其分析方法与普通负荷节点分析方法也不相同，对于不同种类分布式电源的接入，可能会引入不同的节点类型，在潮流计算时应该充分考虑这些因素。

主动配电网的发展对配网的规划提出了更高的要求，电网重构可以通过对电网开关进行操作，进一步对电网的线路损耗，电压稳定水平，负荷均衡水平进行优化。本节介绍了主动配电网的潮流计算方法，为网络重构后网损计算和电压计算奠定了基础，基于蚁群算法可以利用生成树法在网络重构中不需要检查拓扑结构的优点。

案例 5-8

国网内蒙古东部电力有限公司兴安供电公司的基于物联传感的智能接地线全流程监控系统，通过对传统接地线加装智能传感模块将其升级为智能接地线，配合便携式终端软件和后台服务软件，实现对接地线在检修过程中，从出库到检修再到入库的全过程监控，监测接地线的接地挂接状态，在检修过程中出现的接地线使用不规范的行为进行告警提示。系统通过对检修过程中接地线进行全流程的状态监测，解决由于人员素质、工作时间、劳动强度等情况下疏忽、犯错等而带来的问题。

基于物联传感的智能接地线全流程监控系统由智能接地线、便携式终端和全流程监控中心三个部分组成，如图 5-10 所示。

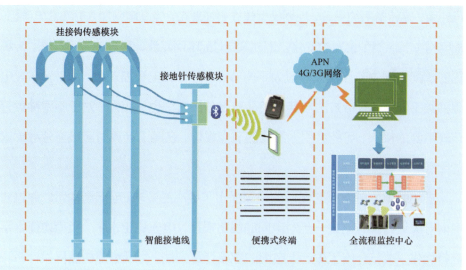

图 5-10 智能接地线全流程监控系统组成

　　智能接地线：在传统接地线基础上，增加集成多种传感器的挂接钩传感模块和接地针传感模块（如图 5-11 所示），在其工作期间实时监测接地线的挂接状态和接地状态，并上传状态到便携式终端。智能接地线如图 5-12 所示。

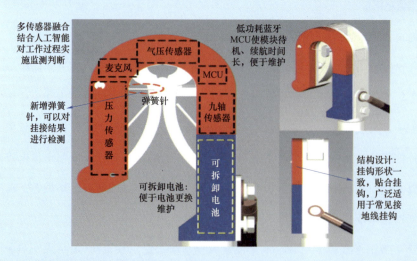

图 5-11 接地针智能传感模块和挂接钩智能传感模块及实物图（一）

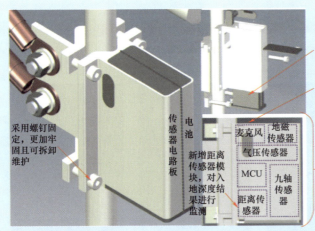

采用螺钉固定，更加牢固且可拆卸维护

传感器电路板

电池

新增距离传感器模块，对入地深度结果进行监测

抽拉式结构设计便于拆卸维护

新增麦克风对敲击过程进行辅助判断

麦克风　　地磁传感器

气压传感器

MCU　　九轴传感器

距离传感器

多传感器融合结合机器学习及专家规则，对接地针接地工作状态及过程进行监测判断

图5-11　接地针智能传感模块和挂接钩智能传感模块及实物图（二）

图5-12　升级后的智能接地线

便携式终端：本终端由操作人员随身携带，分为配置型终端（带屏幕显示）和工作型终端（无屏幕显示）两种，实现接地线状态、位置信息及人员信息上传，同时接收来自监控中心的各类告警信息，如图5-13所示。

图 5-13　便携式终端软件界面

全流程监控中心：接收来自智能接地线的工作状态，查询工作区域的停送电情况，汇总位置、天气等信息，生成检修工作中各类安全隐患的警告，并推送至便携式终端，如图5-14所示。

图 5-14　全流程监控中心

基于物联传感的智能接地线全流程监控系统实现架构如图 5-15 所示,该流程针对每一个工作节点提出信息监控需求,并由监控中心集中存储、显示、管理和预测,实现全流程的跟踪控制,在系统无感融入下,实现全流程的跟踪控制,对异常工况提前预警,最大程度保护维护人员的人身安全。

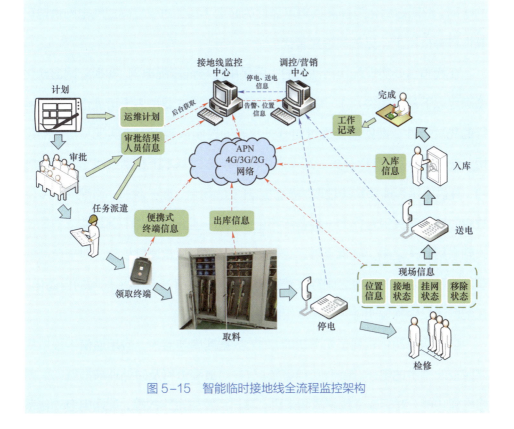

图 5-15 智能临时接地线全流程监控架构

（2）自动化配网。配网自动化是指在电力系统中以现代通信技术、电子技术等为基础,对配网中的各种信息和参数进行有效的集成和分析,并实时检测和保护电网正常运行的一项系统工程。配网自动化系统是一个庞大复杂的系统性工程,系统包含了电力企业中与配电系统有关的全部功能数据流与控制，是一个统一的有机整体。

通常来讲，配网自动化的控制方式包括集中控制模式与分布控制两种模式，一种模式主要应用的条件一般是电网框架较强，但是通信水平较低的电网；另一种模式则是应用在能够实现故障的自动识别与隔离，但是通信技术比较差的电网。配网自动化是提高供电可靠性的必要手段，对于提高成熟电网供电可靠性具有投资少、见效快等显著优势。

在我国需要实现配网自动化的主要是中压与低压配电网，实现配网自动化须满足以下基础条件：① 满足供电的可靠性。这主要是由于可靠性是配网运行的先决条件，配网需要通过对开关状态的控制或者遥控来实现其自动的投切。② 需要设置备用开关。配网之中的供电方式基本上在两条线路上来实施的，其供电是否能够持续性取决于联络开发的闭合、断开状态，当配网未发生故障时联络开关只是作为一种备用不工作；而一旦出现故障，则其能够自动投入到联络开关之中，确保能够迅速恢复供电。③ 规定调度权限。对于负荷的管理与配电系统的调度之间存在着密切的联系，为了能够实现配网的自动化，在配网建设中需要明确对其调度权限进行限。

配电网自动化实现了如下功能：① 数据搜集与监控。应用通信手段搜集与监控配网中的电压、电流、负荷等数据，并对故障进行及时处理与报警。② 网络构建功能。对于架空线路故障来讲，其一旦发生短路故障，配网电自动化系统就需要对故障区域进行识别与隔离，这样就能够使得故障不会影响到其他区域；对于电缆线路故障来讲，需要在对故障区域进行识别的基础上，通过负荷转移再和供电网络实现连接，以此来实现故障线路的远程调控。③ 电压调控功能。电压调控是智能配网的一项主要功能之一，因为配电系统具有很强的复杂性，因而对于系统中的所有数据没有办法做到完全的收集，这样就不能够实现配电网的无功功率优化调控，因此，在实际运行中，电压调控功能的实现是建立在对投切电容器的管理之上。④ 配电网工作调控功能。在配电网系统中各类电器元件数量巨大、种类繁多，因而人工调节的方式不能够适应日益增多的元器件的现状，而以 GIS 系统为基础的地理信息系统，能够采用图形的方式展示出相应数据及接线，来应对配电网的突发状况。⑤ 规划功能。规划功能是配电网自动化的又一重要功能，其通过对配网区域一段时间内的信息进行收集，分析配电网运行状况，提出规划建议，进而对下一步配网整体优化和改造打下基础。

配电网自动化在电力系统中的应用能够在一定程度上节约供电企业的成本，对在建线路的维护、停电时间以及运行方式方面比传统配电网更具优势。若实施单一线路，对其进行配网自动化需要比较高的成本，但是从整体性角度看，进行自动化建设改造的优点就能够很好的凸显出来，例如，要实现供电的稳定性，需要采取较多的电源，不但能够对设备进行完整充分的利用，而且建成后期维护成本（人力、物力）也相对较少。要是在配电网中实施自动化，则会使得接线的方式更为优化，在进行线路检修维护的过程中，能够采取对线路联络开关的控制将重要负荷倒出，恢复供电。

配网自动化的应用能够显著增强电能质量与供电的可靠性。通常来讲，给用户停止供电主要是由于设备的故障和线路检修，一般的配电网络由于其接线方式的限制，其防止故障的性能比较弱，因而要是出现故障就需要对整个线路停电，使其影响到线路未发生故障的区域。具有自动化能力的配电网能够精确控制故障隔离设备，进行精确的控制，从而在最短的时间内隔离故障，使没有故障的线路最快的恢复供电。

配网自动化的应用能够进一步扩展监控的范围，改变传统配网系统监控范围较窄的问题，能够使得工作人员对整个电网进行实时的监控，能够增强管理效率，快速地应对各种故障，实现高效率的管理方式。

案例 5-9

2018 年，某县开始实施配网自动化，使该县平均倒闸操作时间出现了较大幅度的减少，由从建设前的 27.8 分钟压缩至 4.2 分钟，其下降幅度达到了 86.5%；故障定位和故障隔离的时间也由建设前的 52 分钟、36 分钟分别减少到 6 分钟、2 分钟；非故障区域的供电恢复时间从建设之间的 49.6 分钟下降到 9.8 分钟，同比减少了 75.5%；用户的平均停电时间从建设前的 48 分钟下降到了 5 分钟，其下降幅度达到了 89.2%。该县配网自动化系统建成后，缺供电量平均每年下降大概 249 212kWh，按照平均每千瓦 0.45 的售价价格来计算，年平均增长收益为 112 145 元；按单位电量 GDP 按 22.23 元/kWh 计算，减少社会停电损失约 554 万元/年，能够满足县域供电公司的进一步发展要求。（上述案例来源于文献）

2. 智慧感知设备

5G 的发展为满足电力营配数据采集、信息处理提供了无限可能，通过专用通道进行数据传输能够实现智慧感知。以智慧感知设备为业务融合及边缘数据处理的载体，在面向对象通信协议体系下扩展配电设备采集标准，实现用电信息采集主站对智能配电设备及传感装置的数据采集；基于统一操作系统平台，开发动态协议库 App，支持配电设备在内的各类设备灵活接入。研发"一端多站"的终端运行模式，实现用电、配电主站系统对终端数据的共享采集；开发低压台区电能质量智能诊断、低延时性任务管理等边缘计算功能，支撑配网精益化管理和客户服务需求。

（1）智能终端实现按需发电。通过物联网技术应用，建设实时电力需求"感知中心"，即面向智能电网的传感器网络中枢，通过搜集家家户户的电表信息，可以计算出一定时间段内的生活用电动态需求量，再将这一信息及时反馈到发电企业，按需发电，在提升电网智能程度的同时，避免无效发电的成本浪费。

（2）促进分布式发电。在传统的输电线路和配用电设备加上传感器，再接入物联网，将给人们带来全新的用电体验。例如，未来家庭将普遍采用太阳能板自给供电，用不完的电可以通过"智能电网"进入公共电网，每个月还能收到电力公司付的"电费"。

（3）保证输电安全。采用物联网技术可以全面有效地对电力传输的整个系统，从电厂、大坝、变电站、高压输电线路直至用户终端进行智能化处理，基于标准通信规约的传感网络以坚强的智能电网为基础，以通信信息平台为支撑，以智能控制为手段，包含电力系统的发电、输电、变电、配电、用电和调度各个环节，可以实现所有物联数据无障碍汇集融合，实现设备状态全面感知、综合评价和趋势预测，构建坚强可靠、经济高效、清洁环保、透明开放、友好互动的现代电网。

（4）实现智能用电。通过在各种家用电器中嵌入智能采集模块和通信模块，可实现家电的智能化和网络化，完成对家电运行状态的监测、分析以及监控。智能交互终端是实现家庭智能用户服务的关键设备，其通过利用先进的信息通信技术，对家庭用电设备进行统一监控与管理，对电能质量、家庭用电信息等数据进行采集和分析，指导用户进行合理用电，调节电网峰谷负荷，实现电网与用户之间智能用电。

3. 微电网

随着科技及工业技术的不断发展，全球能源危机日渐严峻，传统燃料的短缺及其引起的环境污染问题也日益加剧。与此同时，以太阳能为主的可再生能源技术的不断提升及逐渐成熟，为解决能源危机提供了一条新的道路，许多国家都将目光投向以可再生能源为能量来源的分布式发电。

与传统的大型集中式发配电模式相比较，分布式发电技术具有的独立性可对区域电网的电能质量和性能进行实时控制，具有投资少、安装地点灵活、建设周期短、能源利用率高及环境污染小等优势。但是，可再生分布式能源的大规模应用及接入也给传统电网带来巨大的挑战及冲击，究其原因，分析如下：① 分布式可再生能源具有随机性和波动性，受其本身能源特性的影响比较明显，可控性相对较差。② 分布式可再生能源的接入改变了传统电网单向潮流的基本格局，格局的改变将影响电能质量及供电的可靠性。

综合以上分析，为减少分布式能源接入对大电网产生的不利影响，同时结合可再生能源的特点及优势充分利用能源，相关研究人员提出了一种更加灵活、智能，可靠性更高的系统——微电网。

微电网的出现能够改善分布式可再生能源随机性及接入可靠性低等问题，其主要优点如下：① 有利于提高配电网对分布式能源的接纳能力。② 可有效提高分布式可再生能源的利用率，并根据实际的应用需求，提供相应电能质量的服务。③ 可降低配电网损耗，优化配电网运行方式。④ 可在电网故障状态下保证关键负荷供电，提高供电的可靠性。⑤ 可用于解决偏远地区、荒漠或海岛的用电问题。

微电网融合了先进的信息技术、控制技术和电力技术，在提供可靠的电力供应，满足用户多种需求的同时，还能保证实现能源效益、经济效益和环境效益的最大化。与此同时，微电网可在常规电网中提供电网支撑、提高能效、节能降耗等功能，将成为智能电网建设中不可或缺的重要组成部分。

在当前的产业背景下，从中央到地方各级政府都出台了相关的补贴及扶持政策来促进我国的微电网发展。大力推广微电网技术，是走可持续发展道路的具体体现，也是对我国调整能源结构，解决边远地区用电问题，保护环境的有力支撑。

（三）配电资产信息化管理

近几年，在新能源大量并网、国内经济增长逐步趋于常态化、电力市场改革的深入以及社会对电能质量要求日益提高的背景下，电网企业资产数量快速增加、设备利用率逐步降低、投资资本趋于紧缩，国内电力企业为了确保在恶劣运营条件下的绩效目标，开始关注成本管控，提出精准投资理念，并初步建立了资产全寿命周期管理体系。然而，由于信息化、数字化水平不足，国内电力企业各业务部门数据管理系统的颗粒度存在差异，财务、运维等不同业务的信息难以互联和整合，无法实现资产的全过程、全方位管理。资产全生命周期信息化管理是提升电力企业资产资源管理控制价值的关键因素，推动资产信息化管理可以让电网资产真正实现信息共享和追溯，实现管理成本不断优化。

数字化和智能化是电力系统资产管理发展的大趋势，资产管理关键技术的开展愈发离不开数字化技术的支持。本章节研究了目前电网资产全寿命周期管理关键技术的发展和应用现状，包括状态评估、可靠性与风险评估及全寿命周期成本分析，从理论方法和应用现状两方面对关键技术进行综述；阐述了以信息技术、通信技术和大数据技术为代表的数字化技术的应用现状，并分析总结了未来数字化技术在电网资产管理中的应用发展趋势。

1. 电力系统可靠性与风险评估

电力系统可靠性评估通过统计分析向电力企业提供准确的可靠性数据，支持电力系统的规划、设计和运行，并改进可靠性标准。资产管理理念的提升促使电力企业逐步关注设备停运引发的系统后果。因此，世界范围内可靠性管理正在从设备可靠性管理向系统可靠性管理、从可靠性向风险方向发展。

近年来，我国电力企业在资产全寿命周期管理关键技术方面开展了有益的实践与探索，包括基于全寿命周期成本的电力设备的投资改造策略、检修维护策略、电网规划优化，以及电力系统经济性评估。国际大电网会议提出了设备状态分级标准，将电力系统设备状态根据状态量的发展及可能产生的后果分为正常、注意、异常和严重四个级别。在运维检修阶段，引入了设备的状态监测技术，能够实现设备状态的量化评价。

随着监测技术手段的发展，电网设备检修模式由传统的计划检修、故障检修向状态检修逐渐转变，设备的状态检测诊断技术是实现设备状态量化评价及可靠性评估的关键环节之一。与此同时，我国电网企业还将风险评估技术应用于规划、运维等阶段，在项目建设评估时计及了各类风险因素的影响，有利于及时发现电网建设运行过程中潜在风险，提高电力设备的利用率，从而改善电网资产管理的现状。人工智能技术的发展，为状态评估方法提供了新思路，即通过机器学习来分析设备状态与各种监测参数之间的相关性；随着状态评估方法的不断进步，评估对象也逐渐从单体设备延伸到电力系统的整体评价。

配电网络按结构可以分为架空线路和电缆线路。由于土地面积较大，主要是径向结构，大多是架空线路，可靠性低，特别是在农村地区，用户分散、供电距离太长、损耗大、电压质量差；配电设施相对较旧，而且大多不受远程控制；配电网络监控设备少，信息传输通道少、信息采集少、自动化程度低、处理时间长、恢复慢。近年来，部分地区发生电网事故，导致重要用户停电。对此，除了加强输电网建设外，加强配电网建设也是当务之急。我国近期的投资和建设的方向多是向集中智能处理方向发展，重点聚焦改善和建设具备自动化系统的配电网络，合理地增加变电站开闭站，改善配电网络，更换超期服役的变压器、开关柜、架空线路，提高配电自动化水平。

与发达国家相比，我国的配电网监测自动化水平落后很多年，近些年来通信技术的不断发展为配电网监测的自动化发展提供了有利条件。多种通信方式在远程终端通信中的应用，结合电力领域的实际情况和条件，综合技术经济和各种通信模式，实现了柔性网络，满足了数据采集和传输的实时性要求。同时，随着无线通信技术的飞速发展，无线传输网络能够满足网格数据信息的安全性和可扩展性。随着配电自动化的不断建设和发展，对配电终端的可靠性与技术要求越来越高；配电终端将进一步朝小型化、低功耗、模块化、高可靠、即插即用等方向发展。

案例 5-10

　　某市供电公司配电终端采用有线、无线和载波方式接入主站，主要以光纤为主（包括 EPO），以 EPON（以太无源光网络，即多点、无源光纤传输）网络为例，配电终端通过以太网通信接口与 ONU 设备的电以太网口相连，ONU 设备负责将电信号转换为光信号，通过 EPON 网络完成主站和终端的数据传输。配电自动化长期以配电调度监控应用为主，受限于覆盖率低，应用效果不显著，对配电网的可视化支撑不够，存在定位不准确、建设模式不合理、安全防护体系不完善、数据共享不充分问题。该市区配网自动化覆盖率较低，目前配网自动化仅有核心区内 82 条线路，仅为全市配电线路总量的 5.09%，较先进城市还有较大差距，配网自动化功效无法全面体现。（上述案例来源于文献）

在网架设备上绝大部分配电设备性能、参数落后，不具备安装配电终端条件，不适应自动化建设及改造需求，在配电自动化实施过程中，需要同时改造，投入较大。光纤网络基础差、通道资源少，数据业务接入能力有待完善，部分光纤环网设备不支持以太网业务，存在新建、改造投资巨大、敷设困难等问题。

配电自动化工程设备改造、通信网建设、终端安装等环节优化实施难度大，配电自动化水平有待进一步提升。图形完整率较低，配电主站人机界面待优化，配电自动化系统 FA 未能投入全自动处理，配电自动化、生产抢修指挥平台的推广应用对专业运维队伍整体业务素质提出更高要求。

主站需要具备以下主要功能：① 采集数据。主站负责采集、分析配电网各终端的数据量，采样间隔、采集范围和数据类型可根据不同的要求进行设置。需采集的数据如表 5-3 所示。② 主站层、子站层及监控终端之间的通信。通信功能是配电网各级自动监控系统之间连接的基本功能，是实现其他高级功能的先决条件。主站层和子站之间通过光纤通信进行数据传输，配网子站和监控终端（馈线监控终端 FTU、站内监控终端 DTU、变电站监控终端 TTU）通过无线通信、电力载波通信、光纤通信进行数据传输。③ 数据处理。将采集上来的基础数据进行分析和处理，如有功功率、无功功率、功率因数等电压和电流的计算，它能够根据需要实时判断电量和预处理，并具有基本的电气操作功能，如电量存储，可以记录实时电量。④ 终端遥控功能。主要包括远程控制和远程调节，远程控制是指开关可以实现远程组合控制，遥控端接收到主站或子站的命令后，可以完成开关的分闸、合闸，还有刀闸闭锁操作；远程调节是指对保护装置定值等的远程控制。⑤ 事件报警功能。当电压电流谐波异常、配变异常、低压报警、保护信号等发出报警弹窗时，可实现告警信息在线综合处理、显示与推理。应支持汇集和处理各类告警信息，对大量告警信息进行分类管理和综合/压缩，对不同需求形成不同的告警显示方案，利用形象直观的方式提供全面综合的告警提示。⑥ 系统数据交换。将外部模型导入系统调试，通过调度审核确认后，同步到生产控制大区的数据库服务器，再向管理信息大区数据库同步模型数据，同时将图模数据存入云平台，完成不同系统之间的通信，可调取多系统实时数据，获得设备实时情况；可以接口 PMS 图形系统。⑦ 系统维护功能。如远程参数、保护定值的设置或修改、当地参数、定值设置或修改、模拟量调试模拟、系统升级、权限管理等。

表 5 - 3　　　　　　　　采 集 数 据 表

数据名称	包含内容
实时数据	电流、电压、有功功率、无功功率、功率因数、频率等
统计量	电压过压和失压的累计时间，记录电压最大值、电压最小值、过电流累计时间、电流最大值、电流最小值和发生时刻
状态量	开关信号、终端状态信号、跳闸信号、异常信号、电池状态信号
历史数据	过去每十分钟的电流、电压、零序电压、零序电流、有功功率、无功功率、功率因数、有功电量、无功电量、频率等

2. 监控终端功能分析

在配电自动化系统中，自动化终端具有遥控数据采集和命令执行两大功能。遥控数据采集可以采集、转换、处理模拟信号和数字信号，并可以同时向主站传送，实现电流、电压的测量；控制指令的执行是指接收从配电网监控主站（子站）发出的指令，配合完成开关分合操作、集中式馈线自动化等。智能监控终端通信状态、数据采集以及安装范围，各区域终端情况概况，并显示整个监控系统的整体状态，显示实时配变异常情况，如重载过载、过电压、三相不平衡情况。实现终端在线情况分析、终端异常运行分析、区域监控分析、配变负载分布、运行状态分析、配电变运行报警、故障研判等生产运行维护管理功能。

利用自动化终端可以收集区域内配电终端信息，通过分析，基于图形拓扑关系、智能终端点位配置对线路故障进行综合研判，研判出故障原因和故障点，对设备的故障或者终端设备故障过程进行分类，提供相应的跳闸、失压等故障参考位置信息，为故障排除提供指导。诊断和分析终端设备的故障，给出故障区域隔离方案、转供方案，自动或人工完成故障的隔离和非故障区域的恢复供电。故障过程在处理后进入监控系统，实现闭环管理，实现过程完整性，为调度控制人员提供直观、全面、合理的辅助决策方案。实现故障的自动隔离，非故障区间的自动转带，极大地提升力配电网事故应急处置的能力及效率，大幅提升供电可靠性，实现了重大的经济价值和社会价值。

通过数字化建设能够实时查询终端运行情况、各区域终端运行情况统计、终端缺陷情况显示及分区域终端缺陷情况展示；可以实现各区域中的终端查找，查询相关参数，比较不同监控终端运行情况、通信情况；可以掌握每个子站、监测终端分布的状态信息；可以直观地对采集终端在线率、遥控使用率、遥控成功率、自动化覆盖率、FA 覆盖率进行统计分析，指导功能提升和系统建设。从配网自动化监控终端上传数据，可以在系统监控时间内根据设备厂家、设备类型、缺陷类型、事件处理程度主动按照区域进行缺陷查询，通过系统直接向责任单位推送故障处理信息，警告信息推送查询。智能采集终端对线路等异常运行工况感知后通过通信信道上传主站系统，同时终端对本体的运行工况进行采集判断后，上传主站。告警信息推送供调度控制人员使用，指导事故处理，所有告警信息会存于告警历史库中，可通过告警查询功能进行筛选调阅，进行事故后分析，可通过告警类型设置、时间弹窗设定、关键字选择等功能进行筛选。

智能配电网监控有效地缩短了故障排除和处理的时间，进一步提高了故障查找效率，改善现有配电网状况，进一步提高供电可靠率，提高经济效益和社会效益。在 GIS 技术支持下，完善图模信息，指导精准定位故障区域，停电可以分析到户。配电网自动化监控系统的建设只是配电网自动化的一部分，最终需要与远程智能电表、电压质量监控等功能集成，并与供电部门中的其他系统相结合，以构建适用于各种终端和通信信道的数据平台。

3. 电网资产全寿命周期成本分析技术

随着国家能源政策的推进、电动汽车和电采暖设备的增加、智能电网的建设、分布式电源接入，以及我国新型城镇化和新农村建设的加快推进，配电网的功能和形态正在发生显著变化，并对供电安全性、可靠性、适应性的要求日益提高。面对投资需求和投资能力的矛盾，强调规划和精准投资，开展配电网资产全寿命周期管理，以实现精准投资，提高企业投资效益是目前亟须解决的问题。

资产管理的绩效评估是资产全寿命周期管理的关键环节，由于各国电力企业投资主体和社会定位的差异，各国电网资产的绩效评价呈现出一定的差异性。在技术层面上，国外电力企业综合运用全寿命周期成本分析、状态评价、风险评估、寿命评估等关键技术，对规划设计、采购建设、运行维护和退役处置等资产管理各个阶段的策略进行优化，支撑资产全寿命管理绩效目标的实现。

对于国内电力企业而言，如何结合我国实际情况，尤其是超大城市在国家安全、节能环保、技术领先等方面的巨大投入需求，制定配电网资产全寿命周期绩效评价体系，不仅能反映企业资产管理的成果，同时能够体现各类投资与绩效输出的渗透关系，对于电力企业发现问题、总结经验，通过持续不断地量测、评估、纠正、提高，形成全寿命周期成本管理的长效机制，最终达到通过资产管理提高组织实现价值的能力，具有十分重要的现实意义。

4. 电网资产管理中数字化技术的应用

物联网在配电资产管理数字化转型过程中也大有可为。目前物联网的功能主要有三大类：智能化识别，即利用射频识别（RFID）和星状拓扑结构的WSN，实现对物体的智能身份识别；定位跟踪，基于 WSN 的定位跟踪技术，通过计算信标结点和目标结点的电磁波传输时间来实现跟踪定位；智能监控，集成多种传感器，通过自组无线网络实现数据采集和汇总，具有不依赖基础设施、组网灵活、免布线、免维护、低功耗等特点。

应用物联网技术构建固定资产智能化管理系统，通过技术升级实现对资产实物的高效、精准、智能、标准化盘点清查，大量降低人力、物力等资源投入；通过资产管理信息系统的应用，实现固定资产全寿命周期的在线管理；通过与ERP 等生产管理信息系统的集成，把后端资产价值管理与前端资产实物管理关联起来，为资产设备运维提供决策分析依据，提升企业资产的运行质量与管理效率。

资产智能化管理系统可以提高资产管理效率。依托物联网技术构建资产智能盘点系统，采用便捷、安全、准确的盘点新技术，可显著提高盘点、清查及巡检作业的效率和准确性，减少大量的重复性劳动。从线下管理到线上管理，再到远程移动端管理，减少中间环节可能发生的人为工作失误、错误或漏洞。系统的运行也可延伸现有资产管理系统的使用价值，通过与其他业务系统的信息集成，保证各业务系统资产设备信息数据的联动，打破跨部门的信息孤岛与各自为政的管理弊端，有效改善了信息数据更新、设备资产配置、运检维修、资产核算等相关工作的及时性、准确性和工作效率。

资产智能化管理系统融合业务管理流程，提升资产管理水平。资产智能化管理系统可强化跨业务单位、跨业务部门之间的管理沟通和业务协同，在资产设备高效智能化清查盘点的基础上实现信息共享，理顺资产新增、转移、报废等业务先系统内变更、再实际实施的业务关系，保证业财主数据统一标准，解决生产运行与财务资产管理流程脱节、资产管理前清后乱等难题。通过加强业财融合、过程管控，保持资产物质形态和价值形态的统一管理，实现账、卡、物的动态一致性管理，有效提升电网企业资产精益化管理水平。

电网资产管理中数字化技术的应用为真实准确的"资产—设备"对应、统一管理提供了有力支撑，把资产管理的控制点前移到业务端，从而构建资产全寿命周期管理的平台。各业务部门能够借助智能化管理系统实时查询、动态掌握资产当前状态信息，根据需要对资产信息数据进行挖掘分析，指导企业的资源调配、项目投资决策、资产预算管理、生产运维决策等各项工作。

四、数字电网

能源行业关系国家安全和国民经济命脉，是确保经济社会持续健康发展的重要基础性产业。党的十八大以来，习近平总书记高度重视我国能源产业发展，多次发表重要讲话，作出重要论述，为能源产业的改革发展指明了目标方向，提供了根本遵循。2014 年，习近平总书记在中央财经领导小组会议上提出，能源消费、能源供给、能源技术、能源体制革命和国际合作"四个革命，一个合作"的战略思想。习近平总书记在党的十九大强调，要推进能源生产和消费革命，构建清洁低碳，安全高效的能源体系，要推进互联网、大数据、人工智能同实体经济深度融合，建立"数字中国、智慧社会"。

深入贯彻习近平总书记重要讲话，对于促进智慧能源全产业链技术创新，全面提升我国智慧能源产业发展水平和国际竞争能力，推进能源领域供给侧结构性改革，推动能源变革和能源综合利用，构建清洁、低碳、安全、高效的国家能源体系，保障国家能源安全等具有重要的意义。

当前，能源革命和数字革命在加快演进、融合发展，世界各国都开始抢占新一轮全球能源变革和经济科技竞争的制高点，世界能源生产供应及利益格局正在发生深刻的调整和变化。采用数字化技术应对全球能源挑战并引领能源发展已成为国际共识，美国、日本等国在其能源战略中都提出了智慧能源解决方案并在加速推进，国际能源企业也在不断通过推进智慧能源建设实现转型升级。从长远看，智慧能源将超越技术范畴，成为一种具有超强融合能力的产业生态，可能会颠覆传统能源行业的产业结构、市场环境、商业模式、技术体系及管理机制。

全面推进能源革命，不再是简单地增加供给、提供利用效率，而是需要全面革命，用全新的思维和创新的形式建立一套全新能源流动体系，建成一个基础设施智能化、生产消费互动化、信息流动充分化的创新平台。智慧能源作为能源革命的重要组成部分，是推动能源革命的战略性抓手。

未来是"数字化+新能源"时代，要为可再生能源的消纳、新型智能配网

（适应电源基地集约开发和新能源、分布式能源、储能、交互式用能设施等大规模并网接入，多"源"和多类型用户协调发展）、综合能源利用等；为大电网（智能电网）和微电网（智能配网）协调发展和运行等；为引领能源清洁低碳转型（多能协同、综合能源、电能替代等）等；为供应端（多源协同、替代化石能源等）和消费段（发供用协同、电能替代等）协同发展等；为用户电、气、冷、热等不同品质能量综合利用等；为分布式清洁绿色电源就近分散化生产、市场化消费等；为新一代电网分区就近平衡、逐级平衡等，提供系统性解决方案，带动整个行业上台阶，实现新能源工业生态体系。

案例 5-11

中国电建华中院在郑州地区"龙子湖智慧岛"和±800 千伏中州换流站设计搭建"5G 电力无线虚拟专网"，接入配电自动化、用电信息采集、视频监控等传统业务以及 5G 单兵巡检、无人机巡视、人工智能视频监控、机器人巡视等新兴业务。在中州换流站，国内首次利用 5G 网络对特高压换流站进行年度检修"体检"。

（一）建立"能源互联网"实现全息"感知"

能源互联网就是在冷、热、电、气的物理实体上，通过信息物理融合和市场机制设计，追求突破物理层、信息层和价值层藩篱的深度交互，实现"能量流、信息流和价值流的高度融合"；通过协同设计、统一规划和集成优化，追求打破"源–网–荷"各环节条块分割的壁垒，实现"源–网–荷的协同优化"，最终建立能源与信息高度融合与全局优化的新型能源生态。

能源互联网已成为当今世界能源变革与发展的必然趋势，是实现人类社会可持续发展、保障能源的安全高效供应的必由之路。目前，大规模开发利用太阳能、风能等可再生能源已经成为国际社会的普遍共识。到 2030 年，中国单位国内生产总值二氧化碳排放将比 2005 年下降 65%以上，非化石能源占一次能源消费比重将达到 25%左右，森林蓄积量将比 2005 年增加 60 亿 m^3，风电、太阳能发电总装机容量将达到 12 亿 kW 以上。可再生能源的大规模接入给现有电网的运行模式带来了重大挑战，对电网的可靠性、电能质量和经济性产生了深远影响。

在用户侧，电动汽车、储能装置等新型负荷将大量接入电网。大量具有强时空随机性的电动汽车的无序充放电将给电网运行带来了更多的不确定性。

案例 5-12

物联网+GIS 智能充电桩项目实现了实时监控全湖北省充电桩车联网平台充电、报修及调度工作，产品辐射高速公路、医院、图书馆、新住配小区等多个领域。推行现代化的"7S"精益管理模式，主打产品包括交流充电桩、直流充电桩、移动便携式充电桩以及车载充电桩等。（上述案例来源于网络）

现有电力系统运行的基本原则之一是根据负荷变化来调节常规电源出力，保持两者动态平衡。电力系统调节能力必须大于负荷的变化是系统平稳运行的一个基本条件。当可再生能源、不稳定负荷高比例接入电网后，增加了系统调节的压力，常规电源不仅要跟踪负荷的随机变化，还需要平抑可再生能源的出力波动。当可再生能源出力超过系统调节阈值时，必须限制其出力以保证系统的动态平衡，维持电网的稳定性，这是导致弃风、弃光的成因。

在能源互联网背景下，保证大规模可再生能源的充分接入、满足用户各类负荷的按需使用、保证电网整体的安全稳定，同时满足电网运行的经济性要求，是现代电力系统的发展趋势。

遵循信息互联网原则，能源互联网可以若干个能源子网，如石油网、天然气网、煤炭网、太阳能发电网、风能发电网络、水能发电网络，热能发电网络等，所有的能源网络可以独自以自己的能源形式在各自的资源网络中实现能源传输与共享，但要实现不同能源网络的互联互通，必须遵循互联互通原则，即统一的能源表现形式和统一的地址空间。电力是所有一次能源可以转化的能源形式，因此从广域范围内能源网络互联的角度来看，电能是能源互联网必然的能源表现形式，采用电网实现异构能源网的互联互通是能源互联网建设和发展的必由之路。

案例 5-13

作为中国电建西北院自主投资、自行设计的太阳能热发电示范项目的数字化工程，青海共和 500MW 光热发电数字化移交平台以全信息三维数字化模型为载体，构建光热项目全生命周期管理新模式，有效形成"数字双胞胎"。与此同时，西北院开展智慧能源综合管控平台的深入研究，该研究将综合应用 BIM、人工智能、机器学习、数据挖掘等技术，构建涵盖光热电站设备管理、检修管理、巡检管理、资产管理、安全管理、镜场效率优化、系统控制优化的光热电站智慧运维平台及智慧运维解决方案，实现光热发电项目的数字化建造及智慧化运维。

能源互联网的基本目标是以电能为能源表示形式，将电网作为传输平台，面向广域范围实现包括可再生能源、新能源以及传统化石能源在内的各种能源的充分接入和安全利用。这需要信息技术的融合支撑，依赖电力与信息的二元融合网络技术才能够实现。能源互联网具有以下特点：① 能源互联网以可再生能源充分利用为目标；② 能源互联网以电能为能源的统一表现形式与传输方式；③ 能源互联网由发电资源子网、用电资源子网及电能传输网构成；④ 能源互联网采用发电与用电双向互动的调控策略。

能源互联网的重要价值在于如风能、水能、光能等能源通过转化为电能接入能源互联网，实现能源的互联互通，能源互联网在形式上采用的是互联网式的能源交互模式，其能源调度控制方式采用基于分布式网络控制系统等。能源互联形式下的电网运行将突破发电跟踪负荷的运行模式，传统的产、供、销单向传输链条向多元素互联转变，形成新的网络运行模式，这要求电力数字化发展中的电力流和信息流必须同步传输，需要依靠信息技术的融合支撑才能实现。

（二）建立"数字能源"与"智慧能源"

2016年2月，由国家发展改革委、国家能源局、工业和信息化部联合印发《关于推进"互联网+"智慧能源发展的指导意见》（发改能源〔2016〕392号），其中指出在全球新一轮科技革命和产业变革中，需要加强互联网理念、先进信息技术与能源产业的深度融合，推动能源互联网新技术、新模式和新业态进一步发展，为我国能源产业的发展指明了方向。

2020年10月，党的十九届五中全会强调，"十四五"期间应加快推进能源革命和能源数字化发展，推动实现能源资源配置更加合理、能源利用效率大幅提高、主要污染物排放总量持续减少的目标。深化现代信息技术与能源电力领域的融合，推动能源电力行业的智慧化转型将为我国能源革命纵深推进与行稳致远保驾护航。

数字能源是物联网 IoT 技术与能源产业的深度融合，通过能源设施的物联接入，并依托大数据及人工智能，打通物理世界与数字世界，信息流与能量流互动，实现能源品类的跨越和边界的突破，放大设施效用，品类协同优化，是支撑现代能源体系建设的有效方式。

建立相互分工又逻辑集中的数字能源大数据体系，一切行为可以量化。可以实现能源的生产和管理等基本全面信息化，规范管理各个环节的行为。建立逻辑集中的分工合作、共享共用的能源大数据体系。保证各级人员能够灵活应用各类数据的存储、备份等数据化基础设施体系，招之能来，来之能用，放之能回，回能复原；建立能源工业云服务平台，整合共享能源企业 IT 资源（数据中心、网络、安全边界等），充分利用能源行业各家 IT 资源，实现任何时间、任何地点、任何人、任何物之间的互联互通、共享共用。建立可视化的时空大数据表达平台。

智慧能源至今仍未形成广受认可的一个权威定义。目前国内比较系统、全面的阐释见于刘建平等的新书《智慧能源——我们这一万年》，作者认为：为适应文明演进的新趋势和新要求，人类必须从根本上解决文明前行的动力困扰，实现能源的安全、稳定、清洁和永续利用。智慧能源就是充分开发人类的智力和能力，通过不断技术创新和制度变革，在能源开发利用、生产消费的全过程和各环节融汇人类独有的智慧，建立和完善符合生态文明和可持续发展要求的能源技术和能源制度体系，从而呈现出的一种全新能源形式。简而言之，智慧能源就是指拥有自组织、自检查、自平衡、自优化等人类大脑功能，满足系统、安全、清洁和经济要求的能源形式。

当今世界能源领域在消费、供给、技术、体制等各方面都发生深刻变化。以信息技术与能源技术融合为主要标志，以高效化、清洁化、低碳化、智能化为主要特征的能源革命，已经成为全球能源发展的方向和潮流。智慧能源作为能源革命的重要组成部分，是推动能源革命的战略性抓手。智慧能源可以打破不同类型能源之间的界限，催生跨领域的能源系统规划、控制、运行等技术，提供相关电子交易、配套金融、产业孵化等衍生服务，带动能源大数据、区块链等一批信息技术的发展和应用，为能源技术开辟新的研究方向，从而推动和支撑能源技术革命。

在国内外环保影响下，我国面临"碳达峰、碳中和"的目标压力；同时随着智能制造、云计算、大数据等先进技术的发展，企业通过更加数据化、可视化、智能化的能源管理体系整合内外部资源，提高管理精准度，进而实现降本增效。

"十四五"期间，推进能源革命，打造智慧能源系统已经成为电力行业的核心工作。推动数字经济与能源电力产业深度融合，进一步释放电力大数据价值，对于保障国家能源安全、加快行业智能化升级，助力行业高质量发展具有重要意义。

智慧能源以现代信息技术为核心工具，借助区块链技术、大数据技术、云平台技术等新兴信息技术构建能源发展的智慧环境，形成能源发展的新模式和新范式，进而为促进新能源消纳、构建安全高效电力市场、提升电力系统能效等问题提供全新解决方案。

1. 基于区块链技术的智慧能源

区块链技术的应用可为智慧能源发展过程中的数据安全、多主体协同、信息融通等问题提供全新的技术解决方案，也可为我国弃风弃光现象的缓解、综合能源服务的发展及电力市场智能化交易体系的构建提供全新可能。

支撑高比例新能源消纳缓解弃风弃光。依托区块链技术去中心化、信息共享、信息可追溯等特点，一方面可简化新能源电力交易流程，降低分布式新能源电力交易成本，有效支撑多元主体间点对点、实时、自主微平衡交易；另一方面区块链技术分布式记账技术可为能源产品、能源金融等产品交易市场提供可信保障，助力绿色能源认证、绿色证书交易等新型商业模式发展，促进能源电力领域的市场主体创新能源生产与服务模式，支撑高比例新能源高效消纳。

发展综合能源服务。依托区块链技术"多链"技术特性，可实现电力网络、石油网络、天然气网络等异质能系统中的多元主体及其设备广泛互联，在构建形成横向多能互补、纵向源－网－荷－储协调、能源信息高度融合的综合能源系统的基础上，推动实现综合能源系统多元主体间可信互联、信息公开与协同自治，进而显著提升综合能源服务的可追溯性和安全性。

助力电力市场智能化交易体系构建。利用区块链技术的信息共享、记录不可逆和不可篡改等特性，可为电力市场中相关主体间各类信息的自主交互和充分共享提供支撑，在保障电力市场信息透明、及时的同时，可辅助各交易主体实现分散化决策，提升用户参与电力市场的便捷性和可操作性，加速推动电力市场中合同形成、合同执行、核算结算等环节的智能化转型。此外，依托区块链技术参与者匿名、信息可追溯的技术特性还可有效规范电力市场监管过程，促进电力市场的监管水平提升，保障市场交易的公平性与安全性。

2. 基于大数据技术的智慧能源

能源大数据具有规模大、类型多、速度快、价值密度有限等特点。大数据技术是以海量数据集合为研究对象的一项综合技术，是传感技术、信息通信技术、计算机技术、数据分析技术与专业领域技术的综合，也是传统数据挖掘、数据分析技术的继承和发展。

大数据技术的应用可实现对能源生产到消费的全链条感知与分析，可为能源系统安全稳定运行、消费端能效提升、源－网－荷－储协同提供重要支持。

系统安全稳定运行。利用大数据技术针对能源电力系统中的数据进行采集、传输、存储、融合操作，可有效整合能源电力系统中多元异构数据，构建能源电力系统数字孪生模型，进一步提升对新能源出力、能源网络潮流分布、用户用能行为的感知与预测能力，为电热冷等异质能调度、交易及综合需求响应实施等提供重要决策辅助，保障异质能系统的安全、稳定与高效运行。

消费端能效提升。依托大数据技术挖掘用户用能行为与能源价格、天气、时间等因素间所隐含的关联关系，通过构建用户用能种类、用能时间、用能强度及用能弹性等模型，实现对多元能源用户的精准画像，为能源消费端的能源消费优化方案制定、能源消费服务定制及用户侧资源发掘提供理论指导，推动能源消费侧用能成本降低、实现用能综合化效率提升。

源－网－荷－储协同。依托大数据技术对能源电力系统中积累的海量数据进行分析，可精准洞悉源－网－荷－储间能源流、业务流、信息流的流向与交互模式，揭示系统中多元主体间的"三流"交互机理，进而有效推动源－网－荷－储协调优化，提升异质能网络的可靠性与经济性，支撑能源电力系统安全稳定运行。

3. 基于云平台技术的智慧能源

云平台是依托存储、交换以及虚拟化组件，通过关联各类数据、整合多种计算资源形成的逻辑统一的数据中心。云平台具有虚拟化、高可靠性、高通用性、高可扩展性、高速、灵活性等特征；与传统的服务器相比，云平台将物理资源虚拟化为虚拟机资源池，可通过灵活调用软硬件资源为用户提供各类服务。

云平台以客户需求为向导，通过向用户提供基础设施即服务（IaaS）、平台即服务（PaaS）、软件即服务（SaaS）三大类服务，可助力实现用能服务精细化和终端设备监控智能化。

用能服务精细化管理。云平台利用其虚拟化资源管理技术实现对用户身份、用能信息等各类数据信息统筹储存与管理，并将数据信息抽象化关联形成跨应用、跨部门、跨系统的信息协同共享资源，构建具备管理动态化、数据可视化等特征的智慧能源管理系统，为用户提供实时在线的能源消费服务，在对用户开展能效诊断、能效薄弱环节识别的基础上，定制相应的节能技改、能源合同管理等服务方案，实现基于能源大数据的能源服务精细化管理。

终端智能化监控。依托云平台开放包容的技术特点，推动多元主体及设备的广泛接入，打破实体结构间的技术壁垒与体制壁垒，在此基础上，以数据驱动构建的特征库、模型库及算法库为依据，围绕"两高三低"目标，即能源系统终端用能效率提高、供能可靠性提高以及用户用能成本降低、碳排放降低和其他污染物排放降低，对各类终端实现状态监测与遥控、遥调，推动能源电力系统的多目标动态优化。

（三）建立能源行业"超强大脑"

能源行业关系国家安全和国民经济命脉，是确保经济社会持续健康发展的重要基础性产业。能源安全事关国家安全，电力安全首当其冲，一切改革的前提首要条件是确保能源安全。能源安全靠市场是解决不了，必须靠投入；能源效率靠管控很难解决，必须靠市场倒逼。如何解决安全与效率的关系与平衡需要智慧。

在"信息化企业、数字化电网"背景下，基于国家能源安全约束的能源改革应该有新的路径可供选择，在超大电网的实时安全要求和交易公平之间做出新的方式。例如，应用新一代信息技术，建设综合能源控制平台。为实现多种能源的生产、输配、转换、存储、利用等环节进行协调控制，实现综合能源系统的运行优化、管理协同、供需互动和优势互补，提升能量利用效率和可再生能源消纳比例，实现能源的安全、经济、清洁、高效供应提供平台支撑。

建设大数据中心。对内定位是信息中心，为企业提供运营情况分析和设备运维情况分析，提供同行企业的对比分析；对外定位是情报中心，提供信息情报增值服务；总体定位是提供粮草情报子弹的重要支撑单位。

建设能源数据中心，创新业务模式。开放能源数据对外服务，联合政府、企事业单位、能源行业上下游等探索建设数字能源生态，共同探索区块链、智能合约等新技术在电力行业综合能源、生产运营以及电力金融等领域的场景应用。

建立基于云的能源工业互联网大数据操作系统。建立分级、分层、分类、分阶段的数据分析应用体系，开放共享，建立"能源数据库""能源行业知识库""国家能源智库"，把更全面的数据归拢到平台，用更全面的数据提供服务。

建立能源工业人工智能建模及共享平台。经验沉淀模型，平台共享知识，多方参与、合作共赢，实现日常数据备份、特征数据共享、分析模型共建，电源、电网、负荷、储能等一体化分析，带动行业协同化快速发展。

应用各种智能机器人。能够按照思想、要求，快速反馈信息，调整行为。

建设业务中心，面向多类型用户。建设面向能源生产商、能源服务商、能源销售商、能源用户的业务管理模块，支持各自业务进程跟进。对内外部用户信息，建立潜在客户资源池，支持客户营销进程跟进，通过多维度客户画像进行针对性营销。

搭建服务平台。以客户业务应用场景为基础，设计模块化平台产品，开展用户的基础信息、能源消费信息和实时用能信息的收集分析，优化能源供给运行策略，为用户提供智能调控、需求响应、价格预测、能源数据挖掘等多种形态的平台服务，促进能源领域跨行业的信息共享与业务交融。加强与龙头 IT 企业合作，向政府机构和能源服务商开放，满足政府能效监管及服务商的专业数据需求，开展与工商业产业链的资源汇聚，加强与工业互联网的融合，构建有竞争力的业务模式和生态圈。

通过构建诸多"以电为核心"的互联网一体化平台支撑能源改革，最终构建"能源互联网超强大脑"，打造智慧能源生态圈。

案例 5-14

华电上海公司华云网（一期）项目推动综合能源服务生态圈建设，构建面向用户的全方位、一站式多能供应服务生态体系，实现能源监管服务、能效管理、节能服务、能源交易服务、一站式服务、设备资产运维服务、政府服务等功能。

建立连接各类服务商和终端用户的信息共享平台，为供需双方提供交易撮合类服务。一方面，采取"S2b2c"生态运作模式，通过华云网（S），集合并赋能各类服务商及服务平台（b），共同服务于终端用户（c），将用户的需求和用能状态连接反馈给平台（S），构成闭环，形成以平台为基础设施和底层规则的生态系统。另一方面，广泛连接集成各类服务商、用户、政府及行业相关方数据，建立共享标准并对外开放，提供定制数据产品服务；挖掘用户潜在需求，智能推送信息，匹配供需、撮合交易、促成合作，降低交易成本。

目前平台已接入 186 家用户，平台通过多能源点和光伏等灵活资源的接入，实现"源-网-荷"的协同发展，提高能源的安全保障水平和提高可再生能源利用水平。

平台初步构建能源服务生态，接入华电商城、上海燃机服务平台以及提供生态伙伴产品及服务能力介绍，为合作伙伴搭平台，推动区域能源资源的高效配置和科学用能。平台建设用户侧、管理侧完整能源交易流程，满足客户需求申报、报价磋商、交易查询、个性化服务以及问题反馈等，并能根据不同类型的用户推送不同网上营业厅界面与内容。

项目建成后，可为用户降低用能成本、提高能源利用率，增加企业的能源灵活性，优化能源结构，实现效益的增长，具有很好的实际应用价值。同时可为华电上海公司带来以下收益：统一的管理手段，使用该平台可为上海公司多个下属单位提供统一的业务管理平台，在数据共享的基础上实现统一调度、统一管理，有效降低运营成本，同时避免了重复投资建设，通过精细化管理实现企业运营效率提升 10%～20%，节约人工成本 20%。预计系统应用推广后，可增加约 1%～3%能源销售量，并使各个电源充分发挥其自身的能源能力，预计每年可增加售热收入 340 万、售冷收入 235 万。此外，通过平台合作商入驻、提供增值服务等手段提升盈利能力。项目建设内容推广应用后，能够为中国华电各区域公司参与市场竞争提供决策依据，提高营销手段，辅助扩大市场份额。

第六章　产业链数字化

数字化技术的发展对电力产业链的影响，从电力基建期开始，贯穿于勘测、设计、施工、运营全过程。利用数字化技术，通过规范化建模、全要素感知、网络化分享、可视化认知、高性能计算以及智能化决策支持，实现数字链驱动下的电力工程项目立项策划、勘测设计、施工、运营服务的一体化协同，进而促进产业价值链提升和产业变革，最终为用户提供以人为本、绿色可持续的智能化产品与服务，这是电力产业链数字化的目标。

第一节　电力勘测数字化

电力工程勘测是电力工程建设中一项重要的内容，是指为满足工程建设的规划、设计、施工、运营及综合治理等方面的需要，对地形、地质及水文等情况进行测绘、勘探测试。电力工程勘测的服务对象一般分为：厂站工程测量、输电工程测量及施工工程测量等内容。电力工程测量既具有一般工程测量作业特点，又具有其独特的行业特点。

在厂站工程测量中，虽然一般厂区的建设面积不大，但是其附属设施众多，如电厂有除灰管线系统、取排水系统、输变电系统、铁路运输系统等等；而所有这些系统都不是独立的，都和外界有着千丝万缕的联系。厂站工程测量对内部精度要求比较高，尤其要考虑到设备安装时施工放样测量的要求。

在输送线路工程中，纵向跨度大，长达数百公里，横向跨度小，虽然内部高程精度要求不是很高，但要求与国家高程系统基本保持一致，以保证与其他勘测设计专业提供的特殊点的高程保持一致，如洪水位高程、重要跨越点高程等。高压输电线路是电力系统的动脉，担负着输送电力从发电站到负荷中心的任务。一条完整的高压输电线路勘测设计一般分为：初步可行性研究、可行性研究、初步设计（初勘）、施工图设计（终勘）、施工运营等阶段，测量的主要工作集中在初设和施工图及施工运营阶段。初设阶段的任务是选择一条技术先进、安全可靠、经济合理的路径方案。采用搜集拟选路径范围内的小比例尺地形图，平面及高程控制资料，搜集有关的卫星影像，配合设计人员进行室内选线，初步确定线路路径，然后进行实地调查，对线路影响较大的规划区、协议区、重要交叉跨越及地质、水文、气象条件复杂的地段重点踏勘，弄清线路所经地段的各种障碍物及不良的地形，现场踏勘弱电线路影响的相对位置地段，对路径作出调整，尽量避开它们，最后确定适合路径的原则性方案。施工图阶段的任务是把已选好的路径和杆塔位置用仪器落实到实地。配合设计、施工、运行人员，结合地质、水文气象资料，对初设确定的原则性方案在计算机上进行多方案比较论证，必要时制作沿线的三维实景漫游，选择出一条最优化的路径方案。然后，采用航测的方法，在全数字摄影测量系统上，测绘平断面图，室内优化杆塔排位，现场准确放样路径和杆塔位置。

在施工控制测量中，一般是在较小局部区域内建立的施工控制网，是整个厂区建设的基准要求，既应用于整个施工过程中放样依据，又要作为后期主厂房及烟囱的变形检测基准，因此对控制网位的稳定性要求较高。

可见，电力勘测是十分复杂的工作，勘测数据的质量对于电力工程全产业链都有着重要的影响。勘测工作需要技术人员对工程建设的地点进行多次勘察，进行深入分析，反复研究才能够保证勘察数据的真实性和有效性，才能为设计和施工工作提供可靠地信息。为了能够更好地促进电力工程建设的发展，提高勘测设计基础工作的工作效率与质量，多种数字化技术被应用于电力勘测过程中，电力勘测逐渐走向了现代化、信息化、数字化，大大推动了电力工程建设的发展。

一、"3S" 技术集成在电力线路工程勘测设计中的作用

"3S" 是全球定位系统（GPS）、遥感（RS）和地理信息系统（GIS）的简称。GPS 技术涉及航天、卫星、现代通信等新技术，多应用在交通、石油、地质、测绘、环境等领域；RS 技术是通过人造卫星上的遥测设备实现了远距、非接触探测功能，其利用物体自身所特有的电磁波信息（电磁场、地震波等）进行探测，可实施感应遥测和资源管理等探测监控分析。一个完整的遥感系统包括信息源（探测目标自身所反射、吸收、透射及辐射电磁波）、信息感知（利用遥感探测装置获取目标电磁波）、信息处理（通过光学理论、计算机技术对遥测数据进行校正处理和解译呈现）、信息应用（将遥感信息与应用领域相结合形成个性化信息挖掘、信息可视化等）。RS 技术具有观测面积广阔、数据时效性强、数据信息量全面、受限因素少等特点，因此经常应用于应急灾害监测、农业态势监测、环境污染监管、电力勘测设计等领域。从地理信息数据获取方法角度而言，GPS 关注地理位置数据，而 RS 获得的是地理本身特征数据。

GIS 数据来源包括 GPS 数据和 RS 数据，涉及计算机、空间技术、现代

地理和测绘以及管理等领域，综合了地理空间数据库技术、计算机网络技术、地理空间数据和其他各种数据的存储、管理、处理、分析和传输的技术，构建了信息决策系统，GIS 技术多应用于市政工程、移动通信、规划管理、交通调度等。GPS 数据和 RS 数据蕴含着巨大的信息量和分析价值，结合电力勘测设计需求对数据信息的充分挖掘和科学融合是 GIS 技术应用的难点及价值所在。

传统的电力线路规划、路径选取的工作流程是：室内地图路径选取—设计人员现场踏勘—室内路径修改—输出线路路径详细方案。采用传统的测量手段，野外劳动量大，作业效率低，设计工期长，不利于优化设计。

利用 RS 技术，能快速、准确地获取实地状况。① 能获取基础地理信息资料，如地形、地貌、河流湖泊、城镇乡村、铁路公路等地理信息，这些资料多通过对最新的高精度卫星照片或者航空照片进行处理获得；② 能获取有关地质灾害信息，如泥石流、滑坡、洪涝等灾害信息，这些信息的获取需要将多期遥感资料、实地调研、文献资料等相结合；③ 能获取有关定线定位信息，如遥感地面控制点、变形监测点、邻近已有电力线路走向及杆塔位置、电力厂站位置、规划区、军事区、采矿区位置等信息。通过 GPS 可以快速、精确地获取相关的定位信息。综合 RS 数据和 GPS 数据，形成基础 GIS 数据库，再与已有电力线路数据以及其他相关数据集合，即建成电力线路信息平台。在电力线路信息平台上可清楚地看清影响设计的各种地理因素和相邻的现有电力线路，如地形地貌、城镇村庄、电力线路的交叉跨越等，综合考虑各种因素，结合经济技术指标进行规划、路径选取，并进行多方案优化设计。

利用 RS 技术、GPS 技术进行数据采集，建立 GIS 数据库，通过建立集成应用软件平台，根据所获得的地理信息数据和已有电力设施的实际情况进行电力线路的规划、路径选择以及电力线路杆塔位的预排杆等。综合利用这些信息可有效地规避电力线路的地质灾害风险，避开城镇、规划区、军事区、采矿区等影响区域，使设计的电力线路更符合实际情况，减少房屋拆迁，缩短线路长度，降低工程建设成本。

在 220kV 及以下线路工程中应用"3S"技术，改变在地图上进行电力线路规划，再采用工程测量的方法进行定位、定线测量的勘测设计模式，可更好地进行优化设计。在 500kV 以上线路工程中可以替代航空摄影测量与工程测量相结合进行勘测的方法，可节省勘测设计成本，缩短工期。将"3S"技术应用到电力线路工程实现勘测设计一体化，最终生成初步的平断面图并对杆塔位进行预排杆，可有效地减少返工，缩短工期，节省投资，可带来巨大的社会经济效益。

二、无人机技术应用于电力工程勘测

无人机（UAV）是一种由动力驱动、机上无人驾驶、依靠空气提供升力、可重复使用航空器的简称。无人机早期主要用于辅助航空设计。随着我国社会经济迅猛发展，对电力系统运行的稳定性和安全性要求大幅提高，多种类测绘无人机应用于我国电力系统中，如垂直起降固定翼无人机、多旋翼无人机、固定翼无人机等，此类测绘无人机产品可以有效提高线路检查工作的质量和提高线路检测工作的效率。测绘无人机具有高效灵活、快速响应、低成本等特点，在电力的前期勘测、输电线路规划设计、施工建设及后期运营维护、巡检等方面具有广泛的应用。

无人机倾斜摄影测量作为一项新的测量技术悄然改变了传统 GPS 测量以及传统航测只能单一从垂直方向进行拍摄的限制。多平台多角度快速采集海量数据，真实反映地物地貌，满足人们对三维模型信息探索应用的需要，极大推进电力勘测技术的发展。无人机倾斜摄影测量技术的使用需要经过前期准备工作、中期现场作业和后期数据处理三个阶段。前期，收集资料初步了解测区地形、交通、水系、建筑等情况，踏勘详细了解现场情况，选择合适的时间以及无人机起降位置。依据项目需求与现场情况，进行航带规划与测区范围规划，编制技术方案。中期，结合踏勘成果与具体测区规划，合理均匀布设相控点。将检查完毕的飞行器搬至起飞点，组装，依据航线开始飞行任务，不同架次之间选择合适的转场点缩短途中时间。后期，利用后处理软件差分解算影像坐标，并对影像实施畸变纠正；通过采取少量地面点，利用平差方程解算出摄影测量过程所需的全部待定点或加密点及每张相片的外方位元素。在电力勘测过程中，无人机倾斜摄影测量快速高效的作业模式极大提高数据的获取方式，降低劳动强度和作业成本。

案例 6-1

中国电建湖北省电力勘测设计院在广水市 100MW 风光一体化并网发电项目中，考虑到风电场山地地形复杂且覆盖面积大的特点，为了准确高效地收集地形地貌数据，使用小型无人机勘测摄影及相片实景建模技术生成实景模型。小型四翼无人机实地航飞拍摄相片可以看到人力不便到达的地方，大大节约人力和时间。现场勘测工作结束后，利用倾斜摄影技术计算航拍相片，生成三维实景模型，有效反映地形地貌的现状。

很多电力线路工程路径往往沿着人迹罕至的高山密林地区布设，尽可能减少对人居环境的影响，同时避免因为征迁引起的工程造价、时间成本的巨幅上升，这就造成了工程地形条件复杂、勘测设计难度大等现实困境。如果采用以往输电线路勘测作业方式，需要大面积砍伐路径通道，不符合环保高效的要求。同时，由于非航测的作业方式，路径方案需要在获得现场测量数据之后才能确定，造成现场劳动强度大、效率低，而定下的路径方案缺乏全局观和整体性，往往会随着线路往前推进，新出现的种种障碍因素对前面已选定的方案造成颠覆性的影响，最终造成重复工作量巨大、效率难以提升、工期滞后。采用航测手段辅助电力线路工程勘测设计可有效解决上述问题。

三、机载激光雷达技术应用于电力工程测绘

激光雷达是一种环境感知传感器，是雷达技术与激光技术的结合。由于激光本身具有单色性好、亮度高、分辨率高、灵敏度高等良好特性，这使得以激光为载波的激光雷达具有距离分辨率高、速度分辨率高、抗干扰能力强、体积小且不受无线电波干扰等环境感知优势。激光雷达技术借助激光在接触物体时会出现反射的特性，利用回波来对物体之间的距离、位置、方向等进行测量，同时还可以辨别出需要定位的目标，而不至于对被测物体造成伤害或者妨碍。机载激光雷达集成了 GPS 定位系统、IMU 高精度光纤以及激光扫描仪，是具有极高精准度的探测和测距系统，机载激光雷达技术是一种主动式测量技术，能够快速获取大面积地表三维数据，具有可穿透植被、自动化程度高、高精度以及作业成本低等特点。在电力工程测绘中，机载激光雷达技术能够对结构复杂且有着较高安全性要求的电网系统进行高精度探测和测距，并且借助其穿透力强的特征进行目标物体的探寻和定位，从而有效满足电力工程测绘的各项需求。

超高压送电线路是国家主干电网的重要组成部分，随着国家电力建设的加

速发展，其建设要求也越来越高，目前其建设要求主要呈现出线路距离长，覆盖范围大；安全可靠性要求高；建设工期要求越来越短。超高压送电线路的建设要求所使用的测量方法必须具备与之对应的特点：能够获取大面积的地表三维数据；数据精度要求高；数据生产周期短。传统的和现存的超高压送电线路的测量方法有工程测量方法、航测方法及工程测量与航测相结合的方法等。其中传统的工程测量方法由于其外业劳动强度大、选线时难以保证线路走向经济合理、自动化程度低、平断面精度低、出错率高、工期长，已逐渐被淘汰；现存的线路测量方法主要采用工程测量与航测相结合的方法，航测方法主要使线路走向经济合理，测出连续平断面图，工程测量方法则用来检验修正航测平断面图。现存的线路测量方法虽然克服了传统方法的一些弊端，但是仍然存在外业工作量比较大，平断面精度比较低，对植被及交叉跨越的高度无法确定，工期比较长等缺点。机载激光雷达技术可以有效地克服这些缺点，与传统的和现存的测量方法相比，采用机载激光雷达技术进行电力线路勘测具有如下优势：由于省去了航外像控测量，野外调绘工作量大大减少，作业成本自然降低；作业期短，无须进行航外像控测量，野外调绘工作量减少，内业测图效率提高；数据处理自动化程度高；平断面数据精度高；选线过程中的辅助信息丰富。借助激光点云数据，在优化选线过程中可方便地向设计人员提供诸如房高、树高、塔高等信息。

第二节　电力设计数字化

数字化设计可以从两个层面理解，一个层面是从数字化技术在设计领域的应用角度来理解，另一个层面是站在设计的数字化思维的角度来阐释。从数字化技术的应用来看，数字化设计是工程数字化建设的重要组成部分，是以信息图形影像技术、网络技术、数据库技术等多种现代化计算机技术为基础手段，通过操作人员和设计人员之间的协调合作，实现项目工程精准设计的目标，实现工程设计的三维可视化以及信息一体化。从工程设计的数字化思维来看，计算机不仅仅是扮演辅助工具的角色，而是可以与设计师进行互动协作的主体。在人机互动协作过程中，设计师可以更多关注于设计创意与审美，将有关工程产品的形态、性能、成本等方面的逻辑转变为以高性能计算为支撑的数理逻辑，交给计算机进行自动化集成处理，从而将设计师从繁重的计算和绘图任务重解放出来。简单地理解，在数字化设计中，设计师将设计理念、要求输入到计算机中，计算机遵循数理逻辑进行大量的计算，构建出立体可视化的建筑模型，且模型可根据需求的变化通过修改参数进行调整，整个过程实时存储且可追溯。

数字化设计与传统设计之间的区别主要是在于传统的设计需要将诸多信息数据详细的罗列在设计图纸上，并且对信息数据予以说明，这种设计操作习惯将会在很大程度上造成信息数据离散。庞大的信息数据，不仅会增加人员的工作负荷，还可能造成信息数据缺失，丧失完整性。数字化设计技术可以规避传统设计手段的缺陷，利用信息模型统一管理设计建设产生的数据信息，并对设计全过程以及项目工程建设阶段产生的信息数据进行共享和利用。

数字化设计为电厂设计带来了诸多优势：①采用数字化设计可实现小管路及埋件模型自动生成，提高了制图的准确性和出图效率（包含照明、接地、通风、及标准设备埋件的自动生成）。②采用数字化设计可实现电力自动化敷设，接线图自动生成、逐根电缆查询、虚拟敷设、电缆清册自动生成等功能极大地降低了人力成本、施工难度及准确性。③采用数字化设计可利用三维引擎实现电站内任意漫游、照度模拟可使工程各方在施工前就对电站各细节有一个清楚直观的认识，提高用户满意度，避免返工及方案变更。④采用数字化设计可实现设计成果的全面升级，替代传统的纸质图纸，采用三维软件承载的三维可视化施工详图。三维可视化施工详图较传统出图方式更加准确、承载信息更多、出图效率更高，以模型为基础进行设计成果的自由展示，是更适合数字化时代的制图方式。⑤采用数字化设计可实现数字孪生，数字化设计是数字孪生的基础，数字孪生需要以可视化的方式在 PC 端及移动端了解电站各设备、各区域的运行状态。

一、电厂的数字化设计与成果移交

近年来，随着数字化技术的快速发展，国内电力工程设计企业都在积极探索数字化设计应用和数字化设计成果移交。但目前的三维技术应用仍存在一些问题，在不少电厂建设过程中，设计院、设备厂家使用了三维技术进行工程设计和后续管理，然而由于设计范围不全，没有 DN80 以下小径管道的现场走向与布置设计，缺少锅炉管壁、支吊架等精细化三维建模等，使设计院移交的数字化设计成果无法应用于电厂人员后期运维过程的修改与完善。

数字化设计与成果移交，通过集成电厂初设、设计、基建期工程数据的三维数据信息，并将数据信息传递给施工方和后期运维等各相关方，使基建期物资、设备、资产三者之间形成有效关联，从而实现项目信息的共享和利用，为后期电厂建设提供数据支撑，并获得更大的商业价值。

案例 6-2

北京能源集团有限责任公司在涿州京源热电项目中,针对三维技术应用存在的问题,在规划阶段,在三维设计方面采用工程三维布置设计软件 PDMS,以图纸资料(包含设备厂家、设计院、施工单位及甲方提供的图纸资料)为基础,以现场实际建筑及设备为准,完成电厂范围内的智能化三维可编辑版的模型的建立,将结构复杂、工艺流程繁琐、图形平面上无法准确定位表达的源点设施装置,以直观性、三维立体化、局部微观精确化表达,使得人们视觉得以延伸。在完成三维设计后采用三维信息化数据管理平台进行数据发布,按照相关标准规范进行数字化移交,同时基于三维设计及 KKS 编码的建设成果结合 SIS、ERP 系统实现锅炉防磨防爆管理、三维技术监督、备品备件管理等应用。在基建生产一体化管理方面,利用三维数字化设计,以 KKS 编码为关联核心,以全专业全厂范围 1:1 的三维信息化模型为展示方式,关联管理基建期产生的各种信息数据,实现工程对象化信息管理,构建完整的电厂基础工程数据中心。待整个基建部分与一号机组投入生产运行后证明,不但提高了机组基建阶段质量和运行可靠性,为运维期提供了三维、直观、完整的设计与施工资料,也为运行人员通过在线数据趋势的直观有效分析,摸索并建立设备劣化判据,及早发现设备故障先兆提供了基础条件。

案例 6-3

大唐万宁燃气电厂工程通过数字化移交平台,实现电厂全生命周期管理。电厂设计过程中运用智能化三维建模软件 PDMS,对主厂房、地下管网、6kV

配电间、电子间、继电保护室、GIS 室范围内的设备、管道、桥架等构建三维模型。同时，建立统一的三维建模工作流程以及操作规定，使三维建模工作体系规范化、程序化，确保三维建模过程中三维模型的统一性、准确性和可用性以及项目信息化的可操作性，保证三维模型与施工图及实际设备、建筑信息相对应。基建阶段，通过数字化移交平台收集、导入设计数据和三维模型，利用平台良好的扩展性满足平台系统的扩展应用需求，在招标人工程实施过程中，可以支持对全部工程设计软件输入、输出文件格式的兼容。

二、数字化技术打造三维虚拟电厂

火力发电属于技术、装备和资产密集型产业，是节能减排的重点领域，也是国民经济发展的支撑。随着我国电力装机容量跃升为全球第一，火力发电的自动化水平已经从跟跑阶段迈入了并跑阶段。针对当前大数据、人工智能等新兴信息技术的快速发展，如何融合电力生产过程建设智能电厂，实现电厂智能生产、绿色生产，进一步提高能源利用效率，推动节能减排，提高电力系统的安全性、稳定性、可靠性和经济性，是发电厂面向未来生态发展需要思考的问题。近些年，诸多火电厂针对数字化设计进行了有益的探索，并取得了显著的实施效果。

案例 6-4

浙能集团控股子公司浙江浙能台州第二发电有限责任公司在火力发电智能工程项目的实施过程中，以工业互联网"设备、控制、生产和管理"四层架构为基础，确立"智能决策、智能设备、智能运行、智能燃料、智能安全、智能仓储、智能档案、智能培训"八大业务模块为基础的智能电厂总体架构。利用三维建模技术构建三维虚拟电厂及发电设备三维解构仿真。三维虚拟电厂通过虚拟现实技术、人机交互技术、多元信息融合、三维协同技术等对厂房环境、主、辅机设备等进行三维建模，形成高精度、等比例的三维模型，构建一个同实体电厂一致的虚拟电厂。如图 6-1 所示。

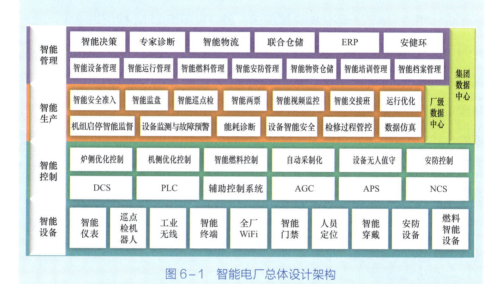

图 6-1　智能电厂总体设计架构

三、多维 BIM 模型助力设计施工一体化

我国由于工程建设体制的原因，使得工程设计、施工在相当长一段时间内分别由不同的企业主导实施完成，导致工程项目设计、施工的融合度相对较低。国内的 BIM 应用软件单从某一个或者几个方面的功能来讲技术并不落后，而且软件功能更好，使用符合国人习惯，在制造业与民用建筑方面应用技术较成熟。从理论上讲，BIM 技术可以应用到建筑全生命期，但迄今为止，BIM 应

用软件还难以有效覆盖建筑全生命期的所有主要工作。BIM 软件之间、BIM 与项目管理软件之间存在相互孤立和自成体系的情况。虽然在各个"信息孤岛"内部，信息能够共享、存储和交换，但在"孤岛"之间容易形成信息断层，产生信息不对称的现象。尤其在项目各阶段、各专业间以及总包与分包等各组织间的信息孤岛与割裂的问题更是普遍。

近年来，国内基础设施建设领域出现了以"多维 BIM"为基础的工程数字化设计和施工管理一体化的发展主线。通过以多维 BIM 模型为龙头，进一步同工程施工过程管理深度融合，实现以多维 BIM 模型为主体应用框架，高度整合工程施工质量、安全、进度及费用等数据信息，从而提高工作效率，缩短建设周期。一体化的工程数字化管理方式可使用顶层设计思路对各方提交数据的格式、类型、周期进行统一规范，可有效避免各工程参加单位间因提供数据格式等问题导致的"数据壁垒"。目前，国内水电工程领域基于"多维BIM"的工程建设与应用已取得一定成果。

案例 6-5

中国电建华东院按照"一个平台、一个模型、一个数据架构"的思路，基于 GIS、物联网、云平台、大数据、BIM 等新一代信息技术，提出具有数据采集层（智能终端）、数据服务层（云数据中心）、业务层（生产监控）、决策层（项目管控）的平台架构，建设了 iEPC 工程数字化建设管理平台，建立满足设计、施工一体化管理需求的三维数字化模型。以"一个平台，一个模型，一个数据架构"为理论基础，进一步整合工程施工业务数据，构建工程全信息三维模型，并进一步建立工程数据中心。依托工程数据中心，结合工程项目实际业务需求，开发包含综合管理、设计管理、施工管理、移动端现场管理、竣工移交管理等业务系统的工程设计与施工管理一体化业务平台。目前该平台已在沙坪二级水电站、杨房沟水电站等项目上得到推广应用。如图6-2所示。

图6-2　iEPC 工程数字化管理平台

数据是反映工程建设质量、进度和投资的重要参考依据，数据的有效汇集与大数据分析，解决了工程建设中因信息不对称造成的相邻作业区域相互交织、冲突，专业间技术接口和施工管理接口紊乱等问题，为最终达到工程建设管理扁平化，提升管理效益创造了条件。水电站建设期形成的海量数据将为后期运行期的综合安全评价和智能化管控提供重要的数据和应用支撑。

四、三维数字化设计应用于山地光伏工程

三维数字化设计技术是地理信息系统、三维建模技术、数字化协同设计技术的集成应用。光伏工程在传统设计方法中，一般是依据勘测提供的地形资料

判断分析地形，然后根据光照条件计算光伏阵列布置的最小间距，最后综合考虑布置光伏阵列。光伏阵列的布置方案的原则是：① 平整地面或可以通过少量挖填方实现平整的地面，阵列一律采用正南布置（方位角为 0°），倾角采用最佳倾角 22°；② 对朝向为正南的坡地，阵列布置参照平整地面布置，方位角取为 0°，南北倾角依地势通过支架调节为 22°；③ 对非正南坡地，光伏阵列东西方向采用顺坡布置，南北方向通过支架或土方调节到 22°。在工程中要求 9:00~15:00 时间区间，光伏板上不允许出现阴影，然而在实际工程中，常常还是会出现光影遮挡的问题。即使人为的尽力避免同样错误，然而在复杂山地地形环境的工程中，此类问题还是会反复出现。

通过对设计方法的分析，总结出几条原因：① 勘测地形资料为等高线。在常规的设计方中，设计人员在软件中仅仅以俯视平面的方式观察等高线及数值。由于工程面积较大，地形变化也多样化，而地形的角度及朝向依靠设计人读取数值判断，因此在地形判断上就会有很大误差甚至错误。② 光伏阵列布置一般在平面图上完成。光伏阵列布置之前，设计人员会根据光照条件及地形特征角度计算阵列布置的最佳间距，然后依照地形等高线判断地形特征角度，选择最佳间距布置光伏阵列。在实际布置的过程中，地形特征角度人为判断，光伏阵列区域大阵列数量繁多，容易出现阵列间距不合适的情况。在设计校核的过程中仍然是人为判断检查，无法有效的检查错误。因此阵列布置间距常常出现富裕过大浪费地域资源，或者间距不够造成阴影遮挡的问题。③ 设计人员计算阵列布置的最佳间距都是依据地形的特征角度，但是实际工程的地形倾斜角度却是连续随机变化的。在某些地形特征角度变化的过度阶段，光伏阵列的布置往往容易出现光影遮挡的问题。

案例 6-6

中国电建湖北省电力勘测设计院利用三维数字化设计技术在设计过程中建立模型完全模拟还原三维真实情况，从根本上解决光影遮挡的问题。在设计过程中涉及地形分析、光伏阵列间距计算、协同布置设计。在地形分析中，将山地光伏工程光伏阵列依地形起伏按一定规则布置，地形资料属于输入数据，是工程准确性的依据；光伏阵列间距是布置工作中的一个重要参数，间距不够会造成阴影遮挡的问题，间距过大会浪费地域资源。在山地光伏工程中，间距与地形的坡度息息相关，设计人员会根据光照条件及地形特征角度计算阵列布置的最佳间距。通过计算出地形特征坡度光伏阵列间距基本能解决光伏阵列的布置问题。但是在实际工程中山地地形不是单纯的某个特征角度，一般情况下地形角度会渐变，且变化规律随机分布。因此按照计算的间距平面布置光伏阵列仍然有出现错误的情况。为了设计结果的精细化，在三维数字化设计流程中使地形与光伏阵列布置协同设计。布置设计时，严格依据地形角度，按照规则布置光伏阵列。设计过程其实就是对工程三维仿真模拟，最大程度上还原工程三维空间上的占位，然后依靠精确的模型模拟光照情况，在模型中能直观的检验出布置不合理的地方，通过修改最终完成无差错的设计。在某 60MW 山地光伏项目中采用了传统设计及三维数字化设计手段，并采集了光影遮挡出错的数据进行分析比较。数据分析证明利用三维数字化设计手段减少了工程设计中出现光影遮挡错误，在地形变化较复杂的区域体现更明显。通过此方法为工程减少了返工的次数，节约了成本及时间。

第三节　电力施工数字化

一、特高拱坝智能建造

重大水利水电工程项目关系国家政治、经济社会和科技文化的发展，工程项目决策、建设和运营面临诸多挑战，任何失误都可能带来巨大的损失或社会、经济及自然环境等影响。乌东德和白鹤滩两座大坝均为 300m 级特高拱坝，建设规模和施工难度均居世界前列，施工质量直接关系工程成败及下游人民生命和财产安全。水电工程建设施工方法和管理经历了传统人工、机械化、自动化、数字化和智能化的发展过程。在人工和机械化阶段，常规质量控制受人为因素影响、管理粗放、信息沟通不畅，导致施工措施与管理不到位，易导致工程质量失控；在互联网、大数据背景下，近年来信息技术与工程建设结合，已有一批重大水电工程陆续建成，基本形成了工程数字化建设模式和施工质量控制体系，广泛应用于工程建设进度、质量和安全等方面。

案例 6-7

中国长江三峡集团有限公司在乌东德和白鹤滩两座大坝建造过程中，充分考虑到两座特高拱坝的特点，白鹤滩大坝建造约需 800 万 m^3 混凝土，工程规模巨大，地质条件复杂、施工强度高、温控防裂与施工质量控制难度大；乌东德大坝建造约需 260 万 m^3 混凝土，全坝采用低热水泥，大坝施工和运行面临诸多重大技术难题。为确保两座特高拱坝顺利按期建成，在数字化发展的基础上进一步融合物联网、大数据、云计算及人工智能等最新科学技术成果，开展水电工程智能建造技术和管理体系的研究与实践。借助人工智能等先进技术，构建大型水电工程智能建造管理平台，实现特高拱坝智能化施工管控。通过专用网络、自主研发的智能设备及各种数据接口构成的分布式系统实现智能感知，同时建立云数据中心实现业务数据库、分布式文件存储、大数据的云存储，为系统提高精确、实时和全面的服务提供了安全且必要的数据基础。建立智能工业控制系统，实现对通水流量的动态调节，进而对大体积混凝土内部温度的个性化、精确、实时控制，有效控制最高温度、温度变化幅度与温度梯度，避免温度裂缝的产生。利用智能控制原理，实现对灌浆过程的压力、流量、水灰比、抬动、温度实时监测与动态控制，同时能针对不同的地质与异常状况，实时动态调整，确定选择不同的灌浆策略，保证灌浆质量。针对乌东德、白鹤滩大坝的干热河谷、大风环境，通过智能喷雾装备，实现了喷雾设备的智能化、精细化控制，显著提高喷雾覆盖距离与范围，有效控制浇筑过程中的温度与湿度。建设智能建造业务协同工作平台，定义并管理大坝全景信息模型，支持工程大数据存储与分析，为工程的质量、进度管控与全生命周期安全管理提供支撑。构建了以单元工程及其工序与流程为基础的建设过程实时管理和调控系统，形成了海量工程建设数据，建设三维可视化数字资产库，对数据自动进行紧密集成和分类管理，针对性提取分析，形成量化成果报告，为企业决策提供支撑。

大坝建造实现了工程大数据积累与应用。累积了工程完整的进度、工艺过程、检测与监测数据，建立了工程大数据平台，实现对工程关键进度、工艺与质量指标的综合分析与评价，外界环境及施工干扰等影响因素分析与敏感性分析等，实现了多工程的多维度、多层次横向对比分析。

大坝建造实现了基于物联网的监控与检测应用。综合应用移动采集、RFID、移动定位、人脸识别等技术，构建并全面应用数字化试验检测与质量验评系统，实现了原材料质量与工程实体质量的全过程数字化监控与全流程的精细化管理，显著提升了现场质量管理的效率与水平，保证了工程质量。

大坝建造广泛应用 BIM 技术。将 BIM 技术、数字化监控与智能化控制技术应用到灌浆施工过程中，实现对固结、帷幕灌浆施工过程的精细化控制与科学决策分析，形成了完整的灌浆施工成果，提升了灌浆施工的效率与质量。

二、数字大坝智能碾压

水库大坝是优化配置水资源、有效开发水电能源、保障流域防洪安全、实现高质量发展的重要基础设施，其中碾压式土石坝是我国应用最广泛的一种坝型，碾压作业作为施工中的重要环节，是一道非常耗时耗力的工序，贯穿整个施工过程，压实质量是施工最重要的内在指标，事关坝体的抗滑、渗透和变形稳定安全。当前，土石坝正在向 300m 级高坝跨越，对压实质量提出了更高的要求。传统碾压方式采用振动碾人工驾驶操作，存在碾压合格率低、控制精度差、振动环境严重影响操作人员身心健康等问题。智能碾压通过对大坝碾压施工信息智能感知、深度挖掘以及智能决策支持与控制等技术，实现了大坝填筑各参数全面、自动监控，有效解决了传统人工控制大坝填筑质量的缺陷与不足，完善了大坝碾压过程的施工工序管理，保障了大坝填筑质量与进度。

在智能碾压的反馈控制方面，采用机载馈控系统对碾压作业过程进行实时控制是目前较为先进的反馈控制方式，是通过将碾压信息反馈至操作手，指导其进行碾压作业。无人碾压技术是一项重大突破，它改变了传统人工控制碾压机作业的方式，通过底层控制机构和智能控制算法，减少了作业过程的人为干预，进一步提高作业精度和效率。

案例 6-8

中国电建水电五局通过集成应用卫星导航定位、状态监测与反馈控制、超声波环境感知等技术，研发了振动碾无人驾驶技术。该技术具体组成包括：振动碾机身控制系统、程序自动控制系统、导航与姿态补偿系统以及环境识别与自动避让系统等。振动碾机身控制系统负责控制振动碾行驶方向；程序自动控制系统主要负责振动碾工作状态的实时监控和系统工作参数的设定；导航与姿态补偿系统是实现振动碾自动行驶和自动转向以及控制精度的关键，通过建立卫星、GPS 基站、车载 GPS 流动站与自动控制系统间的联系，实现振动碾位置、行驶速度、航向的定位与导航；环境识别与自动避让系统利用超声波传感器检测车身周围是否有物体靠近，当在一定范围内检测到有物体靠近时，振动碾能自动停止作业，待物体远离后能继续完成作业。

振动碾无人驾驶技术在长河坝水电站、阿尔塔什水利枢纽、河北津石高速公路等工程成功应用，成本、进度、质量、安全、劳动保护等效率大幅提升。在质量控制方面，避免漏压、欠压、超压，确保一次碾压合格率均值达97.1%；在施工效率方面，比人工驾驶作业施工效率提高约10.6%，同时可缩短间歇时间，延长有效工作时间约20%。同时本研究获发明、实用专利7项，国家、省部级工法5部，研究成果达到了"国际领先水平"，开创了国内外土石坝无人驾驶智能建造的先河，引领大型土石方工程碾压进入无人驾驶时代，有力地推动了行业科技进步。

三、工程项目管理信息化

随着国内建设项目规模的不断扩大，建造难度的不断增加，建设项目越来越需要全过程的控制，如何利用信息化做好市场经营开发、施工管理，成为当下工程建设行业面临的难题。大部分企业也意识到信息化对于建设工程项目管理的重要性，并在行业信息化领域进行了不断地研究和探索。越来越多的企业将 BIM 技术、大数据技术、云计算、物联网、人工智能等新技术与建设工程项目管理信息系统相结合，利用 BIM、物联网、云计算等技术实现企业与项目进一步融合，提高建造过程的准确性，实现项目管理信息化、协同化；借助信息化管理系统，让企业内部资源实现互联互通，充分共享，提高工作效率；利用大数据技术，为企业科学决策提供数据支撑；建立云平台、集采平台，进一步推进企业精细化管理。

案例 6-9

中国电力建设集团是以工程项目为主的大型央企，项目涵盖类型多、地域分布广，且各项目管理水平参差不齐，很难通过传统管理模式进行管控。结合电建总部对项目的管控要求，中国电建提出了"GRP-ERP-PRP"信息化管理体系，分别对应集团管控、企业管理和项目执行三层信息化管理架构。在项目层面，组织开展"中国电建 PRP 项目管理体系"的建设工作，以项目管理12 个基本模块为基础（包含项目综合管理、合同管理、进度管理、质量管理、成本管理、分包管理、资金管理、安健环管理、材料管理、机械设备管理、技术资料管理、报表管理），融合 GIS、BIM、云计算、物联网、视频监控等技术，形成中国电建特色的 PRP 项目管理平台，实现了"公司总部－事业部－平台公司－子企业－项目部"的逐层贯通与覆盖，完成对工程项目管理过程的信息采集、数据检测、实时评价，同步提高了工程项目的策划能力、资源配置能力和过程管控能力，保证了工程质量和综合效益。

第四节　电力运营数字化

在工程项目的设计、施工阶段，积累的静态数据与动态数据对于后期的运维阶段至关重要，这些数据构成了运维管理门户，包括图档管理、空间管理、运维管理以及应急预案。运维数据流会根据运维业主的需要，完善竣工 BIM 模型的信息部分，从而保证竣工模型数据准确、无遗漏地直接应用于后期运营平台。数字化运维利用物联网、BIM、大数据等技术将设备及建筑物的运营、维护、管理放到数字化平台上进行远程管理，提高管理效率和水平，真正实现降本增效的目标。随着业主单位等运维理念的转变以及我国建筑行业数字化的发展趋势，数字化运维将对工程的后期管理产生巨大的价值。

一、监测数据在数字大坝中的应用

数字大坝是以物联网、智能技术、云计算平台与大数据等新一代信息技术为基本手段，以全面感知、实时传送和智能处理为基本运行方式，对大坝空间内包括人类社会与水工建筑物在内的物理空间与虚拟空间进行深度融合，建立动态精细化的可感知、可分析、可控制的智能大坝建设与管理运行体系。

　　水电站大坝结构构尺寸普遍较大，大坝本体与地基基础、坝肩山体等组成一个共同运行的复杂体，如何快速、直观、全面地展现大坝安全监测、预警信息、实时显示大坝运行状态，是数字大坝建设的一项重要内容。利用数字化技术可以自动采集和分析数据，精准获取坝体内部各类监测数据，某一位置的监测数据出现异常就会自动报警，为大坝的运行安全提供有力保障。

案例 6-10

　　中国华电在古田溪大坝数字化改造过程中，研究利用现代可视化仿真技术提高大坝安全管理水平。通过可视化技术将大坝监测数据进行三维立体可视化，并采用 OLAP 技术等相关编程算法对其进行多维分析（Multi-Analysis），以求有效地剖析数据，从多个角度、多侧面地观察大坝监测数据，从而可以更深入理解包含在数据中的有用信息，有助于开展大坝安全的分析决策。

二、大坝工程安全管理的数字化应用

　　大坝工程作为支撑国家可持续发展的重要基础设施，其安全运行直接关系到人民生命财产安全，属于重大公共安全范畴，需对其进行在线监控、定期检查、安全评估、缺陷修复和除险加固。国家对此高度重视，并相继出台了若干专项法规，对已建成大坝工程展开强制性安全管理。我国大坝工程运行管理信息化建设受传统观念和技术经济条件制约，长期处于滞后状态，信息资源共享渠道不畅，信息分析应用与预警薄弱，区域信息管理协同性差，大坝工程运行管理主体与安全监督主体难以互联互通，已经成为推进水利信息化建设的薄弱环节和短板，与保障经济社会健康发展对大坝工程安全运行和效益充分发挥的要求极不适应。针对大坝工程本身的复杂性，急需探索集约化、专业化、信息化、智能化大坝安全监管模式，将数字化技术与大坝安全管理业务进行深度融合，充分利用大数据、云服务、物联网等技术，集成 GIS、三维模型、移动巡检监测等多种可视化、便捷化、人性化技术应用，对大坝运行实时感知、智能评判、综合分析，有效开展大坝安全管理工作。

案例 6-11

　　中国电建昆明院建设的水电工程物联网监控平台，整体框架包括采集感知层、网络通信层、数据资源层、应用支撑层、应用服务层和展现层，基于 BIM+GIS 平台实现电站全生命周期数据综合管理，做到安全检查数字化管理、故障原因可视化追溯、修复方案智能化决策。主要为流域级、区域级或国家级大坝安全管理中心提供软硬件支撑，目前应用于澜沧江流域梯级电站安全中心，对澜沧江流域 10 座大坝进行智能在线监控，实现数据采集、整理、分析、决策智能化，满足澜沧江公司库坝中心对所辖电站的安全监测管理、数据报送、大坝注册定检、防洪度汛、考核评价、工程知识库等库坝安全运行管理工作需求。该平台还应用于南欧江流域梯级电站安全中心，所提供的南欧江水情自动测报系统是南欧江梯级水电项目的配套系统，是老挝首个流域性水情测报系统，也是老挝目前规模最大、覆盖面积最广的水情测报系统。

第五节　产业链一体化

一、流域水电全生命周期数字管理平台

随着全国水电开发的持续推进，各流域梯级水电站逐步形成，已基本完成了全国中型河流的梯级开发，基本形成了黄河上游、金沙江中下游、长江上游、雅砻江、大渡河、澜沧江中下游、南盘江红水河、乌江等大型河流的梯级开发。水电发展已经从重开发阶段逐步向开发与管理并重阶段、重流域水电综合管理阶段转变。目前，我国流域水电开发要求建设运行各阶段都不断加强精细化、科学化统筹管理。搭建流域水电全生命周期数字管理平台，实际上是把流域梯级水电工程建设运行涉及的环境、工程、设备、机械、人员状态和行为活动等管理要素进行全面数字化和集成化管理，并实现决策分析支持，对提升水资源利用效率，保障工程和区域安全都具有十分重要的意义。

案例 6-12

中国电建成都院建设了流域水电全生命周期数字管理平台，以标准化数据中心，实现了流域和工程海量、多源、多维度信息全面采集、传输、集中存储和共享应用。研发流域特色的 3DGIS 与建筑信息模型（BIM）的高效融合技术，形成了一套多层次、跨系统、面向流域水电建设和运行管理的应用与分析技术，建立了流域三维可视化集成展现与会商平台。基于物联网及其他前沿信

息采集技术手段，及时获取流域气象、径流等自然环境过程，工程设备设施运行过程、人类社会经济及生产管理过程等数据，实现全流域、全业务、全层级数据的一体化集成管理，强化数据分析应用和管控，并在三维沉浸式虚拟环境下实现流域环境及数据资源的可视化集成展现。通过流域水电全生命周期一体化数字管理，为梯级电站安全稳定运行和优化调度创造条件，实现了流域水电管理从传统模式向信息化、数字化、智能化、三维可视化方向转变，提升了水电企业多维度管理水平及决策指挥水平。

二、抽水蓄能电站全阶段数字化应用

国家能源局印发的《抽水蓄能中长期发展规划（2021—2035 年）》指出，抽水蓄能是当前技术最成熟、经济性最优、最具大规模开发条件的电力系统绿色低碳清洁灵活调节电源，与风电、太阳能发电、核电、火电等配合效果较好。抽水蓄能是世界各国保障电力系统安全稳定运行的重要方式，欧美国家建设了大量以抽水蓄能和燃气电站为主体的灵活、高效、清洁的调节电源，其中美国、德国、法国、日本、意大利等国家发展较快，抽水蓄能和燃气电站在电力系统中的比例均超过 10%。我国油气资源禀赋相对匮乏，燃气调峰电站发展不足，抽水蓄能和燃气电站占比仅 6% 左右，其中抽水蓄能占比 1.4%，与发达国家相比仍有较大差距。据国际水电协会（IHA）发布的 2021 全球水电报告，截至 2020 年底，全球抽水蓄能装机规模为 1.59 亿 kW，占储能总规模的 94%。另有超过 100 个抽水蓄能项目在建，2 亿 kW 以上的抽水蓄能项目在开展前期工作。

随着我国经济社会快速发展，产业结构不断优化，人民生活水平逐步提高，电力负荷持续增长，电力系统峰谷差逐步加大，电力系统灵活调节电源需求大。到 2030 年风电、太阳能发电总装机容量 12 亿 kW 以上，大规模的新能源并网迫切需要大量调节电源提供优质的辅助服务，这对抽水蓄能发展提出更高要求。我国地域辽阔，建设抽水蓄能电站的站点资源比较丰富，在全球应对气候变化，我国努力实现"2030 年前碳达峰、2060 年前碳中和"目标，加快能源绿色低碳转型的新形势下，加快发展抽水蓄能，是保障电力系统安全稳定运行的重要支撑，是可再生能源大规模发展的重要保障。

案例 6-13

　　中国电建华东院依托先进的信息化、数字化技术能力以及丰富的抽水蓄能工程实践，在国内抽水蓄能电站领域最早引入三维设计和工程全生命周期管理理念，实现了地形、地质、枢纽、工厂等三维设计，以及电站规划、设计、施工、运维全阶段数字化应用。在电站规划阶段，利用 GIS、云计算、最优化等技术实现突破创新，建立抽水蓄能电站智能规划平台，实现抽水蓄能站点资源的智能识别、站点建设条件的在线综合研判，大幅提升了抽水蓄能站址资源普查规划的效率和效果。在电站设计阶段，建立覆盖抽蓄电站勘察设计全专业、全过程的三维数字化勘察设计平台，设计成果基于统一的信息架构以及统一的信息模型进行存储和展示，可用于设计方案比选、工程算量、体型优化、施工仿真、设计交底、一键出图等应用，大幅提升设计效率。在电站建设阶段，充分利用 BIM+GIS、现代测控、网络通信、工程三维数字化、智能传感等新一代信息化及数字化技术，建设智能建造管理平台，包括抽蓄电站建设管理业务、智慧工地、智能建造技术等应用。在电站运维阶段，华东院应用自主研发的

CyberEng 开发架构，基于 S- limC 电站全生命周期管理运营产品线，开发了抽水蓄能电站专用智能物联网关，构建电站级私有云平台和应用市场，在国内尚属首次。同时，华东院联合高校构建了专家知识库及健康评价体系算法，实现了机电设备运行状态的全面感知、主动预警和智能研判。同时建设电站综合安全管控系统，为电站安全管理保驾护航。在数字化建设理念的支撑下，华东院先后设计建成天荒坪、桐柏、泰安、宜兴、宝泉、响水涧、仙游、仙居、洪屏、绩溪等抽水蓄能电站，总装机规模约 3000 万 kW。

图 6-3 浙江仙居抽水蓄能电站

图 6-4 江苏宜兴抽水蓄能电站

三、风电场 EPC 建设管理模式

风能作为一种清洁的可再生能源，越来越受到世界各国的重视。开发风能符合国家环保、节能政策，风电场的开发建设可有效减少常规能源尤其是煤炭资源的消耗，保护生态环境。我国是一个风能资源十分丰富的国家，可开发利用的风能储量为 10 亿 kW，丰富的风能资源让我国的风力发电工程取得了长足的发展。风力发电 EPC 总承包是整个风力发电工程系统的依托，风力发电 EPC 总承包管理的本质是要充分发挥多专业集成管理的优势。

案例 6-14

中国电建江西院定南新阳风电场工程是 EPC 工程，负责勘察、设计、采购、施工、数字化移交，是江西省内第一个全生命周期管理的高山风力发电工程。在勘测设计阶段，考虑新阳风电场项目属于山区风电场，场地山峦起伏、山脊、山坳、沟壑交错；树木茂密，灌木丛生；山高谷深、高差大，山脊狭窄；地形、地质条件复杂，利用创新三维设计手段从多方面对机组选型、风机微观选址、地质勘查、场内道路设计、风机基础设计、集电线路设计等进行设计比较，确定最优设计方案，提高设计质量等。新建一座 220kV 风电场升压站，采用综合自动化系统，按照"无人值班，少人值守"的模式进行数字化设计，搭建一个能与外部风电场互动形成大数据模式的综合智能风电场规划平台。建设具备开放性的工程信息管理平台，满足主流平台和跨平台快速应用开发的需求。该平台结合 Bentley 三维设计系统、专业软件，由 ProjectWise、Navigator 软件实现可视化项目协调及浏览，应用层各软件集成在 ProjectWise 软件平台上，实现专业间和专业内部各设计者间协同设计。采购、施工端通过接口软件，将施工策划、模板工程、施工进度管理、采购计划、费用、安全、质量等集成到平台，为工程全生命周期管理奠定了数据基础。

风机基础三维设计是将包含基础计算信息的表格直接通过参数化设计工具导入软件中，快速生成三维钢筋及基础形状，实现基础的快速三维建模，精确提取风机工程量。Revit 软件可以直接创建三维地形表面，也可以通过导入 CAD 格式的带有等高线的二维地形图，直接转换成三维地形图，通过渲染，可形成比较真实的接近实际的地形地貌效果。三维地形图形成后，Revit 软件基于场地模型完成道路路径的选择，集电线路路径的选择，升压站的设计位置，并可采用载入构件的形式把升压站的模型导入到三维地形图中，显示升压站在风电场的效果。同样，Revit 软件可以把建好的风机基础模型导入到地形图中，形成整个风电场的三维效果图。

案例 6-15

中国电建上海院在青海省海西州诺木洪 500MW 风电基础设施项目中，拟新建 3 座 110kV 升压站及 110kV 线路送入 330kV 大格勒变电站接入电网。该项目以三维设计为基础，以数字信息为载体，将工程信息贯穿于整个工程的全寿命周期。在设计阶段利用数字化设计技术实现智能选型及方案优选，通过数字化技术在初设阶段建立概念模型为方案选型提供依据，在施工图阶段通过建立符合 LOD400 的三维数字化模型组建设备族库模型进行协同设计、碰撞检测、数据计算、自动出图、关联修改、自动统计、信息传递，实现效率提速、质量提高、效益增长的多赢。在施工准备阶段，根据动态工程筹划的需求，对 BIM 模型进行关联完善，将 BIM 模型与计划进度信息按照工程任务结构多级分解的形式建立关联。根据管线深化设计模型，结合施工程序及形象工程进度周密安排材料采购计划，优化施工工序与工艺，形成合理有序的施工进度计划，提高施工效率。在实施过程中，基于 BIM 技术平台进行施工现场技术交底，使现场施工不再仅仅依靠图纸，提高施工人员对现场情况的认知度，避免因理解不当而造成的返工现象。借助 BIM 技术平台对工程实际施工进度情况与计划进度情况进行三维可视化对比分析，方便现场进度管理，清晰直观地显示工程完成情况。

四、设计施工一体化建造支撑变电站数字化运维

基于设计施工一体化的电网工程建设是一项多方参与、多过程交互、多技术融合的复杂工作。数字化变电站项目在建设过程中，首先，应以数字化设计为基础，创建信息源头，进而逐步落地实施数字化手段在工程设计中的应用，从工程数据源头上实现全面数字化。其次，应逐步在工程施工环节落实数字化应用模式，实现工程建设现场管理的可视化，建设过程数据的完整采集和施工过程的培训指导，提升施工全过程规范化、专业化、可视化水平。再次，应建立起完善的工程数据交互机制，以满足不同信息系统之间数据资料的共享需求，以完成工程数据的收集、校验、整理工作，满足数据准确性、完整性的要求。最后，将工程建设过程数据与竣工数据统一存储、管理，满足未来变电站建设全过程数据向其他应用系统提供标准化接口和服务需要。

设计施工一体化建造能够保证在整个数字化变电站建设项目过程中设计

数据的共享、集成及协同，实现真正的协同设计。变电站数字化建设管控系统通过引入 BIM 技术，构建变电站三维数字化模型，集成项目信息收集、管理、交换、存储和项目业务流程等，为项目全生命周期中的不同阶段、不同参与方提供及时、准确、充足的信息，实现精细化、一体化、可视化、智能化的信息协同管理。同时，设计中形成的数字化数据还可以移交给施工、采购、运维等工程项目阶段，覆盖工程项目全过程，应用于变电站和输电线路的全寿期周期管理，最终促进项目设计、施工、运营、维护效率和质量的提高。

案例 6-16

　　定州 110kV 智慧变电站项目是中国电建河北院设计的国家电网公司首批（7 个）智慧变电站之一。该变电站在全过程数字化设计的基础上提出一体设计、数字传输、标准接口、远方控制、智能联动、方便运维的新理念，实现主动干预、在线监测，采用一键顺控技术，并实现站内辅助系统的全面接入配置和无人值守，提升了设备可靠性，确保本质安全。

五、工程全生命周期数字化应用

　　当前工程建设过程中存在管理粗放、经济效益风险大、项目成本核算不实、施工建造监管难度大等问题，工程规划、设计、建造和管理的总体水平不高，存在技术差异大、工程施工建造信息化水平低、工程信息传递不畅，数据利用率低等问题。工程建设的大规模发展需要构建一个覆盖规划设计、开发、建造、运维的全生命周期数字化管理平台，整合全过程数据资源，打破数据孤岛，实时掌握项目建设动态，对项目进行可视化管理，不断强化对项目的可视化管理、全程化监督、动态化预警，提高项目管理效率和质量，为业务创新和数字化转型构建全面、可靠的保障体系。

案例 6-17

中国电建贵阳院建成了"贵勘数字"工程全生命周期数字化应用平台。该平台以工程信息模型为基础，利用 BIM 技术建成面向建筑、市政、水利、水电、交通工程，全面覆盖工程全生命周期、工程建设各参与方（建设方、设计方、施工方等）的工程数字化系统，实现各阶段、不同专业、各参与方基于统一模型的信息集成、共享、管理及交互，实现基于 BIM 技术的全生命周期应用（数字化规划设计、数字化施工建造及数字化运维等）。

海外市场的拓展对电力行业营销提出了一些特殊的要求。由于国际市场竞争日趋激烈，市场人员地域分布广泛，因时差造成信息不同步、共享不及时，市场营销知识、经验、数据分布分散等问题日益凸显，需要一套将信息、资源、决策整合在一起的国际市场营销管理平台。

案例 6-18

中国电建集团山东电力建设有限公司搭建的"市场营销平台"，主要有市场战略与组织、市场全过程跟踪、市场实时监控、市场决策分析四大功能，实现了公司在全球市场开发中从战略规划到布局、信息收集到研究、项目跟踪到投标、决策分析到总结的全过程管理。平台采用目前先进的 EPS+OBS 技术框架，实现分级管理、分级授权和集中配置，同时借助云部署和移动应用，满足多层级营销组织在不同地域、不同网络环境下有效工作。

六、数据是基建工程中的核心资源

目前，数据驱动业务的模式得到广泛认同，也颠覆了传统的工程项目管理模式和方法，大量的信息数据是工程项目的基础。大型工程点多面广，涉及的参建方繁杂，专业多且相互交叉，工作流程及权限管理复杂，统筹协调难度大，项目进度、质量和安全管控难度大。基于项目的系统性、动态性和独特性，大数据技术为工程项目管理带来了新的发展方向，数据价值的有效挖掘将大幅提升项目管理各环节的信息处理效率，为项目决策提供有效的信息参考，最终促进项目目标的实现和效益的增值。

案例 6-19

中国电建昆明院建设的基于 CIM 的基建工程全生命周期管控平台，将规划设计、施工建设、运营阶段工程全过程产生的基础数据、BIM 模型、图纸、标准规范等一套完整的工程数据作为核心资产进行管理，实现了全过程数据贯通与数据一致性。通过开展数据采集、集成与共享、建模与应用等工作，可将数据用于方案比选评估、进度管理、质量管理、安全管理、监测预警与辅助决策等各方面的专业分析和应用，最大限度地挖掘数据的价值。该平台在技术层面实现了海量模型轻量化整合，通过设计模型与施工实景模型的叠加对比，实现虚拟与现实的对比，进度与质量的双向管控。在管理层面，首次实现项目设计、施工过程中的多专业协同，以及项目信息、工作流程的集中管控，通过动态回复式任务流程、审批意见分组显示等定制化功能，提升沟通效率和管理精细度。如图 6-5、图 6-6 所示。

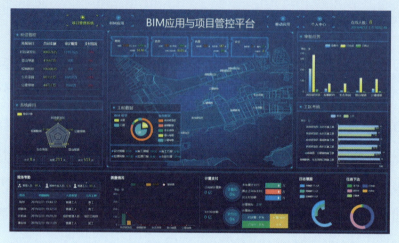

图 6-5　平台大屏

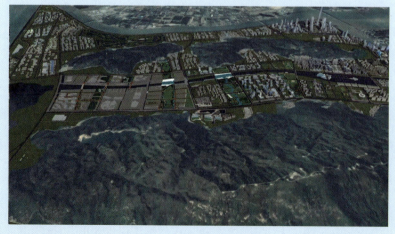

图 6-6　海量模型轻量化整

第七章 电力数字产业化实践

随着数字化时代的快速发展，电力行业在数字化技术的应用与实践上投入了大量精力。目前，中国的电力行业不断探索高效环保、降本增效的可持续化发展道路，伴随着分布式能源的增加，以及电网技术的不断改进，数字化技术已成为这一轮电力转型的关键所在。现阶段，电力行业自动化程度高、信息化基础好、系统完备，电力企业在数字化转型上更加关注对数据价值的挖掘、应用，以及对物联网、大数据、人工智能等新技术的应用。同时，随着大数据、云计算、物联网、移动互联、智能化、区块链、边缘计算、5G 通信等高新技术的快速发展，加快了电力数字化转型进程。未来，谁能掌握数字化技术这把利器并因地制宜的加以应用，谁就有机会在这一轮转型浪潮中占领先机。

第一节 全球可再生能源规划平台

相较于传统的能源规划，综合能源规划通过整合能源投资和能源技术，统筹协调城市能源需求与能源供给，为城市能源规划、城市能源基础设施建设、城市能源运行管理提供决策依据。作为综合能源规划家族的新成员，"以零碳为目标的综合能源规划"在现有的基础上进行了进一步的优化和升级，以明确的零碳目标作为规划的总体指引,通过跨专业的统筹协同实现深度减排和零碳目标,极大地提升了城市能源利用效率和减排力度,为城市落实"碳中和"战略提供了可执行的路线图。

随着人类社会的发展,对能源的需求与利用逐年提高,从环境保护与可持续发展的角度出发,可再生能源替代传统化石能源势在必行。近年来可再生能源的开发利用比例大幅提高,大批水电、风电及光伏电站投入建设,但从全球可再生能源开发的整体形势看,存在资源空间分布不均匀,易受当地社会经济、开发条件、中长期的市场需求变化等因素的影响,资源开发利用率综合效率低,对环境破坏严重等问题。

一、数字化技术重构能源规划

通过融合互联网、云计算、大数据、地理信息等技术,构建全球可再生能源储量评估、前景分析与规划平台。聚焦可再生能源数据采集、储量与市场前景分析、电站场址规划设计、能源综合利用开发四个过程,形成垂直一体的可再生能源综合利用能力解决方案。重点解决世界贫困国家和地区可再生能源利用与环境生态保护等问题,同时服务国家及地方能源管理部门、能源开发建设企业,开展可再生能源开发与利用的整体规划及综合管理,进而提升人类社会整体的可持续发展水平。

1. 搭建面向能源电力产业的大数据平台

针对能源电力产业特点,通过电力工程项目大量历史数据的积累,对项目所在地政策、能源、经济、地理信息等基础数据进行自动采集、清洗与分析,构建多源异构能源电力大数据智能挖掘与分析平台,实现多源异构能源电力大数据的数据存储、数据治理、数据检索以及基于能源电力大数据的数据挖掘分析，最终实现数据关联分析与可视化呈现。

2. 建立可再生能源大数据体系

从空间、时间、指标三个维度，开展全球可再生能源数据指标体系研究和建设，以指标体系为指导，进行多维、多源、多尺度的可再生能源的数据池和数据仓库建设。建立企业内部数据、政府部门、合作机构数据和公开数据的可持续性、动态更新获取方法；利用大数据平台的数据爬取与数据治理能力，对数据进行获取、清洗、抽取、转换、加工与入库，确立动态持续的数据更新机制。

3. 建立大数据驱动的分析与可视化平台

利用全球可再生能源资源储量分布、基础地理信息、国别社会经济发展等数据，建设能源电力大数据分析挖掘系统。从海量数据中分析挖掘隐藏的信息和知识，找寻能源电力开发与社会经济协调发展的模式，提升数据价值发现的效率，实现数据驱动的业务创新。同时建设可再生能源大数据可视化展示系统，为国家能源局等政府相关部门、行业用户和电力建设企业，开展可再生能源前景分析、项目规划与建设提供辅助决策支撑。

4. 利用大数据等技术开展可再生能源数字规划

充分利用当前大数据、遥感、地理信息、虚拟现实、人机交互等先进技术成果，建立水能、风能与光伏电站数字化规划流程。利用数字化手段可对全球任意国家或地区水能、风能和太阳能进行储量分析与资源规划，在短时间内，可确定项目开发方向，估算装机与年发电量，形成项目可行性分析与初步开发方案。

案例 7-1

　　全球可再生能源储量评估、前景分析与规划平台是基于云计算与大数据的多层次、多功能、多应用对象的综合性平台，首次将互联网、大数据、云计算技术相结合，开展全球可再生资源储量评估与规划研究，实现信息的可视化查询、显示和输出，支撑可再生能源综合规划、设计、建设、管理和服务需求。平台构建了统一的数据标准体系，建立多维、多源、多尺度数据库为可再生能源从储量评估、开发前景分析到规划设计乃至后期建设运维提供全生命周期数据支撑。构建了世界可再生资源储量评估前景分析、规划的数据体系与分析方法，依托可再生资源储量数据，结合区域生态、地形地貌、地质条件、电网需求、能源结构、经济发展等数据，分析可再生能源的开发利用条件，开展宏观规划。基于先进的地理信息技术、虚拟现实技术、人机交互技术，进行微观选址、规划方案比选和市场前景投资收益分析。引入评估和分析模型以国家可再生能源储量时空分布、开发利用现状、电力需求、电网分布、经济发展、政治社会等情况为基础，结合大数据技术手段开展可再生能源行业发展态势与社会舆情数据挖掘，为能源战略部署与市场开拓决策提供分析支持。构建可再生能源数据分析体系，为国家政府和大型能源建设企业提供战略规划与辅助决策；为中小企业及个人用户提供普惠服务，降低可再生能源开发的技术门槛，扶持企业成长，为个人家庭提供援助。

　　平台面向全球"一带一路"沿线、东盟十国、中巴经济走廊、中亚五国、南非、南美等区域，提供基础地理数据、电力能源资讯与数字规划工具，为走出去企业提供成套规划、设计、施工、运营等信息资源，增强企业抗风险能力、提高企业盈利能力，助力海外投资风险可控、项目落地可靠、项目实施可盈利。

例如，中亚五国可再生能源发电规划应用。利用本平台收集整理的各类基础资料和已有研究成果，依据中亚五国可再生能源和电力发展方针，分析五国能源资源构成特点和开发利用条件，并结合其社会经济发展状况及电力市场需求，完全采用内业工作方式自主编制提出"中亚五国可再生能源开发布局"的初步规划建议方案，为国家间能源合作提供有力的数据支持与技术支撑。如图 7-1 和图 7-2 所示。

图 7-1　中亚五国水能资源理论蕴藏量对比

图 7-2　塔吉克斯坦水电选点规划

平台还为地方能源局提供可再生能源的储量评估与能源监管服务，确定新建项目建设方案，对已建项目统一运营监管，开展可再生能源运行态势监测与发展趋势分析，为能源局等相关部门工作人员提供决策分析支撑。

例如，四川省能源信息管理系统应用。利用本平台实现对四川省能源资源数据、能源规划数据、能源项目数据、能源运行数据进行汇聚与展示，按照资源规划开发、能源利用、电力生产消费、电力运行安全、电力需求等专题开展能源数据挖掘分析，旨在通过长期的全省能源运行数据，分析在规划、开发、生产、消费、安全、输送等环节间的规律性和相关性，为能源局制定相关政策提供分析支撑。如图 7-3 和图 7-4 所示。

图 7-3　四川省光伏资源分布研究

图 7-4　四川省水电规划项目分布

　　能源建设企业利用平台的数据与数字规划工具，在保证项目安全的同时，开展多能互补论证研究、进行项目前期方案比选与市场前景投资收益分析。高效确定市场开拓方向、开发区域、开发价值及开发策略等内容，降低前期资料收集、市场调研、踏勘规划等时间、人力和设备成本投入，进一步促进可再生能源综合利用，提高投资收益率。

　　例如，西南地区某流域风光水互补新能源示范基地。利用平台提供的数据，分析流域内水能、风能、太阳能资源分布，结合资源实测数据、水电站、风电场和光伏电站实际运行出力过程等数据，发现流域内风光水在年内具有较强的互补性，汛期水电出力较大时，而风电和太阳能发电出力较小，反之枯期水电出力较小时，风电和太阳能出力较大，三者形成了"此消彼长"的互补关系。利用三者的互补关系，使用平台提供的风电场和光伏电站规划工具，在已有水电站周边配置风光电站，减少风电和太阳能发电不稳定出力对电网系统的影响，同时也增强了电力系统对风电和太阳能发电不稳定出力的消纳能力。利用平台数据进行数字规划，可提高前期规划效率50%以上，降低前期成本投入10%以上，并可快速形成多套开发方案，供决策者使用。

二、数字化提速新能源全过程管理

电力数字化发展离不开"数字"，但也并不是简单的数字化转型、技术应用，而是战略和管理命题。如今，我国新能源数字经济已涌现一批"急先锋"，五大发电集团都已启动新能源场站集中监控系统和新能源大数据平台建设，国网也于2018年启动新能源大数据服务平台和新能源工业互联网平台"新能源云"建设，南网则启动了以透明电网为核心的"数字南网"建设等。

我国新能源数字经济基础设施建设薄弱，新能源装备制造企业工业互联网平台建设缓慢，隆基股份、金风科技、晶科能源等新能源装备工业互联网平台的建设刚迈出步伐。我国亟须加快构建新能源数字生态圈。业内人士认为，数字云将助推我国电力产业从"质的提升"转向"智的飞跃"，加速产业融合发展，有效破解当前大量电力电子装备融合难题。

在目前呈现出的新能源数字经济中，同样值得关注的还有"新能源云"，在业内人士看来，其正勾勒一整套促进新能源发展与消纳的解决方案，加速构建电力数字化发展的新能源"一张图"。目前，"新能源云"已完成一期功能开发并在国网系统全部27个省级电力公司部署应用，接入国家电网经营区所有新能源场站198万余座、4.5亿kW，服务新能源全产业链上下游10000余家大中小企业。

"新能源云"已建成海量新能源电站运行监测系统，目前累计接入新能源场站180万余座，总装机容量3.8亿kW，可以动态监测接入平台的每一座风电场、光伏电站逐小时发电功率、发电量、弃电量等运行指标，日运行的数据量超过1T。如今，新能源并网全过程的34个环节已压缩到19个，已有3.7万个、2.1亿kW可再生能源发电项目通过"新能源云"开展补贴申报。以外，"新能源云"还可以动态评估各地区新能源消纳状况，滚动计算分区域、分省、地市县分层分级新能源消纳能力，实时预测月度、季度、年度及中长期的弃电量、利用率、可接纳新增装机裕量等指标，进一步引导新能源科学开发和布局。

在数字经济成为我国经济高质量发展新引擎的背景下，加快煤、油、气、电等数字融和将是未来发展趋势。未来新能源数字经济平台具有非常好的应用前景，"新能源云"也将逐步向"能源云"迭代，支撑智慧能源体系建设。越来越多的能源电力企业开始建立数字信息平台，逐渐由纵向发展向横向商业模式转变，随着"新能源云"向"能源云"迭代，善于深度应用数字化技术的能源电力企业将赢得显著的竞争优势。与此同时，政府相关部门也在针对企业智能制造和电站数字化运维制定相应支持政策，鼓励企业向数字化转型，通过出台新能源数字经济产业政策，支持新能源数字经济平台、新能源工业大数据中心、新能源工业互联网安全体系等基础设施建设。

对整个电力行业来说，都有从流程驱动信息化变成数据驱动信息化的诉求，在数字化转型过程中，既要有强大的技术平台支撑，还要有实践方法论、数据应用理论，以及领先的管理意识；在智慧化平台转型过程中，既要有信息化专业人才，还需要懂业务、懂IT的复合人才深度融合。随着物联网、大数据、人工智能等技术的发展，基于电力企业信息化基础较好的情况下，需要通过数字化技术来推动业务发展，实现由原来通过数字化手段追求效率提升，到追求效益提升的转变。

在新能源方面，工业互联网将是新能源发展的技术底座，可以通过5G、工业互联网平台把分布式的风电站、光伏电站连接起来，形成信息的汇聚，实现风电、光伏等精细化运维，提升整个资源配置效率。在综合能源方面。通过物联网、大数据、人工智能技术帮助电力企业更好地做好工厂、小区、民众在用电侧的精细化管控，提高能源利用效率，实现资源高效配置。在传统火电方面。通过人工智能、算法的应用降低能源消耗，还可以通过工业互联网平台技术实现区域机组集群调度，做好电网资源和能源调度。

电力行业在向数字化高质量发展的道路上，将呈现平台化趋势，打破原先各系统和部门数据信息独立分散、数据孤岛的现状，实现基建到生产一体化、财务与业务一体化、业务与绩效一体化、集团与电厂一体化、MIS 与 SIS 一体化，并在整体上呈现生态化趋势，产业链会基于一个大平台用数据改善管理、提高供应链和资源协调效率。

案例 7-2

数字化技术应用于大坝安全监测。2008年汶川地震发生后，中国电建华东院应用北斗定位及短报文信息传输功能，解决了灾区水电站大坝现场通讯不通、工作人员无法现场排查和监测信息无法传输的难题，通过在水电站大坝现场和国家能源局大坝安全监察中心设置北斗卫星发送/接收终端，将水电站大坝安全监测系统的信息通过接口实现经北斗运营服务中心与异地接收端的实时传送。根据各终端的数据处理软件的接口格式发送给水电站大坝安全信息系统进行数据处理并进行形象化显示，实现在无公共网络通信手段或极端情况下的大坝安全信息传输和查询。如图 7–5 所示。

图 7–5 大坝安全管理监控信息系统

第二节 负荷成为电源：设备参与电网调度

据预测，到 2030 年和 2060 年，我国新能源发电量占比将分别超过 25%
和 60%，电力供给将朝着逐步实现零碳化迈进，新能源将成为新增电源的主
体，并在电源结构中占主导地位。

（一）新能源

在"双碳"目标下，基于新能源为主体的电力数字化发展，水、火、核、
风、光、储等电力系统基本组成元素没有发生改变，但各个元素的组成数量在
大变，在此消彼长的过程中，体系的管理可能要发生"核变"。对这个变化过

程控制的最好手段就是数字化技术的全面深入应用，通过电力数据运用能力的全面提升来支撑这个变化带来的一系列问题；运用全面的数据分析来对水、火、核、风、光、储等系统演变过程、系统实时运行等情况，实现综合平衡、实时平衡、经济平衡、碳平衡。

推动高弹性、智慧化、智能化电力数字化发展。打造多元融合高弹性电网，适应高比例新能源和高比例电力电子设备需要，促进系统各环节全面数字化、智能化；建立全网协同、数字驱动、主动防御、智能决策的新一代调控体系；加强源网荷储多向互动、多能互联，推进多种能源形式之间的优化协调，提高电力设施利用效率，提升整体弹性。加强预测预警体系建设，保障极端事件下的电力系统恢复能力。

（二）负荷"电源"

在用时是负荷，在紧急状态下，用户不用那么对电网就增加了电源，因此，负荷也是"电源"。利用数字化技术把离散的负荷变成灵活的电源，如建立充电桩、离散用电设备等管控平台，实现随电网局部负荷变化，及时自动开、关等操作，来实现电网局部平衡。对于负荷"电源"要有一系列的政策来支撑，例如完善电动汽车参与系统调节的激励机制；不断提升电动汽车与电力系统互动水平；鼓励各类电化学储能、物理储能的开发应用；加快抽水蓄能建设，既要推进单机容量 30 万 kW 以上、电站容量百万千瓦以上的抽水蓄能项目建设，又要因地制宜，建设中、小型抽水蓄能项目，对具备条件的水电站进行抽水蓄能改造。

同时，积极推动多元互动的综合能源服务，构建智能互动、开放共享、协同高效的现代电力服务平台，满足各类分布式发电、用电设施接入以及用户多元化需求。深度挖掘需求侧响应潜力，鼓励引导大用户参与实施需求响应；积极开展综合能源服务，提高负荷的可调节性。

此外，充分发挥市场在资源配置中的决定性作用：

1. 持续深化电力市场建设

构建统一开放、高效运转、有效竞争的电力市场体系，出台灵活的电价政策，加快完善辅助服务市场机制，有序开展容量市场和输电权市场建设。

2. 积极发挥碳市场低成本减碳作用

继续完善全国碳市场交易体系，分步有序推动其他重点排放行业纳入全国碳市场；分阶段引入 CCER、碳汇等交易产品，建立碳金融衍生品交易机制，积极引导社会投资；探索区块链、绿证在碳市场中的应用；加强发电企业参与碳市场能力建设，深入开展企业碳资产管理工作，努力降低发电企业整体低碳发展成本。

3. 探索建设全国电－碳市场

建立电力市场与碳市场的联动机制，将现有电力市场和碳市场管理机构、参与主体、交易产品、市场机制等要素深度融合，构建主体多元的竞价体系、减排与收益相关的激励机制，以及"统一市场、统一运作"的交易模式，形成电价与碳价有机融合的价格体系。

未来，多能互补系统将以电能为中心，实现多网能源融合，实现多能的优势互补从而提高系统能源利用效率。大型的公共设施如工业园区、学校、飞机场等将成为用能主体，同时商务区、海岛地区及偏远地区，将结合地方用能特点，开发风能、水电、光伏等能源结合，实现产业布局的优化；优化区域内的电能、天然气网络、热能网络、供冷网络等，实现规划、投资与运营的优化。

电网的发展方向是全面、动态地整合发电侧和受电侧资源，促使更多的用户侧资源参与电网的互动，进而消纳更多的可再生能源。在当下"互联网+"

智慧能源发展背景下，用户侧储能是一种缓解电力供需矛盾、降低高峰负荷、促进节能减排的重要手段。随着可再生能源的大规模接入和负荷峰谷差的进一步拉大，需在传统的需求响应负荷控制的基础上，将新能源消纳、电动汽车、蓄热式电锅炉、分布式储能、智能微网、能源互联网、综合能源服务等纳入需求响应。用户侧分布式储能大规模接入电网，可以实现电网和用户的互利共赢。对电网而言，用户侧分布式储能大规模接入电网可以增加电网的调峰能力，削减高峰负荷及负荷峰谷差，确保电网安全稳定运行，实现电力负荷管理由强制到自愿的转变，减少电力高峰拉闸限电对企业的影响，有效缓解电网局部"卡脖子"问题，延迟或减少电力系统的投资，提高现有电力系统资产的利用效率，消纳可再生能源，促进以风电及光伏发电为代表的新能源发电技术的发展；对用户而言，可获取政府补贴，减少能源费用，并以需求响应能力建设为契机，改进系统能源管理及节能减排能力，提高效率，降低成本。

电动汽车。电动汽车规模的不断扩大，给电网的安全稳定运行带来了新的挑战。一方面，电动汽车的无序充放电行为将对电力系统的规划和运行产生无法忽略的负面影响，使得电网的峰谷差变大、网损增加、电能质量变差等；另一方面，电动汽车又是良好的移动储能单元，在智能电网的发展背景下，电动汽车能够起到削峰填谷、辅助调频、降低系统运行成本等作用，促进电动汽车与电网协调发展。

蓄热式电锅炉。国家发展改革委、国家能源局、财政部、环保部等多个部门联合印发的《关于推进电能替代的指导意见》（发改能源〔2016〕1054号），以及住房和城乡建设部、国家发展改革委、财政部和国家能源局四部门联合印发的《关于推进北方采暖地区城镇清洁供暖的指导意见（建城〔2017〕196号）明确提出了要加快推进北方采暖地区城镇清洁供暖，以减少污染物排放；

采用电锅炉替代燃煤、补充燃气锅炉供暖成为改善采暖季污染、落实电能替代发展战略的重要举措。蓄热式电锅炉一般用于集中式供暖，利用低价谷电或风电、太阳能等可再生能源所发电力加热锅炉蓄热系统，将热量储存起来，达到全部使用低谷电力（全蓄热式）或部分使用低谷电力（半蓄热式）供热的目的。适用于可再生能源消纳压力大，弃风、弃光问题严重，电网削峰填谷需求较大的地区，主要用于建筑采暖、城市热网补热或小型区域供热，可削峰填谷，缩小电力供应峰谷差，优化电网运行结构，且运行成本仅为传统电锅炉的 1/4 至 1/3。

储能电站。储能电站主要包括物理储能、化学储能、电磁储能三种类型。其中物理储能也称机械储能，主要包括抽水蓄能、飞轮储能、压缩空气储能；化学储能也称电池储能，主要包括铅酸蓄电池储能、锂离子电池储能、钠离子电池储能、液流电池储能等；电磁储能主要包括超级电容储能和超导储能。根据各种储能技术的特点，其应用场景也不尽相同。飞轮储能、超导电磁储能和超级电容器储能主要用于需要提供短时较大的脉冲功率的场合，如：电力系统电压暂降、瞬时停电、提高用户的用电质量、抑制低频振荡及提高系统稳定性等；而抽水储能、压缩空气储能和电池储能多用于系统削峰填谷、大型应急电源及可再生能源并入等大规模、大容量的应用场合。

第三节　数据就是能源：高度离散的电源

在电力数字化发展过程中需要重塑数据价值认知。数据共享带动能源智慧化发展，实际上，数据也是"能源"，真实、及时、综合的数据信息是支撑能源智慧化的基础。完善数据财产保值制度、合理的业务场景驱动模式等一些问题需要解决；政府与大型能源企业要打破能源品种壁垒，走出数据孤岛，寻求不同能源品种之间的数据融合与交互利用，构建有效的数据利益共享模式，建立能源大数据中心，充分发挥大数据在能源产供储销体系的作用。

在电网侧通过消纳情况及弃风弃光原因分析，来感知新能源消纳态势，保障新能源消纳水平；在发电侧可以进行电力交易的辅助决策和储能规划，优化策略，实现场站的收益最大化；在用户侧，通过建立虚拟电厂对数据进行整体管理，根据分析和处理的数据结果来优化决策。

一、电力大数据技术实践

数字化时代的发展，产业积累了实实在在的海量大数据。电力大数据具有规模大、类型多、速度快、价值密度有限等特点，数据源主要来源于电力生产和电能使用的发电、输电、变电、配电、用电和调度各个环节，可大致分为三类：① 电网运行和设备检测或监测数据；② 电力企业营销数据，如交易电价、售电量、用电客户等方面数据；③ 电力企业管理数据。大数据技术的应用可实现对电力生产到消费的全链条感知与分析，可为电力系统安全稳定运行、消费端能效提升、源－网－荷－储协同等提供重要支持。

1. 电力系统安全稳定运行

利用大数据技术针对能源电力系统中的数据进行采集、传输、存储、融合操作，可有效整合能源电力系统中多元异构数据，构建能源电力系统数字孪生模型，进一步提升对新能源出力、能源网络潮流分布、用户用能行为的感知与预测能力，为电热冷等异质能调度、交易及综合需求响应实施等提供重要决策辅助，保障异质能系统的安全、稳定与高效运行。

2. 消费端能效提升

依托大数据技术挖掘用户用能行为与能源价格、天气、时间等因素间所隐含的关联关系，通过构建用户用能种类、用能时间、用能强度及用能弹性等模型，实现对多元能源用户的精准画像，为能源消费端的能源消费优化方案制定、能源消费服务定制及用户侧资源发掘提供理论指导，推动能源消费侧用能成本降低、实现用能综合化效率提升。

3. 源 – 网 – 荷 – 储协同

依托大数据技术对能源电力系统中积累的海量数据的分析可精准洞悉源 – 网 – 荷 – 储间能源流、业务流、信息流的流向与交互模式，揭示系统中多元主体间的"三流"交互机理，进而有效推动源 – 网 – 荷 – 储协调优化，提升异质能网络的可靠性与经济性，支撑能源电力系统安全稳定运行。

4. 思考建立"数字能源"

通过建立相互分工又逻辑集中的数字能源大数据体系，一切行为可以量化，实现能源的生产和管理等基本全面信息化，规范管理各个环节的行为。建立逻辑集中的分工合作、共享共用的能源大数据体系，保证各级人员能够灵活应用各类数据的存储、备份等数据化基础设施体系，招之能来、来之能用、放之能回、回能复原。

案例 7-3

国网辽宁信通公司与辽宁省应急厅合作，利用数据产品辅助应急厅对省内重点危险源企业安全生产状态进行远程监测与管控。与以往群众信访、突击检查、专项执法等传统监管模式相比，通过电力大数据研究每家危险源企业的典型用电特征，可以更精准地实时监控企业工况及依法限产、停产等落实情况，助力对企业的安全生产监管，有效提升监管执法效率。

通过利用电力大数据，可以实时监测全省电网负荷情况、近期供用电形势和峰谷时段重点企业用电状态等，这些信息都能通过曲线、图像、数据等方式实现实时监测，可以为政府治理与决策提供一种"看得见，摸得着"的可靠依据。电力数据是工业经济的先行指标，尤其和工业产品的产量相关性较高，可以在一定程度上反映工业总产值、工业增加值等经济指标的变化情况。基于此，国网辽宁信通公司与辽宁省工信厅共同研发了"电力看工业经济"数据产品，以电力大数据为基础，综合经济数据，构建多项工业指标模型，助力省工信厅对全省工业经济运行状态进行监测和预判。（上述案例来源于网络）

案例 7-4

湖北省正在通过电力数据的深度分析，形成与金融部门的深度联合，从而为中小微企业的高质量发展铺路搭桥。针对目前中小微企业存在融资难、融资慢、融资贵等问题，特别是疫情期间部分中小微企业出现现金流紧张，国网湖北省电力有限公司已经与金融行业开展合作，利用电力大数据开展客户的贷前授信辅助和贷后风险预警，为银行提供多维度的用电信息评价。

国网湖北省电力有限公司襄阳供电公司与中国建设银行襄阳分行签订战略合作协议，利用电力大数据开展客户用电水平、电量趋势等多维度分析，分析客户在本地区、本行业中用电排名情况，为银行更加快速、精准放贷提供数据支撑。襄阳泰松纺织有限公司已与中国建设银行襄阳分行成功签订一笔120万元的贷款协议。电力大数据在其中为双方的签约成功发挥了"桥梁"和"纽带"的作用。（上述案例来源于网络）

二、智慧供应链技术实践

智慧供应链对于电力产业打造互联互通的智能电网有着至关重要的作用。在智能电网建设过程当中，需要考虑到设备物资质量问题，传统的电网物资管理工作会出现资源配置能力不足、电力供需匹配度低、应急保障实效性不强等问题。与此同时，由于智能电网建设使用的材料价格波动、产能饱和等问题，导致智能电网建设的任务繁重，管控难度变高。随着电力系统的发展不断深化，电网建设的规模不断扩大，电力设备的数量、种类不断增多，导致电力物资管理难度不断增大，对智能电网物资管理的要求不断增多。智慧供应链是技术和管理两方面综合集成的系统，该系统构建在企业内部和外部之间，实现供应链的自动化、智能化和网络化。

智慧供应链的主要实现途径是现代物联网技术和现代供应链管理进行有机结合，从理论和技术方面提高供应链的合理性。电力行业智慧供应链采用了多种技术，在供应过程当中记录物资在各阶段的实际信息，对各阶段的物资使用状况及位置实施监控，有效控制物资使用寿命，延长使用周期，不仅提高了智能电网建设的质量，在一定程度上起到了成本节约的效果。

1. 实现智能招标采购

基于物资采购全过程，在采购计划、评标、授标及专家管理等环节开展业务创新，在线自动授标，打破专业壁垒，实现采购业务智能评审、采购过程合规透明，节约投标人大量的人力和时间成本，有力保障各类物资高效精准采购。

2. 推进数字物流

以物资供应全过程为主线，整合合同、供应、仓储、配送、应急、废旧、结算等业务，应用物联网、移动互联等技术，实现运输状态全程可视化监控，同步物资、项目、运输等信息，实现物资供应可视化更全、精准度更高、敏捷性更强。

3. 辅助智慧决策

全面应用大数据、人工智能等新技术，在供应链全景可视、数据互联、协同共享的基础上，从采购、供应与质控三大业务方面实现多维分析、业务预测、风险管控、智能决策，全局实时监控并快速响应业务变化，持续改进优化策略，提升精益化管理水平，为战略决策提供智慧支持。

案例 7-5

国家电网公司通过打造"e 链国网"的一站式供应链服务平台和"五 E 一中心"供应链管理平台［ERP（企业资源管理系统）、ECP（电子商务平台）、EIP（电工装备智慧物联平台）、ELP（电力物流服务平台）、E 物资（物资作业系统统一移动服务门户）和 ESC（供应链运营中心）］，推动智能采购、数字物流、全景质控三大业务链有序运作，致力于建立全供应链运营服务及管理机制和供应链数据"资源池"，实现跨业务、跨专业、跨系统数据融合，通过数据驱动提升供应链运营效率、效益和效果。

供应链运营中心（ESC）作为"五 E 一中心"的智慧运营系统，是现代智慧供应链的"大脑中枢"，依托国家电网公司总部和省公司两级数据中台，通过构建智能采购、数字物流、全景质控、供应链协同、运营监督五大业务板块，分别建设运营分析决策、资源优化配置、风险监控预警、数据资产应用、应急调配指挥五大功能。

五大业务板块划分遵循"专业分工、协同运作、规范高效"的原则，以专业视角、全供应链视角和规范性视角进行设计建设。以"智能采购、数字物流、全景质控"三大业务链作业系统为对象，建设对应的业务链运营板块，实现运营管理与作业执行分离，从专业视角开展运营管理，进一步发挥专业优势。以全供应链内外部协同为目标，建设供应链协同板块，着力开展全链分析、预测、优化等工作，解决业务协同断点、痛点、堵点，从全供应链视角、立足全局绩效提升和整体价值创造维度开展运营管理。以全供应链合规运营保障为基础，建设运营监督板块，实现对供应链关键环节重点监督内容的实时监控，完善异常风险点指标监控能力，着力提高重要节点、突出问题的监督能力，从合规性视角和着力风险管理两个方面开展运营管控。(上述案例来源于网络)

三、区块链技术实践

区块链技术是分布式数据存储、点对点传输、共识机制、加密算法等计算机技术在互联网时代的创新应用，具有去中心化、信息共享、记录不可逆、参与者匿名和信息可追溯等技术特点。

区块链正在革新传统的互联网格局与模式，区块链技术也能够在能源电力互联网时代促进多形式能源电力、各参与主体的协同，促进信息与物理系统的进一步融合，有助于实现交易的多元化和低成本化。区块链技术的应用可为电力行业发展过程中的数据安全、多主体协同、信息融通等问题提供全新技术解决方案，可为我国弃风弃光现象的缓解、综合能源服务的发展及电力市场智能化交易体系的构建提供全新可能。

1. 支撑高比例新能源消纳缓解弃风弃光

依托区块链技术去中心化、信息共享、信息可追溯等技术特点，一方面可简化新能源电力交易流程，降低分布式新能源电力交易成本，有效支撑多元主体间点对点、实时、自主微平衡交易；另一方面区块链技术分布式记账技术可为能源产品、能源金融等产品交易市场提供可信保障，助力绿色能源认证、绿色证书交易等新型商业模式发展，促进能源电力领域的市场主体创新能源生产与服务模式，支撑高比例新能源高效消纳。

2. 发展综合能源服务

依托区块链技术"多链"技术特性，可实现电力网络、石油网络、天然气网络等异质能系统中的多元主体及其设备广泛互联，在构建形成横向多能互补、纵向源－网－荷－储协调、能源信息高度融合的综合能源系统的基础上，推动实现综合能源系统多元主体间可信互联、信息公开与协同自治，进而显著提升综合能源服务的可追溯性和安全性。

3. 助力电力市场智能化交易体系构建

利用区块链技术的信息共享、记录不可逆和不可篡改等特性，可为电力市场中相关主体间各类信息的自主交互和充分共享提供支撑，在保障电力市场信息透明、即时的同时，可辅助各交易主体实现分散化决策，提升用户参与电力市场的便捷性和可操作性，加速推动电力市场中合同形成、合同执行、核算结算等环节的智能化转型。此外，依托区块链技术参与者匿名、信息可追溯的技术特性可有效规范电力市场监管过程，促进电力市场的监管水平提升，保障市场交易的公平性与安全性。

4. 保证信息验证的安全性和可靠性

电力行业传统身份认证中采用的都是中心化机构对身份进行确认，需要将所有身份信息都存储在中心数据，这种情况下如果中心数据库被攻陷，很容易对其中的数据进行篡改。因此需要一种安全机制对数字身份体系进行管理，实现对用户信息和系统的维护。通过区块链技术的应用有利于对数字身份进行认证，而且信息不可篡改，有利于保证信息验证的安全性和可靠性。实体人在系统中的信息都可以进行脱敏处理，不经实体人授权任何人都无法获得真实数据，有效预防信息泄露，解决身份认证问题。

案例 7-6

国家电网有限公司经过四年的探索实践，建成国内最大能源区块链公共服务平台——"国网链"，打造了基于区块链的可再生能源电力消纳凭证交易系统。一方面，建设区块链身份认证体系，通过区块链密钥生成机制，背书市场主体身份和公钥的绑定关系，替代现有的第三方数字证书认证方式，大幅节约认证成本，优化营商环境，提升了可再生能源电力消纳市场化效率。另一方面，基于智能合约技术，实现消纳账户管理、凭证电子签名核发、凭证交易、交易记账等核心业务链上运作，实现可再生能源消纳交易数据全过程溯源可查，助力政府有效监管。该系统在推动能源消费和供给结构升级方面价值显著。

基于"国网链"搭建的可再生能源超额消纳凭证交易系统，自 2020 年 11 月在 27 个省级交易市场上线使用以来，累计为河南、宁夏、江苏等 10 个省份达成区块链超额消纳凭证转让结果 240 余万个。每年可完成 17 万元的交易主体身份凭证及近 2 亿元的区块链超额消纳凭证签发，降低市场接入成本上亿元。

通过构建发电、输电、用电企业等多元主体的区块链交易体系。一方面，应用区块链智能合约首次实现链上交易，将可再生能源消纳凭证交易申报、出清全部通过调用智能合约完成，实现全业务链上运作，保障交易透明、可信、高效;另一方面,应用区块链电子签名核发消纳凭证,包含电量原产地、消纳地、消纳主体、消纳时间、消纳电量等信息,实现可再生能源电力消纳全生命周期溯源管理,实现数据确权共享,充分激发供需两侧潜力,推动绿色能源发展。(上述案例来源于网络)

案例 7-7

2019 年 3 月,南方电网公司启动供应链统一服务平台建设,并将其作为"智慧供应链平台"中"作战单元"的重要一环,将建成提供综合性对外窗口,联结外部资源进行业务协同的统一平台。2020 年 3 月,平台投入运营。供应链统一服务平台利用微服务、云平台、物联网等技术,促进供应链业务向产业链两端延伸,为上下游企业提供公告查看、供应商登记、购标、投标、合同履约、设备监造、物资配送等服务能力,为上下游企业减少人工、节约人力。进而聚合产业链上下游合作伙伴,支撑打造多方合作共赢的供应链生态圈,打通南网与外部合作伙伴的信息壁垒,将"分散"数据汇聚于平台,将可靠、高效的新技术应用于数据采集与分析,业务应用等环节,实现统一账户,统一权限管理,实现与供货商、承包商、服务商等合作伙伴合同信息、履约信息、物流信息的实时交互和共享,从而实现业务高效协同和集成。

四、云计算技术实践

云计算平台在电力行业中的应用,可以在数据采集处理、计算处理以及分析挖掘等环节当中提供技术支持，促使数据整合、处理效率及价值挖掘水平得到大幅度提升。利用互联网技术，通过有线/无线的网络传输，对能源的使用情况进行在线实时监测、用能情况进行分析并生成实时报表，从传统的监测和采集逐渐发展为云计算、大数据等数字化技术为支撑的综合性能源平台，全方位的监视配电系统的运行状态和电量数据，并提供优质的运维服务。

1. 用能服务精细化管理

云平台利用其虚拟化资源管理技术实现对用户身份、用能信息等各类数据信息统筹储存与管理，并将数据信息抽象化关联形成跨应用、跨部门、跨系统的信息协同共享资源，构建具备管理动态化、数据可视化等特征的智慧能源管理系统，为用户提供实时在线的能源消费服务，在对用户开展能效诊断、能效薄弱环节识别的基础上，定制相应的节能技改、能源合同管理等服务方案，实现基于能源大数据的能源服务精细化管理。

2. 终端智能化监控

依托云平台开放包容的技术特点，推动多元主体及设备的广泛接入，打破实体结构间的技术壁垒与体制壁垒。在此基础上，以数据驱动构建的特征库、模型库及算法库为依据，围绕"两高三低"目标，即能源系统终端用能效率提高、供能可靠性提高以及用户用能成本降低、碳排放降低和其他污染物排放降低，对各类终端实现状态监测与遥控、遥调，推动能源电力系统的多目标动态优化。

3. 生产管理精益化升级

通过安全高效的基础设施云平台的搭建，实现动态资源调度、弹性资源管理、安全资源共享；完成数据中心的改造和整合，实现服务器、存储设备、网络资源、安全设备等整合升级。对电力云端改造进行整合和运用，将常用系统迁移到云平台上；建设云管理平台，实现集中资源监控、集中资源管理、集中用户管理、集中软件管理、集中存储管理、集中资源维护、集中软件维护和升级；通过电力基础设施云端平台的计算能力，建立安全预警机制、决策辅助策略。最终打造符合科学发展、集约化建设和节约型社会要求的电力系统服务平台，实现生产管理升级，提升科学管理水平，降低管理运营成本。

案例 7-8

南网调度云超算平台采用阿里云自主研发的飞天云操作系统和神龙超级计算集群，每秒钟可进行 825 万亿次浮点运算，节点性能较普通云服务器提升 5 倍。这些算力是以云服务的形式提供，普通应用不需要任何改造即可获取。南网调度云超算平台可支持精细化数值天气预报、电力现货市场和新能源功率预测等多种大型计算场景，进一步提高大电网的认知水平和运行管控能力。

早在 2018 年，南方电网便与阿里云合作，率先搭建起电网系统的"大脑中枢"——调度云平台。此后，基于调度云平台开发的 AI 应用将南网总调的全网负荷预测准确率提升到 97.63%，"电力现货交易"业务上线又进一步降低了全社会的用电成本。在 2021 年台风季来临前，基于南网调度云超算平台搭建的精细化数值天气预报系统台风模式已正式投入应用。在第 7 号台风"查帕卡"中，该模式平稳运行，有效支撑了南方电网在台风天的应急指挥工作。（上述案例来源于网络）

五、人工智能技术实践

随着电网数字化和信息化技术日渐成熟，发、输、配、用各环节数据均得到有效采集，数据量与日俱增。然而面对海量的电力数据，传统技术已无法满足数据处理需求，更不能深入挖掘数据价值，因此人工智能技术和大数据技术应运而生。人工智能技术和大数据技术相结合，可以将先进的传感量测技术、信息通信技术、分析决策技术、自动控制技术与电网基础设施高度集成，共同推动电网体系的变革。除了能对电网进行实时监控和检测、保证系统的安全运行之外，人工智能技术还能进一步挖掘历史数据和实时数据，有利于电网诊断、优化和预测，提高电网的控制水平和资源优化水平，挖掘电网运行规律，从而保证电网运行的安全性、可靠性和经济性。

人工智能为电力行业的数字化、智能化转型升级带来新的思路和方案，在电网设计运维、调度控制、安全管理、客户服务等领域具有广阔的应用前景。

1. 人工智能技术与电力系统运维

为应对愈加复杂的电网运行形势，调度运行控制通过利用事前、事中、事后全过程的人工智能技术支撑手段，已实现电网故障处理的智能转型。调控人员可以通过将经验提炼为知识，形成故障知识图谱，并结合人工智能技术，可主动、快速、全面掌握故障处理的关键信息，为故障处理提供相应的辅助决策，从而有效控制电网事故的发生和发展。

2. 人工智能技术与电力系统规划

在对未来电力波动、负荷曲线和电力分布情况实施预测的前提下，研究未来一段时间内电源和输电线路的投产情况，结合各人工智能技术特点，在电力系统规划中的应用主要体现在电源规划、电网规划、源网协调规划等方面。

3. 人工智能技术与电力系统调度

针对规模庞大、结构复杂的现代电力系统，调度的主要目的是保障系统的安全运行，保证用户的供电可靠性，同时提高系统的经济性。基于人工智能技术的调度方法，对应于电力系统的调度功能，电力系统调度问题可分为机组组合优化、机组调度优化等。

人工智能技术对于解决电力系统所含有的非线性、不确定性强、耦合性强、多变量等特点的问题具有较好的适应性和灵活性，对于提高电力系统的运行效率，提高其安全可靠性以及智能化水平将起到重要作用。

案例 7-9

浙江省能源集团有限公司（以下简称浙能集团）人工智能应用场景建设主要内容为浙江浙能台州第二发电有限责任公司基于 AI 赋能的智能电厂建设。建设目标如下：

基于 AI 赋能的智能电厂建设是在数字电厂的基础上进行信息化和智能化融合，在传统发电企业研究和应用最先进的云、大数据、AI 等数字技术，升级基础网络与自动化设备，融合搭建智能电厂赋能平台，推进决策、设备、运行、燃料管理等业务流程优化，构建人机协调、清洁高效、本质安全、智能决策的"新电厂"，实现"状态感知、实时分析、自主决策、精准执行、学习提升"，最终实现与智能电网及需求相互协调，与社会资源和环境相互融合。

以问题为导向，以技术为核心，以工业互联网、人工智能深入应用为抓手，形成一套基于 AI 赋能的智能电厂建设总体技术路线。采用 AI 技术完成发电设备的自感知、自学习、自适应、自控制，实现电厂智能运行、智慧管理；采用大数据 AI 分析进行发电设备的状态诊断、故障预警和检修策略优化，变设备的被动检修为主动检修；研发具有自检测、自校正、自行动、多功能的 AI 机器人，实现"机器代人"，构建少人无人值守的发电生产运行模式。

浙能集团基于 AI 赋能的智能电厂建设实施后，预计可实现生产效率提高 20%以上，能源利用率提高 10%以上，运营成本降低 20%以上，产品研制周期缩短 30%以上，产品不良品率降低 20%以上。

第八章　电力数字化发展趋势与展望

当前，能源革命与数字革命深度融合已经是大势所趋，而能源电力企业传统惯量大，对接数字化、网络化、智能化内在张力明显，在能源领域，由于能源类型的逐渐丰富、环境要求的逐渐严格、消费与供给需求关系日益复杂，以及数字化技术对行业的加持与革命性变化，都引发了企业按传统运营时，经济效益和行业竞争力的巨大压力，电力行业成为最易受未来颠覆性变化影响的行业之一。

电力行业本身具有相对完整封闭的产业链，能源电力企业生产流程受极高的行业安全标准管控，国家能源政策的高要求和严约束，使得行业数字化转型驱动力不足，且存在安全风险。随着人工智能、区块链、云计算、大数据、物联网等数字化技术的应用带动了行业对智慧电厂、智慧能源供应、智能电网、集团管控、运营优化与数字化营销等方面的探索与应用，从而深入影响电力行业产业数字化升级。

第一节　面向碳中和的新型电力系统数字化转型
"NET+GRID+NET" 架构的思考

2020 年 9 月 22 日，习近平主席在第 75 届联合国大会一般性辩论上宣布，中国将提高国家自主贡献力度，采取更加有力的政策和措施，二氧化碳排放力争于 2030 年前达到峰值，努力争取 2060 年前实现碳中和。未来三四十年，中国能源结构将发生根本性跃迁，较之已经达峰的发达国家，中国面临的挑战和冲击更大。"碳达峰、碳中和"是统领各项工作的重大举措，各行各业都不能置身事外，电力行业发展转型要为国家实现"双碳"目标作贡献。

纵观社会发展史，人类文明的每一次重大进步都伴随着能源的改进和更替。在数字化时代，通过数字化技术加快电力行业发展转型已成为行业共识，然而整个行业存在的体制、机制、市场、技术等多重壁垒，为转型带来了新的挑战。

一、未来能源发展的主要问题

面对"双碳"目标，新能源与化石能源在总能耗中的比例将从目前的 15%:85%，转变为 85%:15%，这将引发能源行业颠覆性的变革。未来近 40 年中，将分为几个发展阶段，各个发展阶段细化的目标以及技术的进步，将为能源电力企业带来一系列新的市场机遇。

能源变革离不开政府对市场的政策引导，在能源快速变化发展的过程中，政府通过制定并颁发相应的政策，如进一步推进可再生能源政府补贴与绿证交易、碳交易、新能源替代等，指引能源变革发展方向。通过构建有效竞争的市场结构和市场体系，还原能源商品属性，激发市场活力，鼓励各市场主体充分参与，让市场发挥资源配置的决定性作用。电力行业需要探讨这一形势变化可能对行业的规划、设计、建设产生的影响。

1. 发电侧

化石能源发电厂逐步退出市场将成为不可逆转的趋势，从目前电源结构看，化石燃料发电仍然占据主导地位。在未来 40 年的脱碳进程中，化石能源电力基础设施将逐渐失去主导地位，要找准新定位挖掘新价值，部分电厂不可避免地面临资产沉没的风险，化石能源电厂如何退出市场，电力设计、施工企业将在其演变过程中发挥何种作用，需要进一步探索。

2. 受电侧

用电终端将呈现复杂多样化的趋势，用户侧可能包括电网供电、自发电、储能设备、充电汽车、空调冰箱等，既是电力的使用端，又可能是参与到电网负荷变化调节的设备；可能面临电气冷热综合用能调节的需求，情况呈现出复杂化，自主平衡要求进一步加大，自主支撑能力要进一步加强。用户资产参与电网负荷变化调节，可以大幅度降低电力总投资，但现有的技术手段及运行模式距离这一目标的实现仍有一定差距，同时也存在着巨大的市场发展空间。

3. 电网侧

现有的电网结构和运行管控方式很难保证大规模可再生能源接入和消纳，现有的电网调度体系与集中式大发电模式相配套，很难适应大量不可控、不可调新能源接入，高度离散的新能源发电设备和高度离散的参与电网负荷变化调整的设备很难进入现有调度体系，电网的灵活性、可靠性和安全性将受到严重影响。从技术层面看，可再生能源发电、储能等一些瓶颈性技术尚未突破，技术方向仍未清晰，导致电力系统难以承受无任何约束的新能源大规模发展。如何将高度离散化的设备规模化的集成、可调可控、即插即用，或能实现自我平衡，亟须探索在规划、设计、建设、运行中的新做法。

二、数字化核心方向与架构设计

以新能源为主体的电力系统将发生革命性改变，从解决上述问题角度出发，可以基于现有电网不断完善、优化、提升，以适应新能源的大量投入；也可以基于未来新技术介入支撑新电网，反过来迎接大量新能源的投入，比如从增量电网、微网开始，去提前改革适应，赢在下一个路口。

（一）"数字化+可再生能源时代"电力系统的架构

未来的能源体系是以可再生能源为主的体系，该体系的核心理念、核心架构以及关键点，需进一步研究。未来的电力系统架构可能是"NET+GRID+NET"模式，它的系统分工、组织模式、控制方式将会发生变化。

NET 结构是一种扁平化的自平衡结构，具有三个特征：① 多能协同、源网荷储一体，即负荷与电源不分；② 基于物联网、大数据、云平台、区块链和智能控制，把新能源的不可控、不可调变成可控、可调；③ 用两端的 NET 来保证中间 GRID 更好地发挥作用，解决电网未来可能出现的问题。

电网可能形成新的 GRID 架构，成为核心管道，贯通上下游、调节上下游；电网结构、运行方式、管控模式等可能发生根本性的改变，需要可再生能源发电技术、电网技术、数字化技术的持续进步来支撑。GRID 未来可能趋向公益化，摆脱既要承担电力改革的中间主体责任又要承担市场主体的责任，进一步离开两端电力市场，真正起到公平调节平衡作用；摆脱既要照顾方方面面的利益又要通过五级调度来保证电网安全的责任，进一步强化安全逐层分工合作，让各主体首先负起安全责任，实现自我安全平衡。

基于政策、市场规则和数字化智能控制平台，GRID 和两个 NET 之间责权利也将更加明确，更多的 NET 资产将进入市场，成为市场竞争主体的一部分。随着技术的进步、政策的指引和市场规则的完善，纳入 NET 市场化的GRID 资产将越来越多，GRID 主要承担解决大的区域性能源不平衡和各 NET 的应急责任，灵活性、可靠性、安全性、可接入性、可及性压力将主要由 NET

企业承担。

（二）未来电源侧的 NET 结构

未来具有规模性的发电市场可能形成电源侧的 NET，即基于低碳环保、高质量发展的规划、建设、运营的"风光水火储一体化"电源侧 NET 结构。电源侧将根据资源禀赋，可能形成多个基于数字化智能控制的风光水火储等多种形式的一体化控制平行网络架构（NET），基于资本连接的市场主体或者基于数字平台的虚拟市场主体，最大限制的分担电网（GRID）灵活性压力。未来电源侧可形成多种类型的 NET，由一个电源、多个电源等各类电源 NET 自平衡控制节点组成，这些节点基于低碳、报价等实现自平衡、自我控制。类似虚拟联合电厂运营模式将大量出现，不同能源主体之间基于碳，可能形成新的交易形式并且自动运行，这一全新的架构需要新的自动化体系、控制体系、结算体系，需要新的基于工业互联网的操作系统的支撑。

（三）未来用电侧的 NET 结构

随着用能方式的多样化，可能形成"源网荷储一体化"的用户侧 NET 架构。随着对复杂性、即时性要求的不断提高，智慧化实践应运而生，未来可能形成多个基于数字化智能控制的多能协同、源网荷储不分并能够实现自我平衡的智慧能源网络（NET），共同分担电网（GRID）的灵活性、可靠性、安全性、可及性压力。智慧能源网络以实体或虚拟的形式呈现，但都是真正的市场竞争主体。

未来，一个家庭、一个建筑物、一个医院、一个学校、一个小区、一个区域都将形成不同的 NET 节点。如何自我调节、自我平衡，如何在电网、调度、用户之间确保安全进行交互，如何让设备、电网、用户之间就利益提前设定进行交互，如何就电气冷热低碳低成本综合实时平衡进行控制，需要有新的办法来解决。

（四）未来能源的调度模式

传统电网调度模式在面对不可控、不可调的大量新能源的接入时，如何调度、实现新的平衡并控制安全稳定，是需要关注的问题。分散的屋顶太阳能、充电汽车、家用设备等参加电网调节将更加复杂，需要在电网、汽车家用设备（端）等之间建立有效的沟通协调，需要在端平台、边缘平台、云平台间实现自动化的调度通信，并充分融合信息化、数字化、智能化手段，建立自动化、智慧化的智慧能源新体系，形成在确保 GRID 平衡下的各 NET 节点实时自我智慧平衡，这一全新的体系需要攻关。

探讨如何实现自动交易，对离散资源实现规模化控制；基于区块链技术的相互直接、间接自动平衡交易、碳交易等，标定清楚每一度电、每一个碳的来源，实现交易自动化。

（五）数字化平台对未来能源系统的作用

未来智慧能源"NET+GRID+NET""风光水火核储一体化""源网荷储一体化"的自动化系统、控制系统、管理系统、市场系统、结算系统、操作系统等都将会发生改变。

案例 8-1

　　我国装机容量最大的抽水蓄能电站——河北丰宁抽水蓄能电站可以根据任务需要，选择正向或者反向转动。在抽水时，它就能将风电和太阳能多余的电力存储起来，变为水的势能，当用电高峰期的时候，可以将水的势能转化为电能。丰宁抽水蓄能电站总装机容量 360 万 kW，年设计发电量 66.12 亿 kWh，实现了电能与太阳能、风能以及水的势能之间的无缝切换，无污染、损耗小，是 2022 年北京冬奥会电力保障项目。电站在张北柔性直流电网中起到了调节器的作用，每年可以节约燃煤 48 万吨，减少二氧化碳排放 120 万吨，助力 2022 年北京冬奥会成为史上 100%使用绿色电力的一场奥运会。（上述案例来源于网络）

新体系的建立需要强大的信息化、数字化平台协同，需要物联网、大数据、云平台、区块链、智能控制等技术的全面支撑，需要建立新的数字体系、数据平台和数字模型，建立跨平台、跨维度、跨区域、跨业务的数字孪生体，以及新的基于数字孪生体电源端平台、基于超级数字孪生体区域电源边平台和基于超级数字孪生体电源控制协同云平台，并借助云、边、端等一体化强大的算力支持。

案例 8-2

基于北斗卫星短报文及定位功能的偏远地区水文气象数据传输应用。北斗卫星导航定位系统目前已全球覆盖，并提供全球服务，能在恶劣环境下为用户提供稳定可靠的数据传输和定位功能。中国电建中南院自 2003 年起，用北斗卫星通信取代国外卫星通信，实现在无移动公网覆盖下的边远地区水文（水位、雨量、流量、冰厚等）、气象（温度、湿度、风速、风向等）数据远程传输，解决了偏远地区信息传输的难题。此外，对重要监测站采用"GSM/GPRS+北斗卫星"实现双信道通信，提高了信息传输的可靠性。目前中南院已在广西、湖南、四川、西藏、云南、海南、内蒙、新疆、黑龙江等地得到成功应用。

（六）未来智慧能源新体系的工程全生命管理架构

"NET+GRID+NET""风光水火核储一体化""源网荷储一体化"基于碳控制、新能源规划、设计、施工、运维全产业链、全过程、全寿命的工程架构将发生变革。不同主体之间如何规划、策划、投资、建设，以及面对高度离散的电源点规划新的模式、新的操作方式，并网设备质量如何保证等，传统电力建设规划、设计、施工企业以何种方式参与到市场竞争中，都是需要研究的方向。

第二节　"风光水火核储"一体化数字化应用

数字化创新技术已经成为电力数字化发展的重要手段和支撑工具，对发电端而言，智慧电厂建设也成为发电企业践行低碳转型、电气化转型、平滑自身波动的不二之选。在节能、降耗、减排等政策驱动下，电力行业积极综合互联网技术、大数据资源、推进智慧运行管理、智慧检修安全、智慧新能源等举措，使现有的各种发电方式能够更好地适应未来的智能社会以及能源革命和创新。

一、数字化+可再生能源时代即将到来

中国能源系统转型和能源结构调整势在必行，能源系统将由目前以化石能源为主导的供应模式转变为构建以可再生能源为支撑的能源体系。在其中要充分考虑原有的化石能源退出问题，化石能源发电厂退出时对现有产业链带来的影响及机会；正确处理碳交易、绿证交易、虚拟电厂、风光水火储一体化等产物以及带来新的产品和市场。

习近平总书记强调，能源是国民经济稳定发展与国计民生、社会长治久安的重要物质基础，能源安全事关国家安全大局；习近平总书记提出，要实施"四个革命，一个合作"能源安全新战略，努力推动能源高质量发展，着力构建"清洁低碳、安全高效"的能源体系，为国民经济社会发展和民生改善提供坚强的能源保障。2020年中央经济工作会议要求做好"碳达峰、碳中和"工作。下一步，要抓紧制订2030年前碳排放达峰行动方案，支持有条件的地方率先达峰；加快调整优化产业结构、能源结构，推动煤炭消费尽早达峰，大力发展新能源，加快建设全国用能权、碳排放权交易市场，完善能源消费双控制度；继续打好污染防治攻坚战，实现减污降碳协同效应；开展大规模国土绿化行动，提升生态系统碳汇能力。党的十九届五中全会提出了2030年我国非化石能源占比达到25%的明确要求，中央经济工作会议也作出了推动煤炭消费尽早达峰的具体要求。

能源转型已经成为全球共识，占全球 GDP 总量 70%以上的国家和地区承诺到本世纪中叶实现碳中和的目标。发达国家的实践表明，降低经济发展的能源依赖度，提高可再生能源占比，建设新能源体系在技术上和实践中都是可行的。

"十四五"时期，我国可再生能源发展将进入大规模、高比例、市场化、高质量发展的新阶段。新时期下，可再生能源不仅是能源革命战略的重要支柱，对能源安全、环境保护和应对气候变化有着重要支撑作用，同时可再生能源相关产业的发展也将成为新的经济增长点，也是形成新动能、深化供给侧结构性改革的重要领域。

科技是第一生产力，科技也正在取代资源成为能源安全最重要的基石。未来除了在风、光、生物质、地热等可再生能源领域，在氢能、储能、核聚变能以及能源新材料等方面都有可能出现颠覆性技术，将极大地改变世界能源供需格局。

如今，能源发展改革正处于百年未有之大变局，能源改革正走向高质量、去碳化、精益化新发展阶段，无论是提高非化石能源占比，还是推动煤炭尽早达峰，电力行业发展转型至关重要。未来的能源时代是"数字化+可再生能源时代"，未来的能源体系则是以可再生能源为主的体系。

二、"风光水火核储"一体化数字化发展趋势

当前，能源行业整体处于信息化向智能化迈进过程。数字化技术的应用，全面提升终端能源消费智能化、高效化水平，促进了智能建筑、智能家居、智能交通、智能物流推广，推动了智慧能源的建设和发展。

（一）送端的变化和影响

中国能源具有"富煤贫油少气"特征，虽然近年来可再生能源发展势头迅猛，但目前以煤炭为代表的化石能源在能源供应体系中仍占据重要地位，2020年煤炭占全国能源消费总量的比重高达 56.8%。随着降碳要求的不断提升，新能源加快替代化石能源的趋势愈加凸显。能源领域产生了我国近 90% 的碳排放，能源减排体量巨大，能源消费总量仍有进一步提升的需求，能源领域低碳化发展对实现"碳中和"目标作用显著。

在电力行业，以光伏和风力发电技术为代表的可再生能源技术成本下降，将推动以可再生能源为主体的电力系统建设和清洁化转型；以煤炭为代表的化石能源将逐步改变自身在电力供应中的作用，由电力供应主体逐渐向调峰电源转变；以抽水蓄能、电化学储能为代表的储能技术将得到大力发展，电化学储能在政策支持下可能实现技术突破，加速电力清洁化进程。电力结构保持多能

源互补，基于智能电网调度、火电灵活性调峰、风光水火储一体化应用等技术，通过在辅助市场加强电网灵活性资源调度促进新能源消纳，提高电力系统灵活性。

未来规模性的发电市场有可能形成基于低碳环保、高质量发展等约束的"风光水火储一体化"的电源侧 NET 结构，电源侧 NET 结构根据资源禀赋，有可能形成多个基于数字化智能控制的风光水火储等发电基本平衡的一体化的平行网络架构（NET）。可以是基于资本连接的市场主体，也可以是基于数字平台的虚拟市场主体，最大限度地分担电网（GRID）灵活性压力。可能会形成多种类型的 NET 形式，由一个电源、多个电源等各类电源 NET 自平衡控制结点，这个节点基于低碳、基于报价等自平衡、自我控制，类似现在虚拟联合电厂运营模式，会大量的出现，联合报价、联合降碳等。这可能改变人们过去的一些规划设计理念，如虚拟电厂的规划、建议、交易平台等建设，是基于一个集团、地区、碳中和、各种资源、成本最低化规划测算电源点、电源形式的选择、配置、建设和联合调度运行。

数以亿计的用户，在家庭、办公室和工厂自行利用可再生能源发电，由此产生的绿色能源通过"能源互联网"彼此分享，就像在线创造和分享信息一样——这是 2011 年美国学者杰里米·里夫金在其所著的《第三次工业革命》中描述的愿景，也是中国工程院院士、天津大学教授余贻鑫多次提及的发展构想。

未来，随着能源互联网产业加速推进，上述构想正在走向现实。以电动汽车为例，其用电量十分可观，甚至在部分城市家庭，把家中其他用电设备加起来也不抵一辆电动汽车的耗电量。根据现有规划，到 2030 年，我国电动汽车保有量最高将达 8000 万辆，对应电池容量 24 亿 kWh。未来，电动汽车不仅是一个大功率电器，也可以是重要的分布式储能装置。如果管理不好，就会给电网增加压力；如果管理得好，则会在低谷时用电时可作为重要调节手段。

（二）受端的变化和影响

降碳要求的不断提升，使用户对能源消耗的利用方式也发生了很大的改变，电能替代进一步加快，能源综合高效利用将普遍形成。

用户侧趋向复杂化，用户可能有电网供电、自己发电、储能设备、充电汽车、空调冰箱等既是可能用电又可能参与到电网调节的设备，有电气冷热用能综合利用等，情况不断呈现出复杂化，自主平衡要求进一步加大，自主支撑能力也要进一步加强。

随着各种用能方式的参与，有可能形成"源网荷储一体化"的用户侧 NET 架构。现在的多层配网电力系统架构可能会演变成扁平的 NET 架构，并向"源网荷储一体化"发展，形成多个基于数字化智能控制的多能协同、源网荷储不分，能够实现自我平衡的智慧能源网络（NET），共同分担电网（GRID）的灵活性、可靠性、安全性、可及性压力。这个智慧能源网络同样可以是实体或者是虚拟实体，但他们都是真正的市场竞争主体。

在规划设计环节，按照安全、经济、可靠原则，推动用户侧资源参与到电力规划，充分发挥用户侧资源的价值。挖掘用户侧资源可用潜力，考虑用户侧资源调节对电力负荷水平、电力供需平衡的影响，推动将用户侧资源综合规划纳入国家电力发展规划体系，实现电源、电网、用户侧资源的统筹规划，合理配置电网容量裕度，提高输配电网规划的整体效益。

在调度运行环节，通过虚拟电厂、源网荷友好互动、精准实时负荷控制等业务，引导用户侧资源积极参与。① 聚合优化分布式电源、储能系统、可控负荷、电动汽车等资源，建设城市级、园区级、微网级、社区级虚拟电厂，依托多元合作网络和市场化利益分配机制,提高需求响应的稳定性和效果。② 建立源网荷互动管理平台,向用户实时发布市场交易相关信息,引导用户积极参与电网调峰调频和备用,实现用户侧资源常态化应用,提升电网电力电量平衡能力。③ 研究应用海量、分散型负荷控制技术,推广建设精准实时负荷控制系统,在常规或事故等场景下,实现分钟级、秒级、毫秒级负荷控制功能,提高电网弹性恢复能力。

在营销服务环节,通过需求响应、负荷集成商、用户侧储能等业务,积极整合、利用用户侧资源。① 通过连通各省级电力需求侧管理平台与国家级电力需求侧管理平台,建立完善的需求响应实施架构及工作体系,运用价格信号和激励机制等经济杠杆,引导用户优化用能行为,积极参与削峰和填谷需求响应。② 积极培育和发展负荷集成商,代理大用户参与用户侧资源利用相关业务。③ 搭建新能源云平台、储能云平台、车联网平台等平台,为用户侧资源利用创建开放共享、泛在互联的生态。

我国用户侧资源非常丰富,积极推动用户侧资源利用,能够有效支撑能源转型发展。

案例 8-3

2018 年为缓解镇江东部地区夏季高峰期间用电压力,结合储能电站建设周期短、布点灵活的优势,镇江东部地区投运储能电站应运而生,发挥削峰填谷作用,满足高峰电网调峰需要,保证镇江东部地区电力供应。

目前,镇江储能电站由电网储能电站和用户储能电站组成,其中,电网侧储能直接并入公用电网。2019 年夏季用电高峰期前,18 个用户侧储能项目投运，总功率、总容量分别为 64.5 兆瓦时、513.5 兆瓦时，可实现调峰、调频、调压、紧急控制、新能源跟踪等多种功能，同时成功升级为"源网荷储"系统，将电源、电网、用户及储能有机结合，相互配合，实现了最大 280 万 kW 毫秒级的负荷响应能力。此外，每年可减少火电厂因调频、调峰造成的燃煤消耗 5300t，可减排二氧化碳 1.3 万 t、二氧化硫排放 400t。（上述案例来源于文献）

（三）电网的变化和影响

随着大量不可控、不可调的新能源快速接入电网，高度离散的新能源发电设备和高度离散的参与电网负荷变化调整的设备也将接入电网，电网平衡、调度急需新的手段和办法。

大幅度的新能源接入电网，电网可能的平衡路径应对措施有四个：① 为了增加可靠性，再建化石能源电厂，已有化石能源电厂利用小时数已不足，政策也不允许，即使允许也整体推高了电力系统的整体成本；② 大量加快抽水蓄能这样的具有高度灵活性的新型电源建设，既能解决电力，又能解决电量，还能保证电网惯性，但也存在政策不到位，整体推高电力系统成本的问题；③ 各类小容量靠近负荷离散配置储能设备设施建设；④ 把负荷用来随电网的波动参与到电网调节，这会大量降低电力系统传统设备的投入，但智能化、智慧化设施要大量投入。

如何把大量的不可控、不可调新能源，规模化的集成变成可调或者自我平衡，需要把信息化、数字化、智能化手段充分融合进去，建立自动化、智慧化的智慧能源新体系，形成在确保 GRID 平衡下的各 NET 节点实时自我智慧平衡。

将充电汽车参与电网储能、用电设备参加电网调节，需要在电网、汽车家用设备（端）等之间和人之间建立有效的沟通协调，并搭建一个（云）平台实现自动化的调度通信，实现自动交易，把离散的资源进行规模化的控制。基于区块链技术的相互直接、间接自动平衡交易、碳交易等，让每一度电都能标定是谁的，让每一个碳都能显示是谁产生的，让交易实现自动化。

电网充分利用小微传感、边缘计算、电力物联网、大数据挖掘等技术手段，构建具备云–边协同、海量数据处理、数据驱动分析、高度智能化决策等能力的电网平台。海量数据与广泛连接是数字电网的最基本特征，这构成了数字空间对物理系统感知和认识的基础；数据驱动是数字电网价值发挥的关键，使其能够不完全依赖电网模型；跨域智能是数字电网的高级目标，能够透过数据关系发现电网整体的运行规律，推动电网智能运行。

第三节 "源网荷储"区域能源一体化数字化应用

随着大量新能源的接入，大批新政策随之出台，需要思考政治、技术、经济如何与电力行业特点结合，例如针对电力市场化改革、电能质量与现货电价等，提前研究、提供支持、预测变化，研究目标可以从三个方面着手：① 能够支撑国家高比例可再生能源开发，实现"碳达峰、碳中和"；② 提高行业合规管理的效能；③ 降低行业整体的成本。

面对大量新能源接入电网，电力系统可能采取的平衡路径包括：① 为了增加可靠性，大量建设化石能源电厂，这与目前政策相背离，也整体推高了电力系统的成本；② 加快抽水蓄能等具有高度灵活性的新型电源建设，既能解决电力又能解决电量，还能保证电网惯性，但也存在政策不到位，整体推高电力系统成本等问题；③ 建设各类小容量靠近负荷离散配置储能设备设施；
④ 负荷跟随电网的波动参与到电网调节，大量降低电力系统传统设备的投入，
但智能化、智慧化设施要大量投入。

针对传统电网、电厂、综合能源、智慧能源、智慧社区等建设，以及大量
新能源的接入，如何利用信息化、数字化手段推动电力行业发展转型，需要进
一步判断规模化新能源规划、建设、运维等领域将带来哪些新的市场。

从技术体系上。云、边、端，算力部署，云支边，边支端，需进一步研究
演变及部署路径。

从底层技术上。电力数字化技术体系分为五个层级：① 多维度数据采集
平台。通过物联网、互联网、5G、北斗等技术，建立物联感知网络，全面感
知工程生命特征，具备"多维""高频""高精度"采集和传输数据的能力，实
现更加全面的数据采集。② 融合的一体化数据库平台。通过物理集中或逻辑
集中，把不同类型、不同标准的数据存好、管好。③ 可视化的数据管理平台。
基于物理对象辨识的数据管理，基于 GIS+BIM 的时空大数据，活灵活现的展
示数据和数据关系，上、下、左、右，过去、今天和未来，在物理空间三维重
现、孪生。④ 多层多模的数据分析应用平台。灵活的能全面调用并能加载模
型的数据开发平台，把大脑建在云上，在云上建立数据中台，建立数据加工中
心（中央厨房）。⑤ 多场景数据应用展示平台。包括大屏、计算机、手机、应
用系统、App 等。通过上述五个平台提高泛在的连接能力、强大的云资源能
力、数据融合能力、赋能增值能力和安全能力，建立各个层面的数据一体化，
各项业务建在数据之上，实现数据驱动、业务智能化。

从技术应用上。需要研究开发新的产品，制约的技术并不多，关键是缺少
应用场景，用场景组合技术。例如，① 建设高度离散的新能源规划、设计、

施工、运维平台;② 建设新能源一体化运维平台;③ 就高度离散设备（充电汽车、家用电器等）参与电网负荷变化调节的新体系、新技术、新平台、新能力展开研究等。

从规划布局上。着眼于高比例可再生能源接入，各类能源综合利用后，实现高可靠、低成本能源利用方式的新体系、新架构、新平台、新技术，再逐步进行层层渗透和深挖。目标上从大到小，实施上从小到大。这些研究时间紧、任务重、发展快，需要边研究、边示范、边推广、边交流、边提升，各个项目之间协同推进、共同提升;应有所为有所不为，研究判断长期坚持的项目和短期见效的项目，长期效益与短期效益相结合。

"源网荷储一体化"，基于数字化智能控制的多能协同、源荷储不分的能够实现自我平衡的智慧能源网络（NET），如何规划、设计、预测、平衡，未来能否从一个家庭、一个楼宇、一个（社、园）小区等出发，递进研究，一方面整体运作，另一方面作为配套体系参与到社会各类竞争主体。

以云控平台为基础，建立各个用电单元智慧能源规划、设计、运营、维护平台，建立每一台设备的 IP 地址，运用 5G 通信技术把变电站、数据中心、充电基地有机联合起来。

第四节 "三链一平台"电力产业链一体化数字化应用

基于"3060"碳中和目标，未来四十年，预计我国以可再生能源为主的新能源发电装机将达到 100 亿 kW 的规模，相应投资规模超过 100 万亿元。对于构建以新能源为主体的新型电力系统，中国电力行业一直在努力探索，中国电建提出了"三链一平台"的数字化创新管理。其中，"三链一平台"的"三链"指的是产业链、供应链、数据链，"平台"指的是基于全球可再生能源数据库及规划平台，推动工程规划、勘察、设计、施工、调试、运营、维护等环节的无缝衔接，引领全球可再生能源建设。"三链一平台"依托产业链，通过平台+生态的模式，重构产业全要素、全过程和全参与方，把传统工程管理、传统基建融入信息化、数字化平台，建立"工程建设命运共同体"，推动产业链上下游企业间数据贯通、资源共享和业务协同。

"三链一平台"主要任务为：① 打通产业链。基于全球可再生能源数据库及规划平台、F+EPC 建设模式、可再生能源电力、智慧运维平台，打造电力产业可再生能源电力开发全产业链服务平台。不断完善提升相关平台的模型、算法，为客户提供最优的、便于系统消纳的可再生能源电力开发方案；主要面向社会投资，推出"F+EPC+O"的一揽子数字化建设、智能化运营解决方案。② 打通供应链。基于产业链优势和供应链云服务平台，提供全方位的金融服务，利用规模化采购优势和融资信用优势，提高采购质量和效率，降低采购成本。③ 打通数据链。基于云技术，本着共建共享的原则，将所有成员企业的业务和管理数据集中管理，不断提升中国电建云数据中心功能，使数据成为企业未来发展的核心驱动力。

案例 8-4

作为全球可再生能源建设的龙头企业和全球最大工程设计公司，中国电建承担了中国 80%以上河流及水电站的规划设计任务、65%以上的风力发电及太阳能发电工程的规划设计任务。中国电建基于供应链，利用规模化采购优势和融资信用优势，提高采购质量和效率，降低采购成本。打通数据链，将企业的业务和管理数据集中管理，不断提升中国电建云数据中心功能，使数据成为企业未来发展的核心驱动力。打造"海博平台"，不断迭代形成具有市场竞争力的拳头产品，构建数字化新商业模式，形成数字化新发展优势。

（一）聚焦水能城，创新产业链

中国电建积极实施"大集团、大市场、大品牌"战略，发挥"懂水熟电"优势，提供集成式、全产业链、综合性基础设施建设服务，聚焦智慧水务、智慧能源、智慧城市，面向"能源革命"和"资源解放"，打造涵盖工程策划、设计、监造、储运、施工、调试、运营、维护等各环节的产业链解决方案。

（二）面向上下游，融合供应链

2013 年开始启动集中采购平台建设，并逐渐升级为供应链云服务平台，实现了从集中采购到支付融资的供应链全生命周期业务流程环节线上管理及贯通，达到了采购管理向供应链管理转型、汇聚多元资金融通渠道、建立购销合作良性循环的建设目标。

（三）依托电建云，打通数据链

中国电建数据链自 2013 年开始建设，经历新省期、磨合期和发展期三个阶段，建成集团决策数据库、集团数据管控标准和项目－企业－集团三层架构监管体系。

1. 建成集团决策数据库

决策数据库围绕集团经营管理决策的核心要素"价值"与"应用"，满足集团"统一采集、集中管理、按权共享、合理使用"的数据管控需求，完成企业 7 项关键考核指标、企业经营 KPI 指标及业务部门 16 类 83 个指标梳理，开展市场、规划发展、财务、资金、人资等 15 类业务数据主题分析，满足不同部门、不同专业对决策管理数据的需求，为各应用场景提供决策支持服务。

2. 建立集团数据管控标准

数据管控标准通过对业务数据以及各部门、各专业业务需求的梳理，从集团各级管理决策视角，按照企业资源管控、内外部监管、经营统计、业务支撑、专项管理等角度，对管理信息资源进行分类编目。从各部门的 6105 个数据项统一梳理为 998 项根数据，打破了总部各个部门的信息隔离墙，减少了管控数据统计工作量。

3. 建成集团—企业——项目三层架构监管体系

集团监管遵循以集团职能条线建设为主，打通部门之间的底层数据应用，实现集团、企业与项目的数据贯通。企业监管实行体系化设计、平台化布局、专业化管理，内容覆盖了人资、财务等多项核心业务，集团级 OA 系统覆盖到 43 家单位并延伸至项目部。项目监管由各单位分业务系统，逐步向设计施工一体化、向工程全寿命周期平台发展，实现数据业务一体化。

（四）培育新产业，打造海博平台

海博平台自 2014 年开始建设，2016 年初步建成并投入使用。平台针对全球可再生能源发展面临空间分布不均匀、开发利用率较低、商业模式创新不足等问题，搭建电力行业大数据平台，建设全球可再生能源数据库和规划平台。

1. 搭建电力行业大数据平台

针对能源电力行业特点，通过所建工程大量历史数据的积累，项目所在地政策、能源、经济、地理信息等基础数据的自动采集、清洗与分析，构建多源异构能源电力大数据智能挖掘与分析平台，实现多源异构能源电力大数据的数据存储、数据治理、数据检索以及基于能源电力大数据的数据挖掘分析，实现数据关联分析与可视化呈现。

2. 全球可再生能源数据库建设

建立全球可再生资源储量与规划相关的数据指标体系，包括全球遥感影像、矢量、电力与经济指标、电网、水能、风能、太阳能高精度地形、已建、在建电站相关数据，按照空间、时间、指标三个维度进行划分，构建多维多尺度的世界可再生能源数据资源池，利用数据清洗、数据融合、数据同化等数据处理模型，对资源池数据进行加工、转换，生成满足可再生能源储量评估与市场前景分析需要的数据库集群和仓库系统。

3. 可再生能源规划平台建设

平台综合运用互联网、云计算、大数据和地理信息技术，结合具体国别或地区政治经济形势、行业发展动向、能源需求、能源结构、生态环境等因素，构建覆盖基础地理、社会经济、能源电力等领域的综合性的全球可再生能源数据库，并在此基础上开展全球水能、风能、太阳能等可再生能源储量评估与宏观规划服务。

第五节 "发输变配用"电力数字产业一体化数字化应用

未来供需互动将更加频繁，有效提高用能效率、保障能源安全、促进能源消纳和推动环境保护，是未来能源变革主要方向之一。

城镇能源互联网存在大量具有参与能源交易资格的产消者，能源交易处理的数据量庞大，中心化交易成本增加，且存在用户的数据隐私和安全问题。此外，城镇能源互联网中能源商品种类多样化，采用集中交易较难实现多种能源类型的统一出清，不利于能源商品的一体化和自由灵活的交易，因而城镇能源互联网中多中心、去中心化等分布式交易将占据主导地位。

　　传统的能源服务采用的是产业链自上而下纵向延伸的垂直模式，电、气、热以需求为导向供给。随着城镇能源互联网的发展以及分布式燃气发电机、热泵、蓄冷器等能源耦合设备的普及，综合能源供应能力将显著提升，能源耦合和能源互补为能源供应提供了更多灵活性，也让能源交易由单一能源的并行模式转向了综合能源交易。同时，能源市场交易模式的改变也进一步推进了用户响应从单一的电能需求响应转向融合电、冷、热、气等多种能源形式的多能综合响应。

　　早期，由于设备本身的局限性，负荷响应基本只能实现开关式控制或是通过人工手段进行调节。随着人工智能技术、大数据处理等智能技术的持续推进，智能设备制造成本的降低，智慧家居、智慧建筑、智慧社区乃至智慧城市等概念正在成为现实。城镇用户设备控制的自动化、智能化水平正在持续上升，用户响应将逐步摆脱繁琐的人工式响应和简陋的开关式响应，实现用户响应的智能化和高度自动化。

　　城镇能源互联网发展和能源市场在用户侧的开放，用户在能源系统中的地位和作用进一步提升。传统的单向交流的响应模式，一方面无法充分挖掘用户设备的响应潜力，另一方面逐渐无法满足用户群体的利益诉求，尤其是对更高的经济性和自主权的追求。随着用户设备智能化水平的提高和能源市场的开放透明，基于市场的双向交互式的响应将逐渐取代单向交流的响应方式，成为城镇用户未来响应的发展趋势。

　　城镇能源互联网着眼于能源的配用环节，通过市场交易和用户响应等互动方式，充分发挥用户侧资源的灵活性，实现分布式可再生能源的就近消纳，提高能源利用效率、改善能源消费结构并降低整体用能成本。

一、多能互补面临问题

多能互补是指分布在用户端的能源综合利用系统实现以直接满足用户多种需求的能源梯级利用，并通过中央能源供应系统提供支持和补充，实现多系统优化，将电力、热力、制冷与储能技术结合，实现利用效率最大化。多源互补系统指电力系统、煤炭、石油系统、供热系统、天然气供应系统等多种能源资源系统之间的互补协调，实现能源资源的开发利用和资源运输网络、能量传输网络之间的相互协调。

随着我国多能互补项目的不断增多及相关支持政策的出台，多能互补的高效用能效益逐步体现，但目前大多数多能互补示范工程仅在特定工业园区内实施，推广力度与实际实施强度尚有矛盾存在。多能互补大多需要通过调度中心进行能量系统互联互通，改善不同能源在不同供需背景下的时空不平衡，实现降低系统用能成本，提高用能的效率及增强系统供能可靠性的目标。通过多个系统的协同合作，能够实现区域系统的经济和能效目标，并促进区域新能源的大规模消纳。经过分析，我国多能互补项目目前受到以下几方面因素制约：

1. 价格机制不健全，多能价格核定无依据

现行各能源价格受地区影响，不尽相同，因此各项目的经济性较难评价。例如，融合天然气的冷热电联供项目涉及气价、上网电价、热冷价等，若无定价标准，则各能源价格难以把控，影响项目的正常运营。此外，国家对天然气微燃机、储能及多能互补综合项目尚未统一形成定价政策，导致对微燃机发电、储能设备以及能源互补项目的投资回报率偏低。

2. 商业模式不完善，多方利益诉求难以兼顾

参与多能互补系统能源交易与商业运营的主体主要包括区域内能源管理中心、综合能源服务商、各类用户、电动汽车、新能源系统、储能设备、CHP机组等。各类主体在系统内的定位不同，其利益诉求也不尽相同。目前多能互补项目中大多尚以能源供给侧为主的多种能源集成优化，缺少能引导并吸引用户参加的健全交易机制。在我国电力市场建设过程中，电力市场研究较为成熟，但尚缺少整合能源交易市场、兼顾各方利益的收益分摊机制及多能市场互补交易及相关收益分配研究。

3. 电力调度及交易机制不完善

由于与综合能源系统内能源利用的相关能源调度机制、市场交易和价格机制尚未确立，能源生产、运输、消费的"一体化运行"在实际运行中难以实现。

多能交互中的电、气、冷、热环节存在非常紧密的耦合关系，因此处理得当则可充分挖掘不同能源的互补替代能力，从而大大提升多能交互的运行特性并降低运行成本。多能交互高度依赖于信息及通信系统，信息及通信系统主要用于信息的提取、存储与分析，是实现园区能源互联网多能源协同控制等基本功能的保证。传统园区能源互联网优化配置方法不考虑信息与通信系统，无法适应园区能源互联网的发展要求，目前仍缺乏适用于园区能源互联网信息与通信系统的优化配置方法。

随着信息处理技术、云服务技术及大数据技术在我国的快速发展，为园区多能互补系统的用户提供精准化、个性化、定制化的用能服务，实现用户服务的便捷化与智能化。互相联通的能源市场需要开放式的服务体系架构，需要多类型运营主体的参与，实现区域多能互补系统能够参与到热能市场、电能市场与天然气市场交互与交易。这就需要大数据技术的参与，实现用户能源利用消

息与系统的可视化交互，从而提高能源利用效率。

二、"发输变配用"数字产业化协同发展

新能源大比例接入电网后出现了三个趋势：① 新能源随着并网比例的抬升，沿着不断冲击电源侧、电网侧、用户侧的顺序带来了更多的挑战，并重建新规则；② 随着新能源从集中式走向分布式，让用户侧的挑战从期货走向现货、年走向分钟、兆瓦时走向千瓦时，颗粒度越来越小、变动越来越频繁、幅度越来越细微；③ 新能源随着互动性、移动性、变化性的增加，让所有参与者从更关心能量走向更关心电力，稳定性和经济性都更加取决于容量的精准匹配。这三个趋势意味着整个电力系统的重心将从供应侧走向需求侧。

在未来的新电网模式中，为了更好地充分利用新能源，电力系统对需求侧最大的改变莫过于角色的多样化改造，而这种改造所依赖的途径莫过于构建适应新能源为主的电力市场，以创造更多的商业机会和收益可能。例如，通过打造智慧园区或区域，运用数字化技术快速统计预测分析园区各种用能情况、用能类型和用能分布情况，清晰了解分析园区外部各类供能接口、供能能力和供能分布，能快速统计预测分析园区内部可能的自我产生的各类产能情况、产能类型和产能分布情况。

运用数字化技术建立各类能源各自产、耗平衡模型和联合应用多能协同互补、产耗平衡模型，实现规划、设计、运营等分析优化应用，实现各种产能、耗能的优选、优化，产品选型比对，用能形式、方式、布局比选，实现在各类参数分别和总体控制下的方案优选。通过多能协同，基于可靠性、低成本、碳排放、生态环境等单一或多重约束，进行智能接入、智能监视、智能控制、智慧应用、智能操作、创新产品。实现每个房间舒适体验智能

控制，每个楼宇智慧用能智能控制，每个园区生态保护智慧用能智能控制（带操作系统）。

充分利用资源尽可能的把现有投资发挥最大效率、效益，实现园区离散电源（风电、光伏、储能等）、离散设备（大型电气设备、充电桩、家用电器等）整体规模化控制，灵活操作参与电网调度；建立技术应用生态体系，体系、平台、技术等优势互补，形成整个体系、整体方案、整体能力；建立利益共同体，充分利用政策，优化商业模式，推动各方面积极性，让所有参与方能各得其所；实现全面信息化、数字化应用，建立园区数字孪生平台、全寿命周期管理平台、数据采集平台、数据融合平台、数据分析平台、数据监控平台、操作系统平台、数据应用平台等，房间智能控制盒子、楼宇智能控制盒子、园区智能控制系统、智慧能源管理控制中心等。

通过在分布式能源、局域微电网和公共电网等主体之间，建立起自由、灵活的能源市场，以满足能源的合理化配置；利用智能电表、能量路由器等传感通信设备实现智能计量和实时决策，提升用户数据精确度和用户业务效率；采用自动化需求响应、线路阻塞管理和潮流约束等手段维持网络平稳运行；同时，结合大数据、人工智能等技术对能源交易数据进行分析，进一步发掘能源互联网的深层价值。

随着能源技术与数字技术的深度创新融合，电力产业将构建起全面覆盖发电、输电、配电、售电和用电各价值链环节的智慧产品和服务体系；依托互联网与物联网技术，推动实现能源系统内外多元主体的开放接入、广泛互联，有效贯通与整合不同主体间的信息流、业务流、能量流，打造互惠共赢的能源生态圈，为新业态与新模式的打造、更大范围内的资源优化配置提供有利支撑。

三、电力系统产业新生态

当前，以"大云物移智链"为代表的新一代数字化技术正加快在能源电力行业的融合应用与创新发展。互联网思维和数字化技术不断推动社会进入网络经济时代，社会多要素共享已经成为新一轮科技竞争和产业革命的新业态、新模式。

广泛的电力信息化共享、万物互联，将连接数十亿的感知终端，联合电力行业中的发电、电网、设备厂商、能源化石厂商、运维厂商、家电厂商、终端消费客户等，通过海量信息获取、共享、分析、建立模型，进而构建海量能源感知互联的全行业生态，各方参与者可共建共享、互惠互利，实现供给双方、上下游产业链的全面革新和全新生态。

电力数字化发展需要统筹发展与安全，保障电力持续可靠供应，充分利用数字化技术和智慧能源技术，在传统电力系统基础上，增强灵活性和柔性，提高资源优化配置能力，实现多能互补、源网荷储高效协同，有效平衡新能源的波动性、随机性和不确定性，实现智慧友好。

电力数字化发展具有四个方面基本特征：① 广泛互联。形成更加坚强的互联互通网络平台，发挥大电网优势，获取时间差、季节差互补、风光水火互相调剂和跨地区、跨流域补偿调节等效益，实现各类发电资源充分共享、互为备用。② 智能互动。现代信息通信技术与电力技术深度融合，实现信息化、智慧化、互动化，改变传统能源电力配置方式，由部分感知、单向控制、计划为主，转变为高度感知、双向互动、智能高效。③ 灵活柔性。新能源要能主动平抑出力波动，提高发电品质，成为友好型电源，具备可调可控能力，提升主动支撑性能。电网具备充足的调峰调频能力，实现灵活柔性控制，增强抗扰动能力，保障多能互补，更好地适应新能源发展需要。电力用户既是电能消费者又是生产者，加强主动配电网建设，由过去单一的网随荷动，变为荷随网动、源网荷协调互动。④ 安全可控。实现交流与直流、各电压等级协调发展，建设新一代调控系统，筑牢安全"三道防线"，有效防范系统故障和大面积停电风险。

利用数字化技术，将电力用户及其设备、电网企业及其设备、发电企业及其设备、供应商及其设备，以及人和物连接起来，产生共享数据，为用户、电网、发电企业、供应商和政府社会服务；以电网为枢纽，发挥平台和共享作用，为全行业和更多市场主体发展创造更大机遇，提供价值服务。

电力数字化发展也将从设备数字化、管理数字化、决策数字化等方面，逐步建立配电网智慧的大脑。在感知层更多的引入物联网技术，在通讯层引入5G、物联网、互联网等技术，在应用层引入大数据、云计算等技术，从而实现前台使能、中台赋能、云边互动的管控系统，满足未来配电网形态的发展和变化。

随着电动汽车充放电技术的逐步优化，未来也将出现"夜间充电，白天放电"形式，实现盈利，同时满足电网削峰填谷、移峰错峰的需求。对于这类既分散又无序的分布式储能用户，通过数字化技术使其参与到电力数字化发展中来，利用5G、北斗、人工智能等新技术，提出配电网高精度同步采样、快速差动保护、基于神经网络的多维多层单相接地算法，实现有源配电网的多重保护。

碳排放权交易在国内已试行多年，为后期全面开展积累了丰富的经验。"十四五"期间，电力数字化发展还应推动碳市场实现从单一行业到多个行业、从试点交易到全面交易的快速过渡，交易主体陆续覆盖到发电、钢铁、水泥、化工等更多的重点排放单位，进而逐步向一般消费企业和单位延伸，并适时开展碳排放权跨境交易。

电能是优质、清洁的二次能源，在现代社会得到广泛应用，随着电力系统的改革发展，电能应用范围将进一步扩大，并延伸拓展到许多以前不用电的领域。电力数字化发展需要在电能的产、送、用全链条加大投入力度。从电源侧看，必须加快推动储能项目建设；从电网侧看，保障供电可靠、运行安全，需要大幅提升电力系统调峰、调频和调压等能力，需要配置相关技术设备；从用户侧看，政府鼓励用户储能的多元化发展，需要分散式储能设施与技术。构建以新能源为主体的电力系统发展格局，努力推动电力行业高质量发展，实现碳达峰、碳中和目标。

第六节　电力数字化"新基建"的思考

2018年至今，中央多次会议提及部署"新基建"，相关文件不断明确要加强新型基础设施建设。2018年12月中央经济工作会议，2019年、2020年政府工作报告，2020年2月14日中央全面深化改革委员会第十二次会议，2020年3月中央政治局常务委员会会议等，都对新基建提出了明确要求。

2020年3月21日，工业和信息化部发布《关于推动工业互联网加快发展的通知》（工信厅信管〔2020〕8号），明确提出加快新型基础设施建设、加快拓展融合创新应用、加快工业互联网试点示范推广普及、加快壮大创新发展动能、加快完善产业生态布局和加大政策支持力度等6个方面20项措施。

2020 年 4 月 20 日，国家发改委首次明确新型基础设施范围，新型基础设施是以新发展理念为引领，以技术创新为驱动，以信息网络为基础，面向高质量发展需要，提供数字转型、智能升级、融合创新等服务的基础设施体系。新型基础设施主要包括三个方面内容：即信息基础设施、融合基础设施和创新基础设施。"新基建"七大领域分别指的是，5G 基站建设、特高压、城际高速铁路和城市轨道交通、新能源汽车充电桩、大数据中心、人工智能、工业互联网。

2020 年 6 月 15 日，国务院国资委网站"中央企业布局新基建"专题正式上线。专题从震撼图片、央企行动、媒体聚焦三方面全方位、多角度展示中央企业做好新基建产业链的投资者、研发者和建设者，以新基建升级新消费、以新基建推动新发展的生动实践，以"新基建"升级"新消费"，以"新基建"推动"新发展"，形成增长新动力，推动我国经济高质量发展。

国务院国资委翁杰明副主任在署名文章《国有企业要作推动数字化智能化升级的排头兵》中提出，"充分发挥国有经济在重要行业和关键领域的主导作用，加快建设骨干产业互联网，打造我国经济社会运行的'神经中枢'，深入推进能源、交通、物流、制造业等基础设施数字化智能化转型，构建公共服务平台和产业生态圈，促进各类资源和生产要素合理流动和优化配置，加快形成更加适应数字经济、智慧社会需要的基础设施体系，切实提升对经济社会发展的基础保障能力。"

丁烈云院士指出：推进"新基建"并不是取代传统"老基建"。"新基建"的特征是"数字基建"，"老基建"的特征是"物理基建"，要从"物理基建"到"物理基建+数字基建"。"老基建"要把握现代信息技术带来的新机遇，"老基建"为"新基建"的发展提供巨大的市场。

一、数字电网与新基建

数字电网的建成要通过数字化转型来实现，相比传统信息化的技术属性和工具理性而言，数字化转型更多的是理念、战略、组织、运营等全方位的变革。数字新基建的新时代大潮奔涌而至，全面开启了电网建设由信息化迈向数字化的新征程。

新基建是行业发展的一个趋势，是技术进步在电网行业的投射和延伸。基于我国电网和能源发展趋势，电力行业需要融合"云大物移智"等新一代数字化技术，全力推动建设"数字电网"，构建电网新形态、电网企业新业态和能源产业新生态，形成现代化电网和新能源体系。

新基建也是顺应行业发展趋势、推动电网转型升级的实际行动。深入推进数字化技术与电网技术融合发展，全环节推进电网数字化转型，大力发展"数字新基建"，以数字化、网络化、智能化为电网赋能、赋值、赋智，着力提升电网绿色安全、泛在互联、高效互动和智能开放能力。从数字电网开始，引领行业转型发展，让"智慧能源、数字电网"成为"数字中国、智慧社会"的重要组成部分，成为重要的社会管理基础设施，让电网更"智能"、让能源更"绿色"、让用能更"美好"。

案例 8-5

中国电建华东院雄安电网数字化建设管理平台（EIM）项目，满足雄安新区电网大规模、高强度、全方位建设管理的要求，实现电网建设数字化实时管控。实现与多个系统互通互联，实现多源异构数据融合，通过多源数据交叉验证，实现全业务数据数字化管控，包括规划展示、设计校核、施工组织等九个展示模块。EIM平台的智慧工地系统应用超过17种IoT设备，通过移动互联、视频采集、图像分析等技术，实现对工程建设过程的实时监控、智能感知、数据采集，做到违章及时发现、危险提前预警。EIM平台助力智慧雄安电网数字化建设与管理，是支撑雄安新区智慧城市建设不可或缺的一部分，也是雄安新区建设"国际一流、绿色、现代、智慧城市"的应用典范。如图8−1所示。

图8−1　雄安电网数字化建设管理平台

在海上风电领域，中国电建华东院启动海上风电三维数字化设计，以数字化风场为核心业务场景为新能源企业开展信息化顶层设计和管理咨询等服务。通过搭建智能感知体系，构建统一的综合海域监管体系，实现动态监控、辅助决策、一张图可视化展示等，助力新能源领域工程数字化转型。目前华东院已完成"O-Wind 数字能源服务平台"的设计、开发和建设，可提供海上风电全产业链全生命周期的管理咨询服务、技术服务及项目实施一揽子解决方案。如图8−2所示。

图 8-2　数字能源服务平台

二、新能源+新基建

回顾历史足迹，我国的能源产业发展之路由计划经济向市场经济、由粗放型向集约型、由常规能源结构向新能源结构三类渐进式转型重构。如今，在供给侧，降碳降本、向绿色、高质量发展成必然选择；在消费侧，发、配、用一体化，多能综合利用已快形成；在传输侧，多向传输、就地平衡已成趋势。

新能源+新基建（智慧新能源）以电、气、冷、热各种能源为物理基础，利用大数据、人工智能等技术实现能源数字化和信息化，通过"互联网+"手段升级能源业务模式，有效提升供给、消费、配置、运行和市场的效率。多能互补、协调优化是智慧新能源（新能源+新基建）的根本核心，减碳降本、促使绿色清洁能源高质量发展是智慧新能源的必然趋势。

我们如何能打通供给侧、消费侧、传输侧数据。实现数据流、能源流、价值流的汇合、整合、融合，将对全社会能源利用和消费革命提供强大的基础性支撑。

能源互联网体现出：① 以电为核心，并集成冷、热、气等能源，集中式与分布式并存，融合电力系统、交通系统及天然气系统，实现多种异质能量流的互补与综合利用；② 借助"互联网+"的系统化思维、信息化手段及市场化机制，进一步实现能源系统的全景感知、数据驱动及协同优化。进而借鉴"智能电网"的"物理层、信息层和价值层"的"分层"和"源－网－荷"的"分节"概念框架。所谓能源互联网，就是在上述冷、热、电、气的物理实体上，一方面，通过信息物理融合和市场机制设计，追求突破物理层、信息层和价值层藩篱的深度交互，实现"能量流、信息流和价值流的高度融合"；另一方面，通过协同设计、统一规划和集成优化，能源互联网追求打破"源－网－荷"各环节条块分割的壁垒，实现"源－网－荷的协同优化"，最终建立能源与信息高度融合与全局优化的新型能源生态。

第七节　从智慧城市到智慧能源

经济要发展，电力当先行，建设智慧城市实现转型升级，发展能源互联网和智能电网将起到引领性作用。全球能源互联网在城市的落地，将强化以电为中心的城市能源系统；随着新型工业化、城镇化、电气化和电能替代等工作的推进，电能在终端能源消费中的比重将日益增长，在城市能源消费中的比重则更高。智能电网的出现，极大改变了传统电网的工作运营模式，进一步提高了工作效率和安全性，并在能效管理、家居生活、交通出行、互动服务等多方面为智慧城市提供动力和支撑。智能电网作为城市智能化发展的客观需要，是智慧城市的重要基础，也是智慧城市建设的重要内容。

对于智慧城市来说，只有拥有可持续的能源供应才能保证其正常地运转。智能电网因其以坚强网架为基础，以通信信息平台为支撑，以智慧控制为手段，具备了信息化、自动化和互动化的特征，实现了"电力流、信息流、业务流"的高度一体化融合，正日益成为驱动智慧城市之躯发展中不可缺位的"滚烫血液"。

中国智慧城市建设已经发展了数十年，从建系统到建大脑再到城市运营管理，一幅全新的智慧中国图景已经打开，近十年间，建设智慧城市在我国大中城市如火如荼地开展起来，已成为实现城市可持续发展不可逆转的历史潮流。2021 年，北京、上海、深圳等智慧城市领头示范城市发布了相关政策，制定了相关规划，不约而同将智慧城市写入了 2021 年的首要发展任务，正式拉开了"十四五"开局之年的智慧城市新篇章。例如深圳市政府在 2021 年 1 月发布《深圳市人民政府关于加快智慧城市和数字政府建设的若干意见》，提出到 2025 年，深圳将打造具有深度学习能力的城市智能体，成为全球新型智慧城市标杆和"数字中国"城市典范。未来，在基于"十四五"规划的政策背景下，我国智慧城市必将走上蓬勃发展之路。

一、电力产业在智慧城市建设中的作用

电力作为城市建设的重要基础保障设施和城市能源结构中最重要的组成部分，已经渗透到城市运行中的方方面面。面对日益超负荷的能源消耗、环境污染的不断加重，城市发展速度超过环境可承载压力，电力系统已成为解决智

慧城市发展综合问题的重要突破口，电力行业智能化、智慧化应用在智慧城市建设中频频展现。

1. 智能电网

智慧城市是我国为开创新型城镇化道路而提出的一系列政策的集合。事实上，能源的供给与消费体系是城市最重要的构成之一，因此智慧城市的实现离不开能源系统的智能化。在智慧城市建设的过程中，智能电网技术的应用受到广泛关注。智能电网可以促进智慧城市建设工作的良好发展，在科学协调的情况下，创建智能化的发展机制与模式，在智能电网的支持下，可以改革传统的工作方式与方法。

智能电网是指采用先进的电力技术和设备、信息与通信技术，系统地实现电网的智能型监测、分析和决策控制，支持新型能源发电和灵活优质用电，具有高自动化水平，并有一定自愈、互动功能的安全可靠、高效率电网。智能电网是城市智能化主观发展的重要基础和客观需要的能源载体。智能电网不仅能确保城市用电安全可靠、促进城市绿色发展、构建城市神经系统、提升城市相关产业发展，更能在城市服务平台建设等方面对智慧城市的发展有着重要的支撑作用。

智慧城市下的智能电网具有主要有四个特征：① 能源泛能化，实现各种新型可代替能源接入电网和对其管理，容纳各种发电和蓄电形式，并将用户的多余电量出售给电网。② 技术信息化，提高电能传输效率、实现需求侧管理和各种电源与电网的无缝对接。③ 管理互动化，将用户、电网紧密的串联在一起，两者之间的角色可以相互转化，通过双向联动实现最优管理。④ 应用便利化，用户通过通讯系统实现对用电设备的控制，将用户的安防设备与智能电网的信息系统结合起来，及时为用户提供信息。

智能电网是城市智慧发展的载体，支持着智慧城市方方面面的运作和智慧城市的建设。智能电网是城市实现清洁能源接入、节能减排、信息基础等设施建设，也是城市相关产业发展的基础之一。智能电网对智慧城市主要贡献包括几个方面：① 经济方面，智能电网加速现有产业的节能转型，创造新型产业，促进经济结构转变。② 能源方面，在智能电网发展过程中，通过推广"以电代煤、以电代油"等技术，提高电能在终端能源消费中的比重。③ 信息方面，智能电网建设不仅能提升城市信息化水平，更助推"三网融合"，打造城市公共网络平台。④ 环保方面，智能电网的建立有利于保护环境，提高能源利用效率，降低能源消耗、减少碳排放。

"新基建"背景下，5G+智能电网能从管理、监控、可靠性等方面有效提升电网典型业务，实现电网安全、可靠、经济、高效运行。2019 年在南沙，我国建设了全国最大的 5G 智能电网产业创新示范区，该示范区由南方电网协同中国移动联合打造，据悉，该示范区已经实现变电站巡检机器人、配电自动化等 14 个场景业务。大幅度提升了电网状态实时感知和保护控制能力，通过 5G+的配电系统进行自动化应用，强化了输电线路的安全可靠性，压缩了因故障引起的送电时间（从最低小时级减少至 3 分钟以内），下降了 90%以上，明显提高了配电网的输出和供电质量。

2. 智能路灯

智慧城市是以物联网、云计算、大数据、空间地理信息集成等新一代信息技术为基础，通过感知、分析、整合城市运行核心系统的各项关键信息，对于城市服务、公共安全、环保在内的各种需求做出智能响应，实现城市管理与服务的自动化与智能化。其中，智能路灯有望成为智慧城市建设的重要突破口。路灯是城市公共基础设施建设的重要内容之一，公共路灯是未来智慧城市获取信息的终端载体重要切入口,建立基于互联网和物联网的智能路灯公共系统已经成为相当一部分城市信息化建设的一种直接有效方式。

智能路灯是应用先进、高效、可靠的电力线载波和无线 GPRS/CDMA 通信技术等,实现对路灯的远程集中控制与管理。具有根据车流量自动调节亮度、远程照明控制、无线网络覆盖、故障主动报警、灯具线缆防盗、远程抄表等功能,能够大幅节省电力资源,提升公共照明管理水平,有效降低运维成本。

智能路灯作为智慧城市的重要组成部分,是最有效地切入路径之一。路灯分布在城市各处,如血管和神经一样覆盖整个城市躯体,数量众多且具备"点位多、分布广、供电供网"的特点,满足智慧城市定点大量采集数据的需求。其有以下特点:① 构建便民服务的应用场景,如在路灯设备上加载新能源汽车充电桩、便民查询终端、定位服务、WiFi 覆盖、5G 基站搭载、视频监控、微环境监测、一键报警等设备,从而为市民生活提供便利。② 城市大数据采集,搭载在路灯上的各种传感设备可以采集多种数据使每盏路灯成为一个信息采集终端,为政府部门在城市管理、停车管理、环境管理、大数据收集等方面提供帮助。

智慧城市建设中,利用智能路灯建设城市物联网络的基础架构,可以搭载WiFi、充电桩、智能路灯管理,并作为物联网终端收集信息和云平台信息交换,是物联网 IoT 的一种运用,井盖检测、湿地、低洼地带积水也都能采用这个技术集成在智慧路灯中。同时,在无线 WiFi、充电桩、数据监控、环保监测、灯杆屏等领域,也都可以依托路灯和智能控制平台来实现。

目前,我国智慧路灯产业伴随着 5G 的发展而快速发展,市场规模迅速扩张,各个跨界跨领域的企业也不断涌入智慧灯杆领域,使得产业发展呈现出蓬勃生机。广州、深圳、上海、南京、苏州、武汉等多个城市也已启动 LED 路灯的智慧化照明改造项目,国内很多城市也都已经开始采用智能路灯技术对传统路灯进行改造。未来,无数路灯将挂载 5G 基站,摇身一变为智慧城市的重要基础设施,集多功能于一体的智能灯杆将被赋予更多功能,为场景应用带来了更多体验,同时也创造了奔向智慧市场的契机。

案例 8-6

2021 年 8 月 31 日,海宁市县道以上公路路灯智能化节能改造(EMC 模式)项目通过验收,28 条县道以上公路一万多盏路灯全部实现智能化改造,成为浙北地区首个智慧化路灯全覆盖的县(市)。

2020 年 12 月,海宁市公运中心投入资金 3000 万元,委托浙江海数科技有限公司实施了海宁市县道及以上公路路灯智能化节能改造(EMC 模式)项目,对全市范围内硖尖线、嘉绍连接线、海宁大道、翁金公路等 28 条县道及以上道路共 12 896 盏路灯进行 LED 智能化节能改造及智慧照明综合管理平台系统建设。改造后全市道路照明质量提升明显,市民夜间安全出行得以保障。

智慧、节能是该项目的两大特点。智慧方面,智慧照明综合管理平台能够全方位、多角度展示公路照明各项信息及运行状况,每盏路灯有编号、有坐标,可单灯调节,故障自动报警,改变了过去靠人工巡查费时费力、效率低成本高的缺点,实现了精准维护、按需照明。节能方面,通过改造 LED 照明光源和智能调光控制管理,提供不同需求的照明度,实现"按需照明",通过近几个月的平台监测及第三方的综合测算,改造后综合节能率达 70%,避免了能源浪费,实现了节能减排的效果。

本项目完工近 4 个月以来,各项功能运行状况良好。智慧路灯的投入使用,是海宁市通过科技手段系统管理公路,全面实施数字化公路养护与建设的重要举措,切实提升了海宁市交通运输服务质量和公路安全品质。（上述案例来源于网络）

3. 智慧社区的能量计耗、智能照明与光伏（微电网）

社区是人类社会演进过程中最基础的单元，也是城市品质发展水平的标志。适应新一轮科技革命和产业变革要求，智慧社区模式正成为国际热点，智慧社区彰显空间布局集约合理、功能复合智慧互联、生活社交亲善融通、配套设施集成共享、先进技术应用迭代、建设运营绿色低碳等六大特征，受到各国重视。

智慧社区建设是一项系统性工程，居民住宅作为社区中的重要组成部分，集中了人、事、地、物等多重元素，承载了组织、管理、服务等多重功能。电力保障是住宅使用、社区运转中的基础性保障。因此，发展智慧社区要开发和利用智慧能源。

智慧社区涉及智能楼宇、智能家居、路网监控、智能医院、城市生命线管理、食品药品管理、票证管理、家庭护理等诸多领域。智慧社区能耗管理系统通过采用智能物联网架构，将大数据、云计算、人工智能、机器学习、远程运维等技术应用到智慧社区能耗计量管理中，提升能源的利用效率和智能化水平。

智慧社区可以通过能源管理平台实现能耗数据的采集分析与运营策略优化，包括可再生能源的大比例应用、采用地热泵等清洁能源、充分利用可再生能源，为用户提供冷暖的同时减少环境污染，有效减少城市热岛效应。

智慧照明解决方案以智慧社区平台为载体，利用无线通信技术连接各种设备，搭建出一个智慧社区照明综合管理系统。系统可监测及控制环境监测、视频监控等应用模块和社区内每个路灯的工作状态，以实现远程化、智能化运营管理路灯，从而达到智慧社区运营的效果。

智慧照明功能具备自动智能控制、灵活的本地控制、一键式场景控制和集中可视化控制等多种控制效果，为社区提供高品质且低能耗的多场景照明，同时支持根据车流、人员流动和环境等情况自动调整智慧路灯的亮度和时间等，以满足居民用灯需求，节能减排。在路灯运营管理方面，告别传统人工维护、巡查的管理手段，实现远程查看智慧路灯的维护记录、亮灯时间等，发生损坏、被盗等情况支持自动报警提醒，以便运维人员及时、准确的发现解决问题，有效提高了运维人员的工作效率。

同时，通过在社区智慧路灯上加装摄像头，24小时不间断监控社区情况，与一键报警功能联动，居民在遇到突发、紧急情况的时候，利用该功能就可以与公安部分或救助中心人员及时联系，并将位置信息直接发送至管理平台，为救助人员及时赶到现场提供了快速、准确的信息。

案例 8-7

中国电建华东院在浙江杭州临平老城改造中，建设了涵盖综合安防、能耗计量、环控、信息发布等通用系统，智慧交通、绿色能源、火眼文化等室外系统和代表"形、音、书、画"四栋建筑内智慧教育、健康、社区服务和文化展览等28个子系统以及集中管控、物业管理、物联网云平台等5个管理运营平台。

其中能耗计量系统以文化艺术长廊内各类能源消耗计量仪表为基础，以能

其中能耗计量系统以文化艺术长廊内各类能源消耗计量仪表为基础，以能效综

合管理软件为核心，全面实时采集分析单体建筑各种能源消耗情况。该系统能为社区管理部门全面掌握能源消耗信息，分析研究能耗水平，落实各项节能制度，为实现有效的能源管理提供技术支撑，推动节能减排工作科学发展。

智慧照明系统通过分布在屋内的温度、湿度等传感器，了解屋内的环境情况，并可以自动或者通过控制面板、App 等对屋内的空调、灯光、窗帘等设施进行便捷的控制。

光伏（微电网）展示系统通过与临平老城区光伏系统、智慧路灯系统、充电桩系统等进行数据对接，并对光伏（微电网）的整体运行情况进行可视化数据展现，实时掌握运行状态，负荷功耗统计分析，展示发电收益及用电效率。

4. 能源互联网共享服务

能源互联网是综合运用先进的电力数字化技术，将大量由分布式能量采集装置、分布式能量储存装置和各种类型负载构成的电力网络、石油网络、天然气网络等能源节点互联起来，以实现能量双向流动的能量对等交换与共享网络。能源互联网利用先进的传感器、控制和软件应用程序，将能源生产端、能源传输端、能源消费端的数以亿计的设备、机器、系统连接起来，形成了能源互联网的物联基础。

能源互联网在实现信息技术和能源技术融合的同时，为能源的可持续发展提供了有效支持，也为智慧城市的建设提供了良好支撑。能源互联网对于智慧城市的发展有显著的推动作用，其对于智慧城市的主要贡献，就是实现了智慧

城市的发展转型目标,促进了多个产业的良性发展,不但开发了新的产业类型,还改变了传统的经济结构,为城市的发展提供了更加可靠的经济资源基础。一方面促进了电子产品的使用,一方面也有助于新型电气设备的开发,加快了互联网智能电能系统的发展。

能源互联网对于智慧城市的支撑作用主要体现在几个方面:① 提供能源保障,保障供电可靠,保障供电质量,提升城市用电的安全性和可靠性;② 推动能源转型,推动城市的环保建设,提高清洁能源、电动汽车需求响应能力;③ 智力智慧生活,完善城市内的信息神经系统,提升城市服务综合水准。能源互联网的价值体现在多个方面,在城市的经济、资源、民生、信息建设等各个领域都发挥出了自身优势,无形之中完善了智慧城市的智能化系统,城市中的居民可以通过能源互联网平台,满足各类生活需求。

2017 年 7 月,国家能源局发布通知,公开组织申报"互联网+"智慧能源(能源互联网)示范项目。这个项目的主要目的就是集成各类可再生能源,建设普及低碳能源、低碳建筑和低碳交通的城市;建设示范区能源互联网安全数据共享平台和能源交易平台,利用能源互联网的通信功能和各类用能大数据支撑智慧城市的建设。

能源互联网扩大了用电信息的采集范围,开发了智能配电和用电一体化系统,实现了光纤到户的目标。通过能源互联网对用电信息的收集整理,能够详细掌握电力用户负荷量、电量等具体基础信息,并且能够保证信息的准确性,不断优化智慧城市的神经系统。

5. 智慧节能解决方案

随着我国的智慧城市建设步入新阶段,低碳、环保、节能成为智慧城市的关键词,以"智慧节能,绿色发展"理念为方向,高效、可持续发展的城市建设理念正应运而生。建筑作为城市的重要组成部分，与智慧城市建设相适应，未来的智慧建筑将集低能耗、模块化、数字化、智能化为一体，以用户体验为驱动，将科技应用进行整合，从而实现建筑更为智能、安全、舒适、便捷、节能的目标。

建筑节能管理已不再只是针对单个建筑而言，而是面向城市的综合建筑能源管理，即"智慧节能"对能源的宏观管理。无论是城市用能主管部门，还是用能单位，都需要建立建筑能源管理体系，在能耗监测和能耗统计的基础上进行能源审计。

例如一栋大楼具有面积大、人口多的特点，具有能耗大、能耗统计麻烦、能耗浪费严重、能耗安全等问题。为了让大楼的用电安全得到保障，便于对大楼用电设备进行集中控制，并做好节能减排工作，提高管理效率，根据大楼用电设备、用电结构、用电时间性等特点，本着安全、健康、杜绝浪费的原则，对整栋大楼进行智能化综合能源管理。

智能化综合能源管理有如下优势：① 节约能源，在节能宣传与硬件强控等科学和智能的手段进行管理，提高办公室、卫生间照明等设备的利用效率，避免浪费、科学高效，从而达到节能效果。② 降低运营管理成本，可以减少物业、后勤等相关部门的管理成本，物业人员的投入、平时日常维护、用能设备的监控、用能情况统计等的相关工作都可通过系统自动进行完成。③ 智能安防功能，通过智能化综合能源管理中的多种传感器，可以实现对办公室的有效监控，防止突发事故的发生，例如防止火灾的发生。④ 智能场景控制，实现对办公室各用电器的控制；场景控制包括灯光的控制、空调状态、模式、通风系统、电路系统等。

6. 智能充电网络

智能用电技术在交通运输领域的应用是以电动汽车充电服务网络建设、车载终端研制和充电设施建设等为基础，按照"资源重用、信息共享、互动服务、提高效率、统一标准"的规划原则，针对各种不同用户的充电需求及特性，全方位地提高电动汽车充电设施的公共服务能力，进一步加强电动汽车用户与电网的互动水平。

充电桩作为能源网、交通网、信息网"三网融合"的重要载体，对智慧城市建设意义重大。在"双碳"背景下，通过智慧化解决方案为电网提供调峰、无功补偿等功能，可降低电力系统运营成本，减少能源消耗，推动行业走向绿色低碳发展之路。

充电桩行业的发展目前主要经历了三个阶段：第一个阶段发生在 2014 年至 2017 年，这一时期充电桩市场开始向民间资本开放，行业由此进入跑马圈地的阶段，粗放的经营模式下，不少企业在竞争中倒下，活下来的公司也伤痕累累；第二个阶段是 2017 年到 2020 年，进入 2017 年后，随着市场上电动汽车电池产量的逐步稳定，加上电动汽车保有量的增长，中小运营商开始大批量涌现，市场呈现百花齐放的局面；从 2020 年开始，充电桩行业进入了一个全新的发展阶段，在充电桩运营商、充电设备制造商、充电用户高度分散的情况下，开始更加追求充电桩的网联化和数字化。

伴随着新基建政策的落地，新的充电桩时代正在开启。新时期的充电桩建设开始与智能电网、物联网、5G 通信、云计算、大数据、人工智能、车联网等高新技术紧密结合，打造"车－桩－电网－互联网－多种增值业务"的智能充电网络。

智能充电网络一方面可提升充电桩的利用率和企业盈利能力；另一方面可将产业链往后延伸，开拓各种大数据和其他增值服务，为充电桩行业带来新的盈利模式。通过集成数据采集、数据存储、数据分析、资源调度和用户管理等信息，综合运用以云计算为核心的互联网技术，包括海量数据泛在接入融合技术、专家决策分析知识平台、云数据管理及海量存储技术、云计算安全决策管理、分布式资源虚拟化技术、采用网格协同和主动需求预测的电动汽车客户增值服务管理技术。通过利用物联网、大数据等新一代信息技术，推动充电桩数字化改造，逐步实现充电桩功率智能调控、削峰填谷，避免增容改造；推广充电 App 实时显示，云平台智能监控，确保充电安全；试点多杆合一，建设集智能感知等多功能于一体的新型充电桩；积极推动充电桩接入统一充电基础设施信息公共服务平台，全面提升智慧城市充电桩智能化水平。

　　智能充电网络建设可以提高电动汽车和电网的互动能力，提供及时全面的充电服务，使电动汽车充电更加快捷方便，提高电动汽车车主的用户体验。智慧城市车载终端提供全面的车–车、车–网、车–站信息互通，使城市基础网络的互联互通能力更加安全，信息处理和信息资源整合能力更加高效。充电服务网络建设为电网提供监测、预警、分析、预测和决策能力，为远距离、智能化执行电动汽车应用服务提供平台支撑。

案例 8-8

　　新一代充电网络"登高"行动正式发布。在第三届世界新能源汽车大会上，国网电动汽车服务有限公司与华为数字能源技术有限公司共同发布新一代充电网络"登高"行动，宣布将联手研究新一代充电技术，打造高效智能的新一代充电网络。

　　新一代充电网络"登高"行动将聚焦大功率直流快充技术、电网友好智能化技术、车联网平台及大数据技术三大领域，共同开展包括高压直流架构整站解决方案、直流高压快充充电模块、有序充电、V2G 技术、充电基础设施智能化应用、车联网平台架构研究、数据对接及电动车安全健康度评估等关键技术应用研究，旨在为消费者打造极致充电体验，提升充电网络运营效率及盈利水平，加强充电网、能源网、车联网的协同互动。

目前，国网已累计建设公共充电设施 12.8 万个，有序充电桩 6.9 万个，形成"十纵十横两环网"高速公路快充网络，覆盖 5 万公里高速公路和 176 个城市。国网电动汽车服务公司旗下车联网平台致力于打造"全国一张网"，累计接入充电设备 140 万个，服务用户超 930 万。（上述案例来源于网络）

案例 8-9

近年来，广东电网公司在电动汽车先进充电技术、电动汽车与电网互动、电动汽车充电智能服务平台等领域加强科技研发。为车辆、充电桩、电网三方的智能匹配提供了系统解决方案，有效缓解电动汽车高质量智能充电的难题。

随着充电设施覆盖范围不断扩大，老百姓的绿色出行将更加方便。2020年 1 月 1 日起，电动汽车用户在南方五省使用一个 App "顺易充"即可充电畅行。广东电网公司将在粤港澳大湾区城市的营运车辆停车场、高速公路出入口、城市输电走廊、城郊结合部等区域，加快建设"集中式快速充电站"，重点为公交、出租、物流等营运车辆提供服务。同时充分利用自有和社会资源，如变电站、营业厅、停车场、加油站、旅游区等场所，加强与社会资本合作，快速布局充电设施，为营运车辆、私家车提供便利服务。

充电大数据的分析利用将对智慧城市的建设起到举足轻重的作用，主要体现在打造新能源社区和利用大数据分析为客户"画像"方面。广东电网在东莞松山湖智能电网示范区新建的太鲁阁公园光储充示范样板工程就是一个"高智慧"的充电站，示范区可实现光伏、储能、充电高效协同、能量互补，满足当地居民绿色出行需要，助力园区实现减少碳排放目标。（上述案例来源于网络）

7. 智慧园区

智慧园区是智慧城市的重要表现形态，它既反映了智慧城市的主要体系模式与发展特征，又具备一定不同于智慧城市的发展模式的独特性。智慧园区的本质其实是"智慧化"的产业园区，它是以信息技术为手段、智慧应用为支撑，全面整合园区的内外资源，建设基础设施网络化、建设管理精细化、服务功能专业化和产业智能化的载体和平台。

智慧园区利用各种智能化、信息化应用帮助园区实现产业结构和管理模式的转变，提升园区的企业市场竞争力，促进以园区为核心的产业聚合，为园区及园的企业打造经济与品牌双效益将成为应对新一代园区竞争的有力武器。建设智慧型园区是未来各类经济园区发展的方向，实现园区的智慧建设及管理需要建设一个智能化的园区服务平台，从而更全面、更有效、更快捷、更智慧的将园区建设及管理的各个层面有机结合起来，实现园区智慧化发展。

智慧园区为体现低消耗、低排放、高性能、高舒适的设计理念，可以利用集成技术和物联网技术在智慧园区内建设能效管理系统，实现多能涌、多业态和多用户的综合能源管理管理。智慧园区能源管理系统建成后可以达到以下目标：① 建立操作级、管理级、决策级三级能源管理模式，通过权限控制为不同管理层级提供定制的管理窗口；② 对各类能耗进行实时在线监视，对能耗数据进行自动采集、储存及查询，并通过各种形式的图表直观展示。能耗种类包括电、水、冷/热；③ 对电能进行分项计量管理和分区域管理，对用水按照用途和主要用水区域管理，对用冷按照区域管理。根据各区域的用能特性进行能耗统计分析，进行能耗核算、费用分摊、实行能耗限额标准管理，规范能源使用方式，控制能源支出；④ 实时监测建筑能源消耗指标，并对各区域当前能耗水平评价考核；⑤ 对园区内建筑主要设备进行实时监控，及时发现设备异常和低效运行现象，杜绝能源浪费；⑥ 提供多个能源分析工具，帮助园区管理人员发现不合理用能现象；⑦ 为节能技术改造提供数据依据，以及检验节能改造效果。

二、智慧能源

未来智慧能源的核心要能够支撑国家高比例可再生能源开发，实现碳达峰、碳中和，提高行业正规管理的效能，降低行业整体成本。

随着"四个革命、一个合作""清洁低碳、安全高效""碳达峰、碳中和"等战略的不断推进，未来的电力系统一定是一个不一样的电力系统，将会进一步融合电气化、电子化和大量的数字化技术，全面提升电力系统的可控性、灵活性、稳定性、安全性。

未来在下面这几方面将会加深信息化、数字化的体系化、系统性应用：

（1）未来的太阳能、风能设备机组，风、光、水、火、储、氢等电力设备会与信息化、数字化高度融合，具备智能化、智慧化、交互式接入电力系统，否则将很难融合系统，发挥自身作用，因为调度、互补、协同、交易等都需要设备具有自动化能力。

（2）未来电力系统的管理一定是信息化、数字化技术深度融合的智能化、智慧化的管理。目前，电网管理、调度管理、设备管理、电力交易管理、技术管理、降碳管理等还有一定差距，尤其在体系化、系统性的应用方面。数字化技术将会在电力系统普遍应用，碳中和是算出来的。

（3）高比例消纳风光电与电力系统灵活性改造需要信息化、数字化、智能化、智慧化技术的高度参与。

1）化石能源机组的灵活性改造和逐渐退出市场的过程，需要信息化、数字化技术的参与。电厂灵活性改造需要数字化技术的支持；化石能源机组需要通过建立碳交易等政策措施，才能慢慢从市场退出，这些交易手段离不开信息化、数字化技术的支持。

2）未来电网风光水火储协同规划建设、自治平衡参与电网调度等，NET结构先进行"自我平衡"，这个平衡高度需要信息化、数字化的参与。储能+风光电、抽水蓄能+风光电、抽水蓄能+储能+风光电、风光水火储、虚拟电厂等平衡，能明显的解决灵活性问题，降低投入，更好替代、有效减碳，但要实现这些目标则需要信息化、数字化技术的高度参与。就近平衡、区域平衡、逐级平衡、整体平衡，需要各级都有超强的平衡计算反馈能力，利用区块链技术把各级平衡和五级电网调度关联起来，实现整体的平衡安全可控。"风光水火储"一体化平衡规划、设计支撑平台，智能家庭、智慧楼宇、智慧小区、智慧城市、智慧配网、微电网、智慧能源、综合能源等，用能规划、设计支撑平台，多能替代、多能协同运营、维护平台，各种解决方案的支撑平台，考验的是平台的体系化能力和整体的"算计"能力，这些也都需要信息化、数字化技术进行支撑。

3）高度离散的设备参与到电网，需要数字化技术的参与才能有效发挥作用。高度离散的发电设备接入电网，只有实现规模化的管理才能有效调度，这需要数字化技术的高度参与。比如，屋顶太阳能等高度离散的用电设备参与电网负荷有效平衡，需要数字化技术高度参与；充电桩、办公家用电器等高度离散的风光电规划、设计、施工、运维，需要有新的管理建设模式，对组织和人才团队进行整合，并搭建数字化平台进行支撑。

未来的能源时代将是"数字化+可再生能源"时代；未来的能源体系是以可再生能源为主的体系；未来的电力系统架构可能是"NET+GRID+NET"新架构模式；未来具有规模性的发电市场有可能形成电源侧的 NET，形成基于低碳环保、高质量发展等约束的发展、规划、建设、运营"风-光-水-火-储一体化"的电源侧 NET 结构。

基于低碳、低成本等"风光水火核储一体化"可能形成多个基于数字化智能控制的风光水火储等发电基本平衡的一体化的平行网络架构（NET），可以是基于资本连接的市场主体，也可以是基于数字平台的虚拟市场主体，最大限制的分担电网（GRID）灵活性压力。

未来的电源侧可以形成多种类型的 NET 形式，由一个电源、多个电源等各类电源 NET 自平衡控制结点；未来用电侧随着各种用能方式的参与，有可能形成"源网荷储一体化"的用户侧 NET 架构；用户侧未来将会形成多个基于数字化智能控制的多能协同、源荷储不分的能够实现自我平衡的智慧能源网络（NET），共同分担电网（GRID）的灵活性、可靠性、安全性、可及性压力；未来整个能源体系需要强大的信息化、数字化平台协同，需要建立新的数字体系、数据平台和数字模型，需要有新的基于数据孪生体电源端平台、基于超级数据孪生体区域电源边平台和基于超级数据孪生体电源控制协同云平台的出现，需要云、边、端高度协同。

基于未来智慧能源新体系的工程全生命管理架构也将发生变化，基于未来智慧能源发展，新能源规划、设计、施工、运维全产业链、全过程、全寿命的工程架构都需要重新定义。

参考文献和引用资料

[1] 中国信息通信研究院. 中国数字经济发展白皮书（2020 年），2020.

[2] 国务院发展研究中心课题组. 传统产业数字化转型的模式和路径，2018.

[3] 伍旭川，刘学. 国家数字化战略的国际比较及启示［J］. 当代金融研究，2019（2），
80 – 85.

[4] 张晓，鲍静. 数字政府即平台：英国政府数字化转型战略研究及其启示［J］. 中国行
政管理，2018（3），27 – 31.

[5] 陈春花、安筱鹏、肖利华三人对话｜ 企业如何实现数智化转型？

[6] 《中国电力百科全书》编辑委员会. 中国电力百科全书. 3 版. 北京：中国电力出版社，
2014.

[7] 中国电力企业联合会. 《中国电力行业信息化年度发展报告（2020）》. 北京：中国
建材工业出版社，2020.

[8] 全球能源互联网发展合作组织. 《中国"十四五"电力发展规划研究》，2020 年.

[9] 邱丽静. 全球能源数字化技术发展方向及应用趋势，能源研究俱乐部，2019.

[10] 杨永明. 全球电力行业区块链主要应用场景分析，能源研究俱乐部，2020.

[11] 赵海波. 电力行业大数据研究综述［J］. 电工电能息技术，2020（12），62 – 72.

[12] 葛志伟，刘战礼，周保中，等. 火力发电厂数字化发展现状以及向智能化电厂转型
分析［J］. 发电与空调，2015（5），45 – 47.

[13] 蒋庆其. 电力企业安全文化建设［M］. 北京：中国电力出版社，2005：107 – 120.

[14] 沈大中，任伟，周勇. 火力发电企业面临的挑战与对策［J］. 集团经济研究，2007，

24（19）：174-175.

[15] 丁烈云. 数字建造导论. 北京：中国建筑工业出版社，2019.

[16] 孔志增，周启帆. 协同与三维设计技术在数字化电厂建设中的应用. 中国新技术新产品，2015，No.07（上）.

[17] 丁烈云. BIM 应用·施工.［M］. 上海：同济大学出版社，2015.

[18] 焦柯，杜佐龙，杨新，方速昌，庄志坚. 建筑全过程数字化智慧建造体系研究与实践. 土木建筑工程信息技术. 2021.4.

[19] 马颖娅. 电力基建安全的重要性分析及风险控制. 河南电力，2019 年 1 期.

[20] 刘吉臻，胡勇，曾德良，夏明，崔青汝. 智能发电厂的架构及特征. 中国电机工程学报. 2017.11.

[21] 刘吉臻. 智能发电：第四次工业革命的大趋势［N］. 中国能源报，2016-07-25.

[22] 吕小文. 悬挂轨道式智能巡检机器人研究［D］. 浙江大学，2019.

[23] 王勋，王新魏，举锋. 智能巡检系统在电力行业中的应用研究［D］. 四川水力发电，2021.2.

[24] 樊友平，黄席樾. 智能诊断技术的发展和思考［J］. 自然辩证法研究，2001，17（2）：42-46.

[25] 左万里，武小悦. 电子设备智能故障诊断技术发展综述［J］. 系统工程与电子技术，2003，12（25）：1572-1574.

[26] 彭程，钱钢粮，薛联芳. 流域水电综合管理. 水利水电规划设计总院官网. 2018.11.

[27] 周慎学，朱晓瑾. 智慧电厂建设中设备特性认知及能效提升关键问题研究［J］. 电力与能源，2017，38（06）：718-723.

[28] 尹峰，陈波，苏烨，等. 智慧电厂与智能发电典型研究方向及关键技术综述［J］. 浙江电力，2017，36（10）：1-6，26.

［29］袁玉荣. 国内企业 ERP 系统实施应用现状调查与分析. 大家. 2010（10）.

［30］魏靖涵. 基于多系统联动的水电厂运行安全防护技术研究与应用. 电子元器件与信息技术. 2020，4（03）.

［31］李万智. 西藏地区高海拔大高差输电线路三维设计平台设计与实现［J］. 电子科技大学，2019.

［32］吴睿，钱彬. 物联网技术在智能电网的应用. 电气工业，2010（9）：54-58.

［33］刘云浩. 物联网导论. 北京：科学出版社，2010.

［34］郭创新，高振兴，张金江，等. 基于物联网技术的输变电设备状态监测与检修资产管理电力科学与技术学报，2010，25（4）：36-41.

［35］王春新，杨洪，王焕娟，等. 物联网技术在输变电设备管理中的应用. 电力系统通信，2011，32（223）：116-122.

［36］饶威，丁坚勇，李锐. 物联网技术在智能电网中的应用. 华中电力，2011，24（2）：1-5.

［37］乔小敏，董鹏，等. 智能电网及数字化变电站关键技术探讨［J］. 电气应用，2011，30（7）：42-45.

［38］李俊. 数字化变电站继电保护验收的探讨［J］. 电工技术，2009（11）：13-14.

［39］王君生. 数字化变电站可行性方案研究［D］. 北京：华北电力大学，2008.

［40］窦晓波. 智能变电站若干关键技术研究与工程应用［D］. 上海：上海大学，2010.

［41］郭宇隽. 基于 IEC 61850 的芝堰变二次系统分析与探讨［D］. 杭州：浙江大学，2011.

［42］陈杰. 泛在电力物联网的关键技术与应用前景［J］. 通信世界，2020（2）：173-174.

［43］唐西胜. 储能在电力系统中的作用与运营模式［J］. 电力建设，2016，37（8）：2-7.

［44］朱金卫，郑正仙，苏芳，等. 储能型电动汽车充电站研究进展［J］. 浙江电力，2017，

36（10）：7–10.

[45] 刘伟，朱正荣. 无人机航空摄影测量技术在风电场勘测设计中的应用［J］. 内蒙古电力技术，2013 年第 31 卷第二期，75–79.

[46] 赵义，李惠民，王乐挺，等. ICE 在配网自动化主站中的应用［J］. 电力系统保护与控制，2014（1）：102–107.

[47] 王兴念，秦贺，刘宏伟，单晶，陈相志. 电压一时间型馈线自动化变电站重合闸配合应用与探讨，2016（5）：7–8.

[48] 罗梅，杨洪耕. 配电网故障定位的一种改进通用矩阵算法［J］. 电力系统保护与控制. 2012，40（5）：64–68.

[49] Ivan Garcia，Carla Pacheco，Eloy Mendoza. Managing the software process with a software process improvement tool in a small enterprise［J］. JOURNAL OF SOFTWARE–EVOLUTION AND PROCESS. 2012，12（03）：188–199.

[50] 吴钟际. 论智能电网的配电自动化建设［J］. 科技风. 2018，12（08）：245–246.

[51] 魏攀. 基于智能电网的配电自动化探讨［J］. 居舍. 2017，42（30）：88–92.

[52] 董朝阳，赵俊华，文福拴，等. 从智能电网到能源互联网：基本概念与研究框架［J］. 电力系统自动化，2014，38（15）：1–11.

[53] 刘振亚. 全球能源互联网［M］. 北京：中国电力出版社，2015.

[54] 吴克河，王继业，朱亚运. 基于 OSI 的能源互联网模型研究［J］. 中国电机工程学报，2017，37（3）：685–695.

[55] 彭克，张聪，徐丙垠，等. 多能协同综合能源系统示范工程现状与展望［J］. 电力自动化设备，2017，37（6）：3–10.

[56] 曾鸣，韩旭，李冉，等. 能源互联微网系统供需双侧多能协同优化策略及其求解算

法［J］. 电网技术，2017，41（2）：s409-417.

［57］ Geidl M，Koeppel G，Favre-Perrod P，et al. Energy hubsfor the future［J］. IEEE Power and Energy Magazine，2007，5（1）：24-30.

［58］ 孙宏斌，潘昭光，郭庆来. 多能流能量管理研究：挑战与展望［J］. 电力系统自动化，2016，40（15）：1-8，16.

［59］ 别朝红，王旭，胡源. 能源互联网规划研究综述及展望［J］. 中国电机工程学报，2017，37（22）：6445-6462.

［60］ 王巍，韩丹丹. 我国碳交易价格影响因素识别及作用机理分析［J］. 中国经贸导刊，2018，909（26）：69-72.

［61］ 艾芊，郝然. 多能互补、集成优化能源系统关键技术及挑战［J］. 电力系统自动化，2018，42（4）：2-10. DOI：10.7500/AEPS20170927008.

［62］ 刘凡，别朝红，刘诗雨，等. 能源互联网市场体系设计、交易机制和关键问题［J］. 电力系统自动化，2018，，42（13）：108-117. DOI：10.7500/APES20180129009.

［63］ 袁勇，王飞跃. 区块链技术发展现状与展望［J］. 自动化学报，2016，42（4）：481-494.

［64］ 邰雪，孙宏斌，郭庆来. 能源互联网中基于区块链的电力交易和阻塞管理方法［J］. 电网技术，2016，40（12）：3630-3638.

［65］ 曾嘉志，赵雄飞，李静，等. 用电侧市场放开下的电力市场多主体博弈［J］. 电力系统自动化，2017，41（24）：129-136. DOI：10.7500/APES20170616005.

［66］ 刘凡，别朝红，刘诗雨，等. 能源互联网市场体系设计、交易机制和关键问题［J］. 电力系统自动化，2018，42（13）：108-117. DOI：10.7500/AEPS20180129009.

［67］ LASSETER R H. Smart distribution：Coupled micro-grids［J］. Proceedings of the IEEE，2011，99（6）：1074-1082. DOI：10.1109/JPROC. 2011. 2114630

（1）.

［68］杨苹，陈滢，张经纬，等. 园区能源互联网能效评估指标体系研究［J］. 科技创新导报，2017，14（25）：157-160.

［69］邓伟，丁一，王永惠，等. 面向智慧园区的能源互联网架构研究［J］. 电子设计工程，2018，26（8）：110-113，118.

［70］李思维，李树泉. 一种以电能为中心的绿色复合型能源网设计［J］. 中国电力，2015，48（11）：117-122.

［71］谭清坤. 园区多能互补调度优化及效益评价模型研究［D］. 北京：华北电力大学，2019.

［72］王晓茹. 乌克兰停电事件引起的网络攻击与电网信息安全防范思考［J］. 电力系统自动化，2016，40（7）：144-148. DOI：10.7500/APES20160202101.

［73］郭庆来，辛蜀骏，孙宏斌，等. 电力系统信息物理融合建模与综合安全评估：驱动力与研究构想［J］. 中国电机工程学报，2016，36（6）：1481-1489.

［74］张晓兵. 下一代网络安全解决方案［J］. 电信工程技术与标准化，2014，27（6）：59-61.

［75］CHEN S J，LIU C C. From demand response to transactive energy：State of the art［J］. Ournal of Modern Power Systems and CleanEnergy，2017，5（1）：10-19.

［76］王世伟. "智慧城市"一词的由来，文汇学人网站.

［77］王义. 基于多功能路灯的智慧城市信息化建设研究［J］. 技术与应用.

［78］陈一凡，刘廷章，金勇，等. 电动汽车充电调度综述［J］. 电气自动化，2017，39（3）：26-29.

［79］孙厚涛，朱金大，武迪等. 智能用电技术在智慧城市中的应用［J］. 智能控制技术，

2019 年第 41 卷，第 4 期.

[80] 郭剑虹，王慧霞，侍必胜，等. 基于智慧城市的园区综合管理系统设计［J］. 电气自动化，2015，37（3）：30-32.

[81] 曹军威，杨明博，张德华，等. 能源互联网：信息与能源的基础设施一体化［J］. 南方电网技术，2014，8（4）：1-10.

[82] 曹军威，孟坤，王继业，等. 能源互联网与能源路由器［J］. 中国科学：信息科学，2014，44（6）：714-727.

[83] 曹军威，袁仲达，明阳阳，等. 能源互联网大数据分析技术综述［J］. 南方电网技术，2015，9（11）：1-12.

[84] 马丽，刘念，张建华，等. 基于主从博弈策略的社区能源互联网分布式能量管理［J］. 电网技术，2016，40（12）：3655-3662.

[85] 肖泽青，华昊辰，曹军威. 人工智能在能源互联网中的应用综述［J］. 电力建设，2019，40（5）：63-70.

[86] 王毅，陈启鑫，张宁等. 5G 通信与泛在电力物联网的融合：应用分析与研究展望［J］. 电网技术，2019，43（5）：1575-1585.

[87] 夏旭，朱雪田，梅承力，等. 5G 切片在电力物联网中的研究和实践［J］. 移动通信，2019，43（1）：63-69.

[88] 国家能源局. 抽水蓄能中长期发展规划（2021—2035 年），2021.

[89] 吴张建. 面向碳中和的未来能源发展数字化转型思考［J］. 能源，2021（145）.

[90] 舒磊，谈宏力，等. 基于三维数字化设计解决山地光伏工程光影遮挡问题［J］. 工程建设与设计，2017（13）：16-18.

[91] 周学文. "3S" 技术在电力线路工程勘测设计中应用的探讨［J］. 电网勘测与设计，2009（1）：45-48.

［92］晏磊，廖小罕. 中国无人机遥感技术突破与产业发展综述［J］. 地球信息科学学报，2019（4）.

［93］张兵. DJI 无人机在电力工程测量的应用［J］. 电力勘测，2019（5）：61-64.

［94］于君. 无人机技术在电力勘测设计中的工程应用研究［J］. 自动化博览，2016（2）：80-82.

［95］吴维国，宋庆志. 无人机倾斜摄影测量技术在复杂电力工程勘测中的应用［J］. 电力讯息，2020（1）：229.

［96］王珂. 机载激光雷达技术在电力工程测绘中的应用［J］. 应用科技，2021（9）：191-193.

［97］谢开，张显，张圣楠，刘永辉，蔡元纪，陈启鑫. 区块链技术在电力交易中的应用与展望. 电力系统自动化，2020-07-25.

［98］和音，应对气候变化需要雄心和决心［N］. 人民日报，2020-12-14.

［99］国家能源局. 国家能源局公布首批"互联网+"智慧能源(能源互联网)示范项目［J］. 中国电力企业管理，2017-07-05.

［100］王芳. 碳中和，吹响"十四五"风电冲锋号［J］. 风能，2020-12-06.

［101］《国家电网》杂志编辑中心. 树立大能源观，促进能源战略转型和可持续发展［J］. 国家电网，2012-05-01.

［102］中国企业管理研究会. 数字［J］. 国企管理，2020-07-20.

［103］安筱鹏. 数字化转型十大关键词［J］. 机电商报，2019-05-13.

［104］孙杰贤. 智能制造背景下的 IT 架构大迁移［J］. 中国信息化，2019-06-20.

［105］工业和信息化部赛迪研究院信息化走势判断课题组. 三季度形势分析与四季度走势判断［J］. 中国信息化周报，2014-12-01.

［106］张海涛，刘阔，瓮毓琦，姚佳含. 生态信息知识化孵化模型与实现路径［J］. 图

书情报工作，2013-07-05.

[107] 胡雯. 中国数字经济发展回顾与展望［J］. 网信军民融合，2018-06-25.

[108] 刘吉臻，胡勇，曾德良，夏明，崔青汝. 智能发电厂的架构及特征［J］. 中国电机工程学报，2017-11-20.

[109] 李江林. 数字化电厂模型的研究［J］. 电力信息化，2004-12-20.

[110] 崔青汝，朱子凡. 智能发电运行控制技术［J］. 热力发电，2019-02-13.

[111] 赵小鹏. 发电企业管理模式融入"数字化"［J］. 节能与环保，2012-05-15.

[112] 朱春雷. 火力发电企业信息化建设及应用研究［D］. 天津大学硕士论文，2007-05-01.

[113] 南京科远助力姜堰电厂实现智能化运营［J］. 自动化博览，2017-09-15.

[114] 岑可法. 煤炭高效清洁低碳利用研究进展［J］. 科技导报，2018-05-28.

[115] 刘晓梅，文学. 基于DCS电厂管控一体化的构建[J]. 黑龙江电力，2011-08-15.

[116] 钱勇武. 新建电厂管理信息系统总体规划研究［D］. 南京理工大学硕士论文，2007-11-01.

[117] 张培华，王俊刚，李铁苍. 数字化电厂设计与分析［J］. 中国电力，2007-12-15.

[118] 陈奥. 智慧电厂渐成电厂发展新趋势［J］. 经济参考报，2018-08-08.

[119] 芈峤. 智慧电网：点亮不一样的青海"绿电"［J］. 青海日报，2020-07-01.

[120] 杨燕. 智慧电厂一体化大数据平台关键技术及应用分析［J］. 中小企业管理与科技(中旬刊)，2019-05-15.

[121] 华志刚，郭荣，崔希，汪勇. 火电智慧电厂技术路线探讨与研究［J］. 热力发电，2019-10-08.

[122] 葛良军. 用户侧综合能源系统优化调度研究［D］. 华北电力大学(北京)博士论文，2019-03-01.

［123］孙群鹏，李彦山，杨继锋，张晓娜，荣嵘. 红外检测运维交互分析系统在电力系统中应用的意义［J］. 山东工业技术，2015-01-15.

［124］张征正，郭晨旭，吴凯，吴耀. 基于提质增效的水电厂智能化建设展望［J］. 科技展望，2016-12-30.

［125］郭瑞林. 互联网+下电力需求侧管理效益评估模型及发展研究［D］. 华北电力大学(北京)博士论文，2017-03-01.

［126］张瑞兵，于萍，刘秀根，王浩威. 安全生产智能管控系统在电厂安全管理上的应用［C］. 2017年中国电力企业管理创新实践——2017年度中国电力企业管理创, 新实践优秀论文大赛论文集（上册），2018-12-01.

［127］沈怡君. 基于区块链技术的微电网区域经济运行机制研究［D］. 中国矿业大学博士论文，2020-06-01.

［128］白存忠，施俊杰. "海外基建工地集装箱式移动信息平台"建设实践［J］. 企业管理，2017-12-15.

［129］王小岗. 论本质安全管理体系在电力安全生产中的应用［J］. 科技与企业，2013-06-22.

［130］南京科远助力姜堰电厂实现智能化运营［J］. 自动化博览，2017-09-15.

［131］孟令豫. 重视"两票三制"打造安全的电力企业［J］. 林业劳动安全，2009-02-28.

［132］孟亚宁，栗华锋. 电力系统信息网络安全的重要性及其管理［J］. 科技创新与应用，2014-11-08.

［133］包震洲，李刚. 智能化技术提升水电厂运维工作安全管控水平［J］. 企业管理，2018-12-15.

［134］孙江，丁国仁，王俊，董国权. 七分管理，三分技术，建立差异化网络与信息安全防护机制［J］. 电信技术，2011-05-25.

［135］ 万灿，贾妍博，李彪，宋永华. 城镇能源互联网能源交易模式和用户响应研究现状与展望［J］. 电力系统自动化，2019-07-25.

［136］ 吴志力，杨卫红，原凯，宋毅，孙充勃，穆云飞，陈晚晴，王世举. 园区能源互联网多能源协同优化配置发展构想［J］. 中国电力，2018-08-14.

［137］ 沈怡君. 基于区块链技术的微电网区域经济运行机制研究［D］. 中国矿业大学博士论文，2020-06-01.

［138］ 葛良军. 用户侧综合能源系统优化调度研究［D］. 华北电力大学(北京)博士论文，2019-03-01.

［139］ 王轶辰. 电力现货市场试点进入"深水区"［N］. 经济日报，2019-08-09.

［140］ 两部委印发《关于深化电力现货市场建设试点工作的意见》［J］. 大坝与安全，2019-08-10.

［141］ 夏云峰. 风科技：以场景化定义新风电时代［J］. 风能，2020-10-06.

［142］ 黄晓芳. 中国华电："进军"能源服务需求侧［N］. 经济日报，2019-08-15.

［143］ 辛禾. 考虑多能互补的清洁能源协同优化调度及效益均衡研究［D］. 华北电力大学(北京)博士论文，2019-06-01.

［144］ 艾芊，郝然. 多能互补、集成优化能源系统关键技术及挑战［J］. 电力系统自动化，2018-02-25.

［145］ 周明，崔振波. 清原抽水蓄能电站计划 2024 年首台机组发电［N］. 辽宁日报，2018-09-03.

［146］ 秦虹. 将区块链技术引入共享储能市场［N］. 中国电力报，2019-10-31.

［147］ 李万智. 西藏地区高海拔大高差输电线路三维设计平台设计与实现［D］. 电子科技大学博士论文，2019-05-16.

［148］ 董飞飞，李永双，俞登科，张华，王波. 输电线路工程三维数字化应用研究与展望

［J］. 智慧电力，2019-09-20.

［149］王春新，杨洪，王焕娟，张君艳. 物联网技术在输变电设备管理中的应用［J］. 电力系统通信，2011-05-10.

［150］邹胜，钟丽. 输变电设备物联网及其在智能电网中的应用［J］. 科技与企业，2012-09-06.

［151］蹇美蓉. 物联网技术在输变电设备管理中的应用［J］. 企业改革与管理，2018-03-15.

［152］梁芷铭. 物联网技术在智能电网建设中的应用研究——区域物流发展与政府治理转型系列之三［J］. 中国市场，2014-05-12.

［153］李青芯，贺瑞，程翀. 电网三维数字化设计技术探讨及展望［J］. 电力勘测设计，2020-05-31.

［154］裴哲义，唐勇，和青，姚志宗，伍永刚. 第29届中国电网调度运行会水库调度专业综述［J］. 水电自动化与大坝监测，2006-02-20.

［155］王伯伊，张越，刘明波，弭希瑞. "多站融合"运营模式的探索研究［J］. 电力信息与通信技术，2019-07-25.

［156］马恩宁. 物联网技术在数字化变电站中的应用探讨［J］. 电工技术，2018-12-25.

［157］郑明正，盛文玥. "多站融合"在泛在电力物联网中的应用与实践［J］. 自动化应用，2020-09-25.

［158］苏海锋. 配电系统规划全寿命周期管理理论和方法研究［D］. 华北电力大学博士论文，2012-06-01.

［159］陈岩，靳伟，王文宾，李会彬，史智洁. 多站融合供电系统辅助调峰自律运行调控策略［J］. 电力系统保护与控制，2020-10-16.

［160］范灵俊，杨菲，郑卫城，洪学海，范东睿. 构建城市"互联网＋"新型基础设施发

展战略研究［J］.中国工程科学，020-08-28.

［161］周丙相.电源车远程智能健康评估系统研究［D］.兰州理工大学博士论文，
2019-05-21.

［162］戴琼洁.光伏-储能-充电站价值链能力分析模型及云平台研究［D］.华北电力大
学(北京)博士论文，2020-06-01.

［163］汪煜超.基于边缘计算的交通信号灯联合控制功能的研究与设计［D］.北京邮电
大学博士论文，2019-03-01.

［164］陈旻;王会先.储能充电站运维一体化运营模式［J］.中国电力企业管理，
2018-05-05.

［165］吴菲，代东旭，李学斌.基于(GIS)技术的电力通信网资源管理系统构建分析［J］.
电力设备管理，2019-12-25.

［166］苏海锋，张建华，梁志瑞，张硕，牛胜锁.基于 GIS 空间分析与改进粒子群算法
的变电站全寿命周期成本规划［J］.中国电机工程学报，2012-06-05.

［167］朱向前.电力 GIS 及基于 V 图的变电站选址的研究［D］.郑州大学硕士论文，
2006-05-08

［168］刘伟，朱正荣.无人机航空摄影测量技术在风电场勘测设计中的应用［J］.内蒙
古电力技术，2013-04-28.

［169］付志勇.煤矿井下供电系统无人值守发展方向［J］.煤矿机电，2019-12-15.

［170］毛安家，熊超中，张粒子，舒隽.基于改进 Tobit 模型的负荷停电损失估算方法[J].
电力系统自动化，2010-05-10.

［171］刘琦.基于 LabVIEW 的配电主站高级应用软件开发［D］.山东理工大学博士论
文，2016-04-20.

［172］吴克河，王继业，李为，朱亚运.面向能源互联网的新一代电力系统运行模式研究

［J］. 中国电机工程学报，2019-02-20.

［173］王永真，张宁，关永刚，赵伟，张靖，高峰，康重庆. 当前能源互联网与智能电网研究选题的继承与拓展［J］. 电力系统自动化，2020-01-14.

［174］鲁珈瑞. 新兴技术驱动工业互联网［N］. 中国电力报，2019-09-12.

［175］王宁，郭水文，智慧能源系统研究的学术进展及其应用述评［J］. 重庆大学学报(社会科学版)，2019-04-17.

［176］曾鸣. 利用能源互联网推动能源革命［N］. 人民日报，2016-12-05.

［177］买亚宗，石书德，张勇，鲁强. 关于以平台模式推进综合能源服务产业发展的建议［J］. 国有资产管理，2020-10-08.

［178］罗鹏. 综合能源服务集中供能示范区实施方案研究［J］. 投资与创业，2020-10-25.

［179］程正逢，梁巧云. 航空三维激光扫描与成像技术在送电线路工程中的应用［J］. 电力勘测设计，2004-03-30.

［180］陈亮德. 数字化三维设计在变电站设计工作中的运用［J］. 通讯世界，2019-12-25.

［181］李党罗，张进社，岳赤忠，敬良. 无人机在工程测量中的应用研究［J］. 科技资讯，2017-06-23.

［182］温立文，李芳芳. 无人机在电力线路工程勘测设计中的应用研究［J］. 科技资讯，2017-09-23.

［183］张成，杨美庆. 基于无人机航测的技术流程分析［J］. 科技资讯，2018-05-13.

［184］宋浩良. 基于无人机航空摄影测量技术的工程测量研究［J］. 科技资讯，2018-06-13.

［185］刘瑞，史哲，徐强胜，刘靖波，张鸥，栾凌. 基于低空无人机的电力线路控制测量

与路径优化研究［J］．科技资讯，2019-02-13．

［186］马燕军，张丽丽．低空无人机电力线路工程测量研究．科技资讯，2019-08-13．

［187］李刚．三维数字技术在燃煤电厂数字化建设中的应用研究［J］．自动化仪表，
2020-01-20．

［188］尹亚辉．BIM技术在项目全生命周期的应用研究［D］．北京建筑大学博士论文，
2015-06-01．

［189］张社荣，姜佩奇，吴正桥．水电工程设计施工一体化精益建造技术研究进展——数
字孪生应用模式探索［J］．水力发电学报，2020-10-15．

［190］高文松，王刚，尹金亮，刘正强．三维数字化电厂建设探讨［J］．华电技术，
2018-02-25．

［191］廖新育，窦延娟．机载激光雷达技术在电力线路设计中的应用［J］．中国电力教
育，2011-12-20．

［192］杨永平．机载激光雷达在输电线路中的应用［J］．水利电力科技，2012-06-25．

［193］樊启祥，张超然，汪志林，张成平，吴关叶，徐建荣，李果，郑斌．白鹤滩水电站
工程建设关键技术进展和突破［J］．中国水利，2019-09-30．

［194］秦朝国．输电线路测量数字化应用现状及趋势［J］．科技风，2014-02-15．

［195］张磊．基于数字化设计的变电站项目风险管理研究［D］．北京邮电大学博士论文，
2018-05-15．

［196］韩兴．无人驾驶振动碾的开发及其在长河坝工程中的应用［J］．水力发电，
2018-02-12．

［197］刘振邦，李亮，张忆晨．基于数字化技术的智慧工地建设研究［J］．铁路技术创
新，2019-08-30．

［198］我国智慧化大坝尚处探索阶段［J］．大坝与安全，2018-10-10．

［199］李飞，陈乐，李绍敬. 建设行业基于 PRP 的创新性应用［J］. 中国建设信息化，
　　　　2019-11-15.

［200］苏南. 水电大坝探索智慧化建设管理［J］. 中国能源报，2018-10-29.

［201］登华，时梦楠，崔博，王佳俊，关涛. 大坝智能建设研究进展［J］. 水利学报，
　　　　2019-01-23.

［202］孙璟璐. 洞察行业趋势，探索发展新机遇［J］. 中国建设信息化，2019-02-28.

［203］汪莉莉. 数字科技催生转型升级新动能［J］. 中国建设信息化，2019-03-30.

［204］欣忆. 大型土石方碾压进入"无人驾驶"时代. 四川日报，2016-07-28.

［205］张天文. 智慧工地在项目经营管控中的应用［J］. 价值工程，2018-08-28.

［206］李婷婷. 混凝土坝健康诊断及其预警系统［D］. 河海大学硕士论文，2006-09-01.

［207］张炜. 智慧工地云平台在教学实训中的应用研究［J］. 居业，2019-11-20.

［208］崔明. "新基建"来袭　工程建设企业亟需转型升级［J］. 中国勘察设计，
　　　　2020-07-15.

［209］王晓剑. 关于风力发电 EPC 项目管理探讨［J］. 科技风，2012-07-25.

［210］周圣栋，解蕾，宋若晨，陈浩. 基于 BIM 的变电站数字化建设管控平台构建及应
　　　　用［J］. 中国电力，2019-01-14.

［211］孙广勇. 为共建一带一路注入硬核力量［J］. 人民日报，2020-07-19.

［212］陈昌黎，赵昕，吴学明. BIM 技术在横琴新区海绵城市建设中的应用［J］. 中国
　　　　水利，2020-07-30.

［213］李良县，李宁. 金沙江下游(四川侧)风光水互补开发研究初探［J］. 水电站设计，
　　　　2019-09-15.

［214］张磊. 基于数字化设计的变电站项目风险管理研究［D］. 北京邮电大学博士论文，
　　　　2018-05-15.

［215］曾晖. 大数据挖掘在工程项目管理中的应用［J］. 科技进步与对策，2014-06-10.

［216］曹敏，徐杰彦，巨健，谢婷，朱婧，肖宝辉，席雅雯. 用户侧储能设备参与电网辅助服务的技术经济性分析［J］. 电力需求侧管理，2019-01-20.

［217］郭恒涛，龚俊，臧梦璐. 数字化供应链:用智慧创造价值［J］. 华北电业，2020-05-25.

［218］谭清坤. 园区多能互补调度优化及效益评价模型研究［D］. 华北电力大学(北京)博士论文，2019-06-01.

［219］刘伟娜. 大数据技术在电力行业中的研究应用［J］. 大众用电，2017-12-30.

［220］宋亚奇，周国亮，朱永利. 智能电网大数据处理技术现状与挑战［J］. 电网技术，2013-04-05.

［221］周阳，张建成，鲍雪娜，李金鑫. 基于 PROMETHEE-GAIA 方法的储能方式评价［J］. 华东电力，2012-03-24.

［222］郑柏恒，孟文，易东，梁晓波. 在 Hadoop 集群下的智能电网数据云仓库设计［J］. 制造业自动化，2014-10-10.

［223］邓炜瑛. 智能电网大数据处理技术现状与挑战［J］. 中外企业家，2015-02-25.

［224］罗新伟，江春华，张怀金，陈显龙. 基于电网 GIS 的多维度智能分析决策平台［J］. 地理信息世界，2016-12-25.

［225］孙峰，钱啸，曾建梁，金烨，钱伟杰，许晶. 基于大数据理念的地市供电公司智能电网规划数据融合研究［J］. 华东电力，2014-11-24.

［226］袁骁. 基于 VMI 的电力物资储备策略［J］. 物流技术，2019-03-25.

［227］吴小力. 电力智慧供应链内涵分析和系统构建研究［J］. 机电工程技术，2019-12-03.

［228］孙秋野，杨凌霄，张化光. 智慧能源——人工智能技术在电力系统中的应用与展望

［J］. 控制与决策，2018-05-15.

［229］王芳. 碳中和，吹响"十四五"风电冲锋号［J］. 风能，2020-12-06.

［230］中华人民共和国国务院新闻办公室. 新时代的中国能源发展［N］. 人民日报，2020-12-22.

［231］谢艳丽，李远，王北星，蔡玉田. 以新思路推动节能产业可持续发展［J］. 当代石油石化，2020-12-2019.

［232］孙晓梅. 碳约束时代对风电行业的意义［J］. 新能源科技，2020-12-30.

［233］万灿，贾妍博，李彪，宋永华. 城镇能源互联网能源交易模式和用户响应研究现状与展望［J］. 电力系统自动化，2019-07-25.

［234］韩新阳. 代贤忠. 柴玉凤. 用户侧资源利用不容忽视［N］. 中国能源报，2020-02-24.

［235］李玲，朱妍. 离开分布式谈智能电网不可取［N］. 中国能源报，2019-07-15.

［236］辛禾. 考虑多能互补的清洁能源协同优化调度及效益均衡研究［D］. 华北电力大学(北京)博士论文，2019-06-01.

［237］黄蕾马，龙鹏. 规模化储能为大电网安全上"保险"［J］. 中国能源报，2019-03-04.

［238］陈柳钦. 中国低碳能源的发展方向［J］. 当代经济管理，2011-06-101.

［239］辛禾. 考虑多能互补的清洁能源协同优化调度及效益均衡研究［D］. 华北电力大学(北京)博士论文，2019-06-01.

［240］王永真，张宁，关永刚，赵伟，张靖，高峰，康重庆. 当前能源互联网与智能电网研究选题的继承与拓展［J］. 电力系统自动化，2020-01-14.

［241］林祥. 政策面推进智能电网建设新兴技术将带动行业发展［J］. 通信信息报，2013-07-03.

［242］谭清坤. 园区多能互补调度优化及效益评价模型研究［D］. 华北电力大学(北京)博士论文，2019-06-01.

［243］王璐. 提挡加速央企双线布局"新基建"［J］. 经济参考报，2020-04-13.

［244］吴志力，杨卫红，原凯，宋毅，孙充勃，穆云飞，陈晚晴，王世举. 园区能源互联网多能源协同优化配置发展构想［J］. 中国电力，2018-08-14.

［245］张亚健，杨挺，孟广雨. 泛在电力物联网在智能配电系统应用综述及展望［J］. 电力建设，2019-06-01.

［246］曾鸣，许彦斌，潘婷. 智慧能源与能源革命［J］. 中国电力企业管理，2020-10-05.

［247］孙厚涛，朱金大，武迪，陈璐瑶，骆健. 智能用电技术在智慧城市中的应用［J］. 电气自动化，2019-07-30.

［248］傅勇，李志勇. 新基建开启充电桩建设新时代［N］. 经济参考报，2020-07-03.

［249］王义. 基于多功能路灯的智慧城市信息化建设研究［J］. 智能建筑与智慧城市，2020-10-25.

［250］王倩. 从智慧住宅到智慧社区［N］. 中国建设报，2020-08-20.

［251］张世翔，苗安康. 能源互联网支撑智慧城市发展［J］. 中国电力，2016-03-05.

后　　记

在本书编写过程中，众多电力企业提供了丰富的案例资料，案例完成单位及完成人名单如下（排名不分先后）：

国网青海省电力公司：周群星、韩良煜、周冀、方保民、贾昆。

青海绿能数据有限公司：俞海国、王蔚青、李文明。

国网安徽省电力有限公司检修分公司：严波、郭可贵、陈江、马俊杰、谢佳、朱涛。

国网内蒙古东部电力有限公司兴安供电公司：吴超、刘金旭。

中国南方电网有限责任公司：衡星辰、林克全、陈超、葛曲。

南方电网数字电网研究院有限公司：吴争荣、韩利群。

南方电网数字传媒科技有限公司：陈清明、王定波、莫嘉永。

大唐泰州热电有限责任公司：王丙化，刘海斌，赵明逸。

大唐万宁天然气发电有限责任公司：江彬、赵亮。

华电福新能源有限公司古田溪水力发电厂:林茂、洪健鸿、郑炜。

中国华电集团有限公司福建分公司:林秉良。

华电福新广州能源有限公司：王颖明、柳治民、刘自愿。

福建华电可门发电有限公司、中国华电集团有限公司福建分公司:邱英强、汤联生、陈俊。

中国长江三峡集团有限公司。

浙江省能源集团有限公司、浙江浙能台州第二发电有限责任公司：解剑波、孟强、孙科达、范海东、金宏伟。

北京京能高安屯燃气热电有限责任公司：梁浩、柳泓羽、王佳茗。

中国水利水电第五工程局有限公司。

中国电建集团海外投资有限公司：盛玉明、张国来、骞巍。

中国电建集团北京勘测设计研究院有限公司信息中心/数字工程公司：赫雷、王欣垚、赵静雅。

中国电建集团华东勘测设计研究院有限公司：蒋海峰、张业星、陈沉、邬远祥、来庆涛、卓胜豪、蒋波、傅春江、袁建平、李晓敏、程鑫、赵江浩、祝辉庆、朱泽彪、吴月超、王新宇、冯涛、周胡。

中国电建集团西北勘测设计研究院有限公司：刘晓东、黄勇、吕祎航。

中国电建集团中南勘测设计研究院有限公司：张侃侃、石瑞格、刘忠新、卢毓伟。

中国电建集团成都勘测设计研究院有限公司：张志伟、邱向东、钟桂良。

中国电建集团贵阳勘测设计研究院有限公司：陈祖文、李希龙、黄洁。

中国电建集团昆明勘测设计研究院有限公司：赵昕、杨文、陈昌黎、许后磊、陈亚军、王子成。

中国电建集团河北省电力勘测设计研究院有限公司：郭朝云，董彬政、夏明昭。

中国电建集团华中电力设计研究院有限公司：韩子媛、吴晓辉。

中国电建集团江西省电力设计院有限公司：郑蓉美、刘祥玲、华锡江。

上海电力设计院有限公司：朱景林、吴曹峰、孟昀。

中国电建集团山东电力建设有限公司：罗来丰、宗玉宾、石利

湖北省电力勘测设计院有限公司：舒磊、张兆虎、张科奇。

南京华盾电力信息安全测评有限公司：杨乘胜、赵竟。

北京恒华伟业科技股份有限公司、北京道亨软件股份有限公司：杨志鹏、隗刚、韩念遐。

河北涿州京源热电有限责任公司：孟旸、何凯。

内蒙古京隆发电有限责任公司：冯宝泉、孙健。

深圳市航天新源科技有限公司：张斌。

上述单位及完成人所提供的案例资料作为本书的重要组成部分，为本书的观点提供了有力的支撑，充分展现了数字化技术在电力行业的广泛应用场景。在此，对上述单位及人员表示诚挚的感谢。

中国电建信息化管理部主任

2021 年 11 月